ザ・セカンド・マシン・エイジ

The Second Machine Age:
Work, Progress, and Prosperity in a Time of Brilliant Technologies

by Erik Brynjolfsson & Andrew McAfee

エリック・ブリニョルフソン＋
アンドリュー・マカフィー
村井章子＝訳

日経BP社

マーサ・パヴラキスに、生涯の愛を込めて。
父デービッド・マカフィーと母ナンシー・ハラーに。
両親は望み得るあらゆる資質を私に与え、
セカンド・マシン・エイジを迎える準備を整えてくれた。

日本語版への序文に代えて

人間は馬と同じ運命をたどるのか?

テクノロジーが仕事、雇用、賃金におよぼす影響を巡る議論は、工業化が始まったときから続いている。一九世紀後半にラッダイトと呼ばれるイギリスの繊維産業の労働者たちは、産業革命初期に考案された自動織機に職を脅かされ、激しい抗議運動を繰り広げた。その後も新たな技術が出現するたびに、大量失業を懸念する動きが起きている。

この議論の一方に陣取るのは、新技術は労働者を駆逐すると考える論者だ。蒸気機関の時代を生きたカール・マルクスは、プロレタリアートの自動化は資本主義の不可避的な特徴だと述べた。電気と内燃機関の実用化が始まった一九三〇年には、ジョン・メイナード・ケインズが、こうした技術革新は物質的な繁栄を導くと同時に、「技術的な失業」を蔓延させるだろうと予言した。コンピュータ黎明期の一九六四年には、科学者と社会学者のグループがリンドン・ジョンソン大統領に公開書簡を送り、サイバネーション革命により「生産能力がほとんど無制限に拡大する一方で、人間の労働は次第に不要になっている」と警告した。そして最近では、デジタル技術の進歩に伴い、多くの労働者が取り残される可能性がしきりに取沙汰されている。

議論のもう一方の側には、心配は無用だと主張する論者がいる。彼らが論拠とするのは、歴史的事実だ。たしかに先進工業国では、テクノロジーがかつてない大幅な進歩を遂げたにもかかわらず、実質賃金も雇用数も一九世紀半ば以降まずまず着実に増えてきた。一九八七年の全米科学アカデミー（ＮＡＳ）の報告書では、その理由が次のように説明されている。

「競争市場においては、技術革新は生産コストひいては製品価格を押し下げることによって、アウトプットに対する需要を増大させる。需要が増えれば生産も増えるので、より多くの労働者が必要になる」

この見方は主流派経済学者に支持され、これに反対しようものなら「労働塊の誤謬」だと決めつけられた。社会が必要とする生産量は固定的ではない、よって仕事の量は無限に増え得るのだと彼らは主張する。

その四年前の一九八三年には、ノーベル賞経済学者のワシリー・レオンチェフが、人間と馬を比較する明快な議論を展開していた。何十年もの間、労働力としての馬は技術の変化とは無関係と考えられていた。電報が登場してポニー・エクスプレス（郵便速達サービス）が打ち切られ、鉄道が駅馬車や幌馬車を駆逐しても、アメリカ国内の馬の数は際限なく増え続けるように見えたものである。なにしろ一八四〇年から一九〇〇年にかけて馬は六倍に増え、二一〇〇万頭に達しているのだ。農村部だけでなく急速に発展する都市部でも、馬は必要不可欠な動物だった。貨物は荷馬車で、人は乗り合い馬車で運ばれた。

だが内燃機関が発明され、普及すると、情勢は一気に変わる。内燃機関が都市では自動車に、農村地帯ではトラクターに搭載され始めると、馬の需要は激減する。一九六〇年の時点では、アメリカの馬は三〇〇万頭に減っていた。ほんの半世紀で八八％近い減少である。一九〇〇年の初めに産業技術の台頭と馬の運命を巡る議論が行われたとしたら、それまでの馬の活躍ぶりを論拠にする人々は、反対論者を「馬労働塊の誤謬」だと決めつけたにちがいない。だがすぐに、この誤謬自体が誤りであったことが判明する。技術が適切に活用されるようになると、働く馬はほぼ完全に姿を消した。

人間の労働者にも同じような転換点が迫っているのだろうか。技術の進歩の先触れとして、すでに自動運転車、セルフサービスの売店、物流ロボット、スーパーコンピュータが出現している。これらは最終的に人間を経済から駆逐するのだろうか。レオンチェフの答はイエスだ。「生産の最重要要素としての人間の役割は、縮小する運命にある。ちょうど……馬の役割が減り、次いで完全に排除されたように」

だが幸いにも人間は馬ではない。レオンチェフは、両者に重要なちがいがいくつもあることを見落としている。この点を踏まえれば、人間は経済において引き続き重要な役割を果たすと考えられる。仮に人間の労働者の需要が全体として大幅に減るとしても、人間は馬とは異なり、自分たちが経済から退場させられる事態を食い止めることが可能だ。

人間は何を求めるのか

労働塊すなわち世の中の仕事は一定量しかないという考えが誤りである理由として最もよく挙げられるのは、人間の欲望に限りがないことだ。実際、近代の歴史を通じて一人当たりの消費は右肩上がりで増えてきた。偉大な経済学者アルフレッド・マーシャルが、一八九〇年に発表した主著『経済学原理』（邦訳東洋経済新報社刊）の中で「人間の欲求と欲望の数は数え切れず、種類はきわめて多様である」と述べたとおりである。そしてマーシャル以降、無限の欲望が完全雇用の実現に結びつくと考えられている。結局のところ、労働者以外の誰が欲望を満たせるのか、というわけだ。

この主張がいかに心地よく響くとしても、やはりまちがっている。テクノロジーは、無限の欲望と完全雇用を切り離すことができるからだ。最近の技術の進歩が暗示するとおり、完全自動化された鉱山、農場、工場、物流ネットワークによって、人類の必要とする食糧や工業製品がすべて供給されるというシナリオは、もはやけっしてサイエンス・フィクションではない。サービス業の多くの仕事が、そしてたくさんのナレッジ・ワークも、自動化が可能だ。いまやインテリジェントなシステムが、注文処理からカスタマー・サポートや決済処理にいたるまでをスムーズにこなしている。おそらく新しいモノやサービスのアイデアを出すために、創造的な人間はまだ必要とされるだろう。だがその数は多くない。二〇〇八年に公開された長編アニメ映画『ウォーリー』は、まさにそのような経済の姿を生々しく描き出す。超高性能ロボットが何でもやってくれ、人間はひたすら消費するためだけに存在し、あまりに太りすぎて自分の足で動くことすらできない。

『ウォーリー』のディストピアからもわかるように、テクノロジーが十分に進化した世界では、人間のとめどない経済的欲求は完全雇用を保証しない。たとえば人間の輸送需要が途方もなく増えたとしても（実際、二〇世紀を通じて途方もなく増えたのだが）、馬の需要にほとんど影響はあるまい。要するに技術の進歩は、消費が増えれば人間の雇用も増えるという連鎖を断ち切る。かつて馬の雇用についてそうしたように。

言うまでもなく私たちは、ロボットや人工知能（ＡＩ）に何でもやってもらいたいなどとは思っていない。まさにこの欲求が、完全自動化経済の実現を阻む最大の障壁となるし、人間の労働者が近い将来に消滅しない最大の理由ともなる。人間はすぐれて社会的な動物であり、人とつながりたいという欲望が経済にも持ち込まれている。私たちがお金を払う多くのものには何らかの人間的な要素が含まれていることからも、それがわかる。たとえば連れ立って演劇やスポーツを見に行くのは、人間の芸術性や能力を堪能し、それを共有したいからだ。なじみのバーやレストランに足しげく通うのは、単に飲んだり食べたりしたいからではなく、あたたかいサービスを味わいたいからだ。監督やコーチはチームの士気を高めることができるが、これは本やビデオにはできない。よい先生は生徒のやる気を起こさせ、その後何年にもわたって勉強に励むきっかけを与えることができる。優秀なセラピストは患者と信頼関係を築き、治療に大きな効果を上げることができる。

いま挙げた例だけでなく多くのケースで、人間同士のやりとりは経済取引のおまけではなく、主役である。マーシャルは人間の欲望の量を強調したが、それよりも質に注目すべきだ。人間は、人間にしか満たすことのできない経済的欲求を抱いている。だから人間が馬の運命をたどる可能性も、『ウォーリー』の世界に落ち込む可能性も小さいと言える。

人間もまだ捨てたものではない

だが人間が経済の主力でいられるのは、人間的な関係を形成する能力だけの問題なのだろうか。この先一〇年間に関する限り、答はまずまちがいなくノーだ。近年の技術がいかに驚異的なスピードで進歩していると言っても、ロボットや人工知能が今後数年以内に人間より万事うまくできるようになるとは思えない。そして人間のほうは、テクノロジーにはできない大切なことがたくさんできる。

物理的な世界を感知し、動き回り、作り上げることに関して、人間はいまなお機械にまさっている。人間はどんな機械よりも器用で機敏だし、おおむね軽くてエネルギー効率がよい。それに五感が発達しているから、多元的な情報を高速にフィードバックでき、正確な動作や制御ができる。たとえばボウル一杯のコインをふつうの子供と同じようにうまく選り分けられるロボットや、レストランのボーイと同じようにテーブルをきれいに片付けられるロボットは、現時点で世界のどこにも存在しない。

知的能力の面では、身体能力よりさらにアドバンテージがあると言ってよい。たしかに計算ではコンピュータに負けるし、ある種のパターン認識でも劣る。それは、IBMの開発したスーパーコンピュータ、ワトソンが二〇一一年に人間のクイズ王に圧勝したことでもあきらかだ。だが人間には機械をはるかに上回る常識が備わっている。自ら目標を設定し、達成方法を自分で考えることもできる。なるほど最近ではコンピュータが作曲したり、科学的仮説を立てるなど、驚くべき創造性を発揮してはいるが、役に立つ新しいアイデアを生み出す点では、多くの分野でいまなお人間のほうが上だ。一九六五年に発表された米航空宇宙局（NASA）の報告書を思い出してほしい。この報告書は有人宇宙飛行を擁護する文脈で、次のように指摘している。「人間は非線形処理のできる最も安価な汎用コンピュータ・システムである。しかも重量は七〇キロ程度しかなく、未熟練の状態から量産することができる」

テクノロジーがどれだけ広範囲でどれだけ急速に人間のテリトリーを侵害するか、はっきりと予測するのはむずかしい（過去に行われた予想をチェックしたら、もう誰も予想する勇気は持てないだろう）。とはいえ、ハードウェア、ソフトウェア、ロボット、人工知能が次の一〇年で人間の労働者にとってかわる可能性は低いと言ってよいだろう。人間が人間的あるいは社会的な要素を含む欲望をすっかり失う可能性はもっと低い。となれば、人間の労働者の需要は今後もなくならないと考えられる。

だが、もっと長期的にみた場合はどうだろう。人間でなければできない仕事、いまのところ機械にはできない仕事は、長期的にもそうなのだろうか。じつはこの問いに対する答はノーである可能性が現実に存在する。つまり技術の進歩によって、人間の労働者は全体として不要になる可能性があるのだ——ちょうど労働馬がそうだったように。もしそうなったら、いやな不安が鎌首をもたげることになる。人口が増え続ける中、工業化時代に維持されてきた右肩上がりの雇用と賃金はもはや維持できないのではないか……

ロボットと闘う

だが、貴重な労働を提供することだけが、経済において重要な役割を維持する唯一の方法ではない。投資あるいは消費のための資本を持つこともまた、重要な意味がある。人間と馬の決定的なちがいの一つは、人間は資本を持てるが馬には持てないことだ。資本主義社会で国有財産以外のものを所有しているのは、すべて人間なのである。たとえば企業の株式は、直接的に、あるいは年金ファンドなどを通じて間接的に、個人が所有する。ということは、人間はロボットのために失った所得を回復すべく資本の再分配を決断できるということである。

ここで問題なのは、資本の所有が歴史を通じてつねにひどく偏っており、その状況が近年悪化していることだ。経済学者のトマ・ピケティは『二一世紀の資本』（邦訳みすず書房刊）の中で「どんな時代のどんな社会でも、人口の貧しいほうの半分は、実質的には何も（おおむね国富の五％未満）所有していない」と書いた。この数年間で株価、都市部の地価をはじめとする資本の価値は上昇したが、その恩恵に与った人間はあまりに少ない。クレディ・スイスの推定によると、二〇一四年には世界の最富裕層一％が全世界の富の四八％を所有していたという。このような甚だしい格差が生じた一因は、賃金をはじめとする所得の格差拡大にある。自動化やデジタル化があらゆる労働者を駆逐する可能性は低いが、スキルや才能や幸運に対する報酬を過激に変える可能性は大いにある。その結果、富の集中は一段と進み、それに伴って権力の集中も進むだろう。

こうした事態に対処するために、ロボット自体を、あるいはせめてそれが生み出す利益の一部を、広く多数で所有するための「ロボット基金」を考えてはどうだろうか。その参考になるのが、アラスカ永久基金だ。一九七六年にアラスカ州は州憲法を改正して基金を設立し、以来住民の大半は相当額の資本所得を毎年受け取っている。同州の石油関連事業の税収の一部が基金に繰り入れられ、毎年一〇月に有資格者に配当が分配される。二〇一四年の配当は一八八四ドルだった。

注意してほしいのは、基金設立のためのアラスカ州憲法の改正は民主的に行われたことである。住民投票の結果は賛成が反対の二倍に達した。アラスカの人々が配当を受け取る選択をしたという事実から、人間と馬とのもう一つの重大なちがいが浮かび上がる。今日の多くの国では、人間には投票権があるということだ。言い換えれば、人間は賃金や所得といった経済的な問題に民主的なプロセスを通じて影響力を行使できる。これは国民投票の形で直接行うこともできるし、選挙で選んだ代表者による法律制定の形で間接的に行うこともできる。いずれにせよ、最低賃金の引き上げを決めるのも、共有経済型企業（タクシーや相乗りの配車サービスUber、旅客に空き部屋を提供するAirbnbなど）の合法性を承認するのも、あくまで有権者であって市場ではない。他の多くの経済問題についても、そうだ。

将来、人間が馬の運命を回避するための政策に有権者が一票を投じると考えるのは、けっして不合理ではあるまい。たとえば議会は、雇用を破壊しかねないある種の技術の開発に制限を設けることができるだろう。現時点ではあからさまな規制は導入されていないが、自動運転車など労働者に直接的な影響をおよぼす技術に関連して法律制定の動きが出ている。それにあらゆる民主主義国家には、労働者支援を表明する政治家が必ず存在する。彼らが突然意見を変えると考えるべき理由は何もない。

経済の将来展望に怒りを感じ、政府は自分たちに無関心さらには敵対的だと感じる人間が大勢出現したとき、人間と馬との最後のちがいがあらわになる。人間は反抗できるということだ。ここに来て、経済絡みの抗議運動が活発化してきた。アメリカでは「ウォール街を占拠せよ」運動が比較的平和裏に抗議を訴え、ギリシャでは財政緊縮反対派の抗議運動がときに暴力的に勃発した。

歴史を振り返ると、労働者の不安や焦燥に起因する暴動の例は枚挙にいとまがない。民主主義を奉じるからといって、そうした暴動が起きないという保証は何もないのである。また、ほとんどの国のほとんどの人について、物質的な生活条件は長い目で見れば向上するという保証もない。馬たちは経済からお払い箱になる事態を黙って受け入れた。もし馬と同じ運命が人間を襲ったら、おとなしく受け入れるとは思えない。

労働の役割が小さくなる

経済政策を巡る現在の議論は、雇用と賃金の見通しをいかに明るくするかということが中心になっている。ロボットと人工知能が人間のあらゆる仕事を習得できる日が来るとしても、それはまだだいぶ先なのだから、これは正しい。現状で労働者を助ける最善の方法は、有効なスキルに習熟する機会を与えることと、経済成長を促すことである。したがって政府は教育改革と移民政策の改革に取り組み、起業しやすい環境を整え、インフラや基礎研究への投資を増やすべきだ。また賞金、コンテスト、優遇措置などを総動員して、人間の労働者に取って代わるのではなく、人間の労働者を奨励・支援するソリューションの開発を促すことが望まれる。

とはいえ、人間の労働者が未来永劫最も重要な生産要素であり続けると考えるのは楽観的に過ぎる。レオンチェフが馬の例を挙げて指摘したように、技術の進歩は流れを大きく変える可能性を孕んでいる。そうなったときには、人間と馬とのちがいが重大な意味を持つようになる。多くの人が、いや大半の人が労働所得の減少を目の当たりにしたら、資本の所有構造や資本収益の分配に関して、人々は投票だけでなく抗議運動や暴動の形で現在よりはるかに大きな声を上げるようになるだろう。

経済における労働の役割が小さくなる中、どんな社会をつくっていきたいのか、真剣に議論すべき時が来ている。経済のゆたかさをどのように共有するのか。現代の資本主義は著しい格差を生みがちだが、資源を効率的に配分し努力に報いる資本主義のよさは残しながら、格差拡大に対処するにはどうしたらよいか。工業化時代の労働の概念が薄れていくとき、充実した人生や健全な社会はどのような姿になるのか。教育、社会のセーフティネット、税制といった市民社会の重要な要素をどう見直していくべきか。

労働馬の歴史から、これらの問いの答を見つけることはできない。いくら賢くなったといっても、機械が答を出してくれるわけでもない。答は、高度な技術に支えられる社会や経済のあり方を人間がどう考え、どのような理想を掲げ、どのような価値を重んじるかにかかっている。

エリック・ブリニョルフソン、アンドリュー・マカフィー

二〇一五年六月一六日

（この小論は、外交専門誌「フォーリン・アフェアーズ」二〇一五年七・八月号に掲載されたものを著者と同誌の許可を得て翻訳・転載したものです）

ザ・セカンド・マシン・エイジ　目次

第1章

人類の歴史の物語

技術は神からの贈り物、
おそらくは生命の次に重要な贈り物だ。
技術は文明、芸術、科学の母である。
——フリーマン・ダイソン

人類の歴史において最も重要な意味を持つ出来事は何だろうか。

この質問を考えはじめるとすぐに、答えるのは容易でないことに気づくだろう。そもそも「人類の歴史」はいつから始まるのか。解剖学的にも行動特性の点でも現生人類に属し言語を持つホモ・サピエンスが、誕生の地であるアフリカ大陸を出て世界に広がったのはおよそ六万年前とされている。[*1] そして紀元前二万五〇〇〇年頃[*2]までにネアンデルタール人などの旧人を駆逐する。こうして、大型の脳を持ち直立歩行する他の種と生存競争をすることは、もはやなくなった。

となれば、人類の歴史という壮大な物語の始まった年は、紀元前二万五〇〇〇年としてもよさそうである。だがじつはこのとき地球は氷河期に入っており、その後の人類史の発展は長らく停滞することになる。[*3] このため人類学者のイアン・モリスは、著書『人類5万年　文明の興亡』（邦訳筑摩書房刊）の中で、人間社会の進歩は地球が間氷期に入った紀元前一万四〇〇〇年から始まるとしている。

答が容易でないもう一つの理由は、何をもって重要な意味を持つ出来事とするのか、基準がはっきりしないことだ。ここでは、歴史の歩みを大きく飛躍させるような何かであると定義したい。人類の歴史をグラフに表すとしたら、そのグラフの傾きを急激に変えるような何かだ。たぶんこの定義は、大方の人の感覚とそうちがわないだろう。このように定義すると、人類史初期の重要な発展として動物の家畜化を挙げる人が多い。

犬が飼い馴らされたのは紀元前一万四〇〇〇年よりも前だが、馬の飼育が始まり家畜化されたのは、それより八〇〇〇年ほど遅い紀元前六〇〇〇年頃である。同じ頃に牛も家畜化され、鋤を引くようになった。力持ちの動物が家畜として活躍するようになったおかげで、紀元前八〇〇〇年頃に始まった狩猟採集から農耕への移行が加速したと考えられる。[*4]

農耕によって食糧の供給がほぼ確保できるようになると、大規模な定住が可能になる。やがて都市が形成され、略奪や征服の対象になった。そうなると、大規模な戦争や帝国の形成も重要な出来事に数えるべきだろう。モンゴル帝国、ローマ帝国、ペルシャ帝国、オスマン帝国……。この四つの帝国だけを考えても、たしかに歴史を変えたと言ってよいだろう。これらの帝国は、単に領土の境界を書き換えただけでなく、広大な地域で交易や慣習に大きな影響を与えた。

これらとはだいぶ毛色のちがう重要な出来事もある。その一つは、思想に関わるものだ。哲学者のカール・ヤスパースは、ブッダ（紀元前五六三～四八三）、孔子（紀元前五五一～四七九）、ソクラテス（紀元前四六九～三九九）が、地理的には遠く隔たっているが時期的にきわめて近かった、という興味深い事実を指摘した。この三人は、ヤスパースが「枢軸時代」と呼ぶ歴史の軸の転換期（紀元前八〇〇年から紀元前二〇〇年にかけて）を代表する思想家である。ヤスパースは人類史を俯瞰して「人類は二回の呼吸をする」と表現し、枢軸時代は「明晰な認識をもたらした第一の呼吸」に相当すると分析した。そしてブッダ、孔子、ソクラテスの三人は、その思想を通じて世界の三大文明、すなわちインド文明、中国文明、ヨーロッパ文明に深い影響を与えたと述べている。[*5]

ブッダはまた、世界的な宗教の創始者でもある。人間の歴史における重要な出来事の一つには、当然ながら重要な宗教の誕生も含めるべきだろう。仏教のほかに、ヒンズー教、ユダヤ教、キリスト教、イスラム教がこれに該当しよう。これらの宗教はどれも、何億人もの人々の人生と理想に計り知れない影響を与えてきた。[*6]

宗教の教義の多くは文字を介して広まったが、この文字自体も人類史における画期的なイノベーションである。いつ、どこで、どうやって文字が発明されたかについては諸説あるものの、紀元前三二〇〇年頃のメソポタミアとするのが妥当なところだろう。数を数えるための記号のようなものは当時すでに存在していたが、まだゼロの概念はなかった。アラビア数字と呼ばれる十進記数法が出現するのは、紀元後八三〇年頃である。[*7]

重要な出来事と言えるものは、まだまだある。紀元前五〇〇年頃にアテネは民主主義政治を実践した。一四世紀後半にはペスト禍によってヨーロッパの人口が三〇％も激減した。一四九二年にコロンブスが大西洋に乗り出しアメリカ大陸にいたる航路を発見した結果、新大陸と旧大陸はどちらも大きな変化を被ることになった、等々である。

人類史をグラフにしたら

では、どの出来事が最も重要な意味を持っていたと言えるのか、それを客観的にあきらかにするにはどうしたらいいだろうか。

先ほど挙げた出来事には、それぞれに熱烈な支持者がおり、説得力のある証拠を総動員して、この出来事こそが他を圧して重要だと頑強に主張している。だが、そもそも人類史における出来事に順位をつけたり比較したりすることに何か意味はあるのだろうか。人類学者や社会学者の多くは、意味はないと考えている。だがモリスはあると考え、『人類5万年　文明の興亡』の中で大胆にもそうした出来事の数値化を試みた。

「星の数ほどもある出来事を単なる数字に還元しようというのだから、この試みにはもちろんいろいろと不都合はある。だが万人が否応なく同じ数字を、それも驚くべき数字を目にするという点では、大きなメリットがあると言えるだろう」[*8]。人類史におけるさまざまな出来事の重要性を数値化してグラフに表せば、その傾きを急激に変える出来事がどれなのか、はっきりするというわけだ。

モリスは「目的に向けて物理的・知的環境を制御する集団としての能力」の獲得を「社会開

●図 1.1　数値で見た人類史

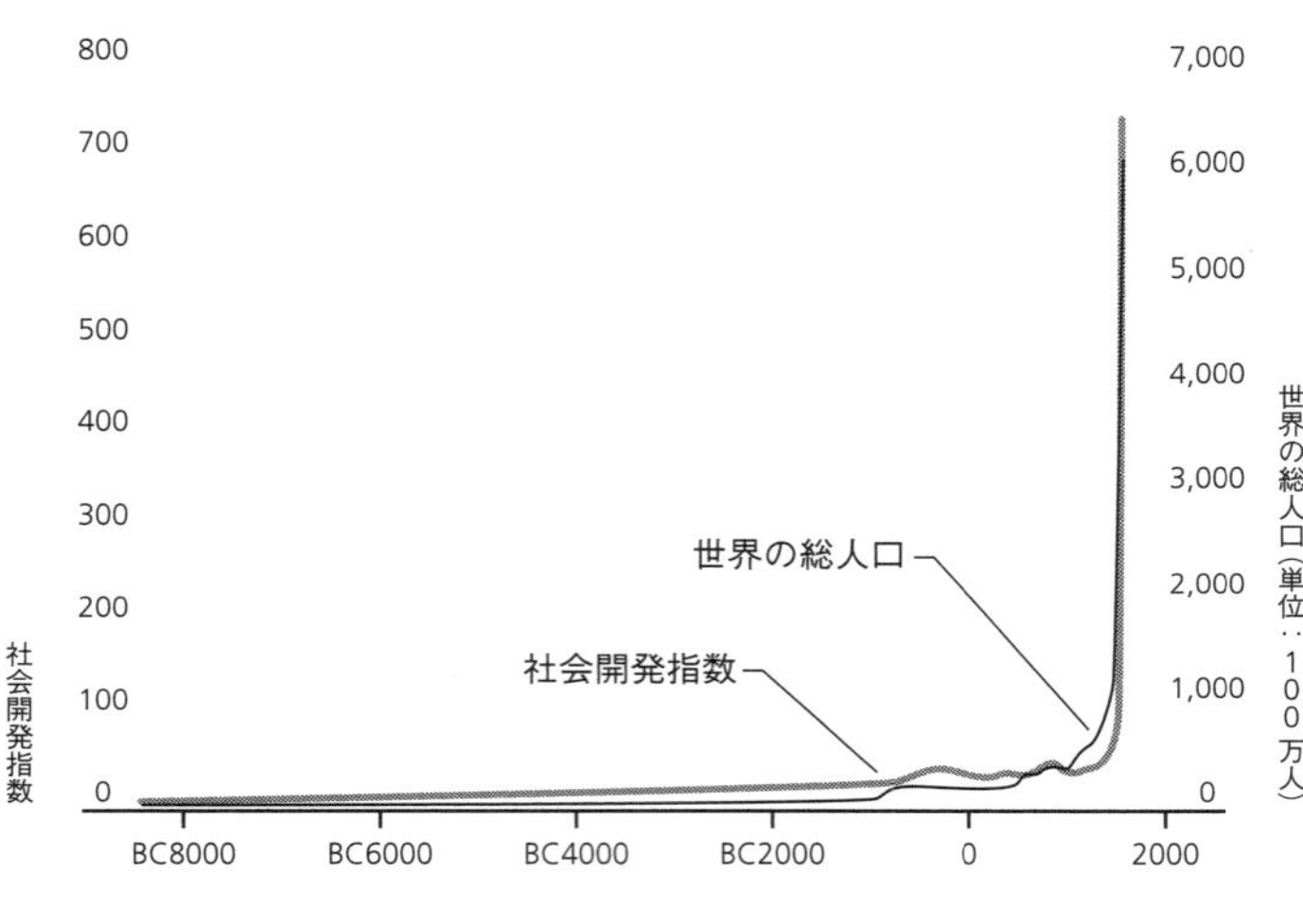

発」と呼び、熟考と調査の末に社会開発指数（social development index）として数値化した。※ その結果は驚くべき、いや目を疑うようなものだった。これまでに挙げた出来事はどれ一つとして、ある一つのものと比べれば、さしたる重要性を持っていなかったのである。その一つのものは、グラフの傾きを急激に変えた。このような出来事は、それ以前にも以後にも出現していない。これを示したのが、図1・1である。黒の線は世界の総人口を、グレーの線は社会開発指数を表す。ご覧のとおり、二つの線はほぼ同じように推移している。

数千年の間、人口も社会開発指数もごくわずかずつしか増えておらず、その増え方はじれったくなるほどゆっくりで、ほとんど目に見えないほどである。動物の家畜化も、農耕も、戦争と帝国の成立も、哲学も宗教も、さしたるちがいは生み出していない。だがたった二〇〇〇年ほど前に、何か衝撃的なことが起きた。それを契機に、人口のグラフも社会開発指数のグラフも、急激に——そう、ほとんど直角に傾きが変わった。

進歩の原動力となったのは

賢明なる読者は、もうすでに見当がついていることだろう。何と言っても本書はテクノロジーと未来を語る本なのだから、いかに技術が重要かというところから書き出すにちがいない、と。まさにそのとおり。一八世紀後半に現れた突然の変化とは、学校で何度も教わった、あれ——産業革命だ。産業革命は、機械工学、化学、冶金学などの分野でほぼ同時期に起きた発展の集大成である。従ってこうした技術の発展が人類の進歩に急激かつ持続的な飛躍をもたらした、と言ってさしつかえない。

※モリスは、人類史における社会開発は四つの要素から構成されるとした。エネルギー摂取量（衣食住および農工商業・運輸のために環境から抽出した一人当たりカロリー）、集団化（最大都市の規模）、戦闘能力（軍隊の規模、兵器の殺傷力と速度、兵站能力など）、情報技術（情報の伝達・処理手段の水準と普及度）である。これらの項目を時代ごとに〇～二五〇の間で指数化した。その時代の社会開発の度合いは、単純に全項目の総和で表す。モリスは、西洋（西欧、メソポタミア、北米のうち、その時点で最も進んでいた地域）と東洋（中国、日本）の比較に興味があったので、紀元前一万四〇〇〇年から紀元後二〇〇〇年に至るまでの指数を東と西に分けて計算した。二〇〇〇年の時点では、東洋が西洋を上回るのは最大都市の規模だけだった（東京はその時点で世界最大の都市だった）。二〇〇〇年における東洋の社会開発指数は五六四・八三、西洋は九〇六・三七である。本書では、東洋と西洋の平均値をグラフ化した。

●図 1.2　人類史のグラフの傾きを急変させた産業革命

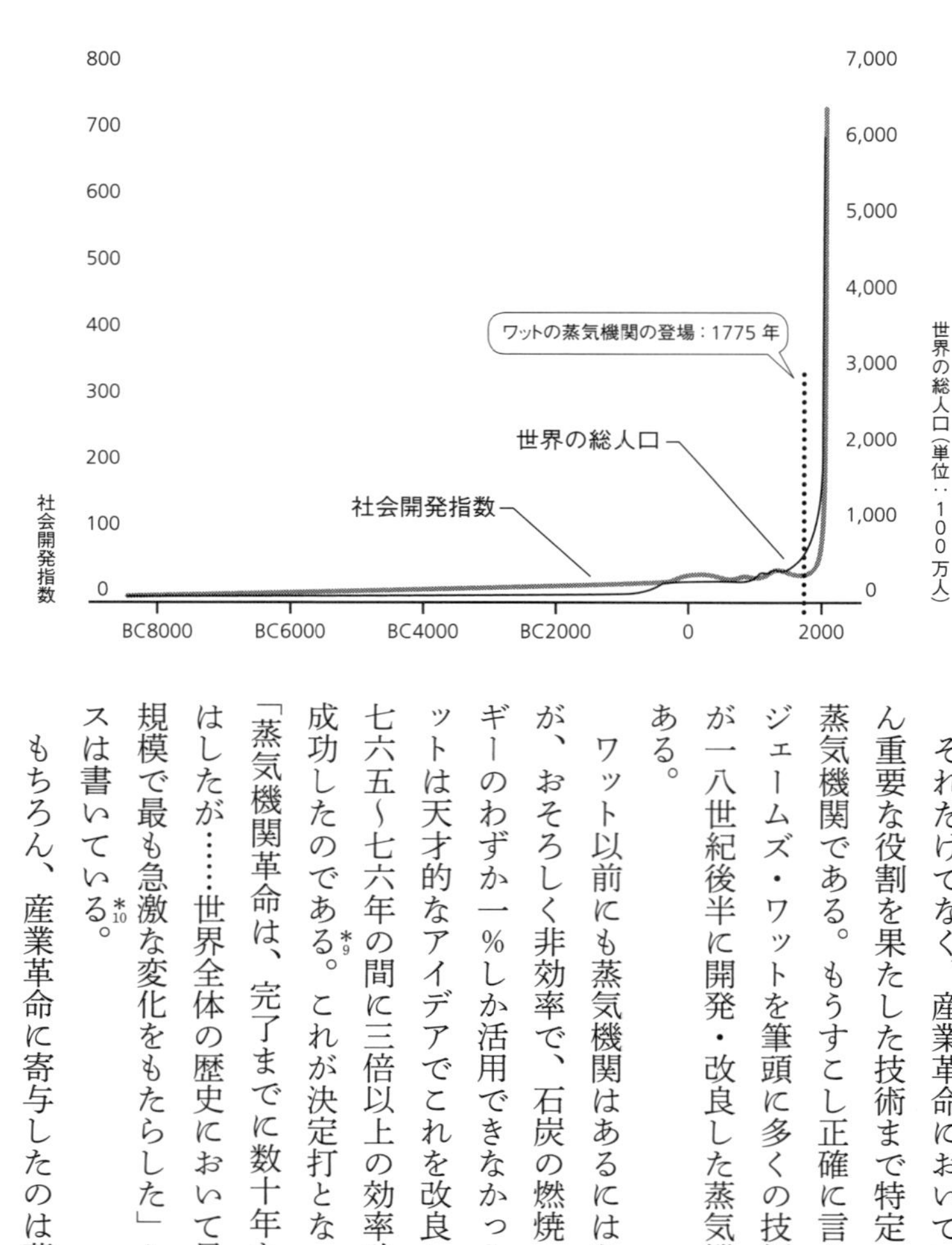

それだけでなく、産業革命においていちばん重要な役割を果たした技術まで特定できる。蒸気機関である。もうすこし正確に言えば、ジェームズ・ワットを筆頭に多くの技師たちが一八世紀後半に開発・改良した蒸気機関である。

ワット以前にも蒸気機関はあるにはあったが、おそろしく非効率で、石炭の燃焼エネルギーのわずか一%しか活用できなかった。ワットは天才的なアイデアでこれを改良し、一七六五〜七六年の間に三倍以上の効率改善に成功したのである。[*9] これが決定打となった。「蒸気機関革命は、完了までに数十年を要しはしたが……世界全体の歴史において最も大規模で最も急激な変化をもたらした」とモリスは書いている。[*10]

もちろん、産業革命に寄与したのは蒸気機

関だけではない。それでも、ヒトと家畜の力の限界を打破し、大量のエネルギーを思いのままに生み出すことを可能にしたのは、蒸気機関だった。蒸気機関の登場は、工場と大量生産に、鉄道と大量輸送につながった。言い換えれば、近代的な生活につながった。産業革命は、人類の歴史において「第一機械時代（ファースト・マシン・エイジ）」を導く扉を開いたのである。このとき初めて人類の進歩を牽引する主役が技術の力になった。それは、人類が初めて経験した劇的な変化と言ってよい。※機械が生み出すエネルギーの力はあまりにも大きく、モリスの言葉を借りるなら「人類のそれまでの歴史を愚弄する」ほどだった。*11

そしていま人類は、「第二機械時代（セカンド・マシン・エイジ）」を迎えている。コンピュータをはじめとするデジタル機器は、「目的に向けて環境を制御する頭脳の能力」を発揮する。かつて蒸気機関が肉体労働において実現したことを、知的労働において実現すると言えるだろう。コンピュータは人間の知的能力の限界を吹き飛ばし、人類を新たな領域に連れて行こうとしている。それがどのような形をとるのかは、まだはっきりしない。とはいえ、この新しいマシン・エイジが人類史のグラフにもたらす変化は、仮にワットの蒸気機関ほど劇的でないとしても、きわめて大きいことだけはまちがいない。本書では、その変化がどのようなものでなぜ起きるのかを解き明かした

※本書では産業革命の時期をファースト・マシン・エイジ（第一機械時代）とする。しかし一部の経済史家は、一九世紀後半から二〇世紀前半にかけての急速な技術の進歩の時代を指して「機械時代」と呼んでいる。この時代を「第二産業革命」と呼ぶ専門家もいる。これについては後の章で取り上げる。

いと考えている。さしあたり、ここではごく簡単な答を示すにとどめよう。進歩とは、物理的・知的環境を整備・制御してニーズの実現を可能にすることだと定義するならば、そのために知的能力が果たす役割は、肉体的能力にまさるとも劣らない。となれば、知的能力が飛躍的発展を遂げるなら、それは必ずや大きな変化の原動力となるはずだ。かつて肉体的能力がそうだったように。

最前線を見て歩く

本書を書いた理由は、ある疑問に悩まされるようになったからだった。私たちはコンピュータ、ソフトウェア、通信ネットワークといったデジタル技術の影響を長年にわたり調査・研究してきて、その可能性と限界を適切に理解したと信じていた。ところがここ数年のデジタル技術の能力には驚かされることが多い。コンピュータが病気を診断したり、人間の質問を聞いて答えたり、正しい文章を書いたりするようになったし、ロボットはほとんど指示を与えなくても倉庫内で作業し、さらには車を運転するようになった。デジタル技術は長い間笑ってしまうほどお粗末で、こうした仕事にはてんで役に立たなかった。それが突如としてひどく巧みにやってのけるようになったのである。いったい何が起きたのだろうか。この驚くべき展開はこの先もまだ続くのだろうか、そしてどのような結果を引き起こすのだろうか。

問いの答を見つけるために、私たちはチームを組んで調査を始めた。最初は、研究者としての通常の手法で臨んだ。すなわち論文や専門書を読みあさり、さまざまなデータを収集し、アイデアや仮説について議論した。こうした方法は必要だったし有効でもあったが、しかし私たちがほんとうの意味で学びはじめ、それとともに楽しみを見出すようになったのは、研究室の外に飛び出し現場に足を踏み入れるようになってからだった。私たちは、実際に技術を開発あるいは活用している多くの人々、すなわち発明家、投資家、起業家、技術者、科学者等々から話を聞いた。

彼らがみな快く迎え入れてくれたおかげで、私たちはデジタル・イノベーションの現場で近未来体験をすることができた。自動運転車に同乗することもできたし、クイズ番組「ジェパディ！」でコンピュータがハーバードとＭＩＴの学生チームを打ち負かす過程を見ることもできた。産業用ロボットの訓練（ロボットの腕を握り、一連の手順に従って誘導する）も体験させてもらった。また、３Ｄプリンターで制作された精緻なオブジェを手にとることもできた。このほかにも信じられないようなテクノロジーの数々を目の当たりにして、私たちはもうすっかり度肝を抜かれたのだった。

人類の現在地は

こうした体験を通じて、私たちはおおまかに三つの結論に到達した。

第一に、人類は現在、デジタル技術が驚異的に発展する時期に立ち会っている。デジタル技術の中心となっているのは、コンピュータのハードウェア、ソフトウェア、そしてネットワーク技術だ。これらの技術は、けっして目新しいものではない。企業は半世紀以上前からコンピュータを導入しており、タイム誌がパソコンを「マシン・オブ・ザ・イヤー」に選んだのは一九八二年である。だが、蒸気機関が産業革命を起こすまでに数世代を要したのと同じように、デジタル技術が高度化しデジタル時代を牽引するまでには、やはり時間が必要だった。

本書では、デジタル技術がかくも高度化したのはなぜかを解き明かすとともに、その具体例も紹介するつもりだ。デジタル技術はいまだ発展中で、成熟期には達していない。コンピュータはこれからも猛スピードで進み続け、予想外のことが新たにできるようになるだろう。そして、社会や経済にとって重要な役割を果たす存在、あるいは社会や経済に一大変化をもたらす存在になるにちがいない――そう、ちょうど蒸気機関のように。デジタル技術の高度化を背景に、いま人類は変曲点（グラフの向きが変わりはじめる点）にさしかかり、まさにセカンド・マシン・エイジに突入しようとしている。

第二に、デジタル技術がもたらす変化は総じてよいものである。人類が向かうのは、これまでとはちがう時代であり、それはよりよい時代である。なぜなら、消費の多様化と拡大が期待できるからだ。そんなことは全然うれしくない、と大方の人は言うだろう。いったい誰がのべつもっと消費したがるというのか。だがちょっと待ってほしい。人間が消費するのはカロリーやガソリンだけではない。本や友人から情報を、アーティストからエンターテイメントを、教授や医者から専門知識を消費するといった具合に、目に見えないたくさんのものを消費しているはずだ。デジタル技術はそうしたものの選択肢を増やし、人間をより自由にしてくれる。

情報や音楽・映像や知識は、デジタル化されると、すなわちビットに変換されてコンピュータに保存されネットワークを通じて送信可能な形になると、これまでにないすばらしい特性を獲得する。稀少な資源の分配を前提とする従来の経済学ではなく、並外れて豊富であることが当たり前の経済学が適用されるようになる。これから見ていくように、デジタルの財は物理的な有形財とは異なる性質を備えており、このちがいは重要な意味を持つ。言うまでもなく、有形財はこの先も欠かせない。たくさんのもの、あるいはさまざまなもの、あるいはよいものを、たいていの人がこれからも欲しがることだろう。もっと食べたいかどうかはともかく、おいしいものを食べたい、あるいはいろいろな料理を味わってみたいと思うだろう。ガソリンをもっと消費したくはないにしても、いろいろな土地への旅を楽しみたいとは思うだろう。コンピュータは、こうした望みを叶える役に立つ。デジタル化は、現実の世界をよりゆたかに、より便利にする。そして経済史家のマーティン・ウェイツマンが指摘するように、「先進国経済の長期的成長は、技術的進歩の動向に左右されるだろう[12]」。その技術はと言えば、これから見ていくように、指数関数的に進歩しつつある。

第三の結論は、残念ながら前の二つほど楽観的ではない。デジタル化は困難な問題も引き起こす、ということだ。これ自体はとりたてて驚くには当たらないし、むやみに心配するにもおよばない。どれほど有意義な発展も必ず不快な副作用を伴うものだが、人類にはそれを克服してきた歴史がある。たとえば産業革命はロンドンの大気を汚染し、児童労働者の搾取を招いた。ではデジタル技術はどうか。いまなお加速的に進行中のデジタル革命は、環境よりも経済に激震をもたらすことになるだろう。というのもコンピュータの性能が向上するにつれて、一部の労働者が不要になるからだ。技術は途方もないペースで進み、一部の、それも大勢の人間を置き去りにする。後の章で説明するように、ある種の能力やスキルを備えた人やしかるべき教育を受けた人にとっては、最高の時代が来るだろう。この人たちはテクノロジーを駆使して価値を創出し、その対価を得ることができる。だが「ふつうの」能力やスキルしか持ち合わせていない人にとっては、最悪の時代になるだろう。コンピュータとロボットを筆頭に、デジタル技術はすさまじい勢いでふつうの能力を獲得し、凌駕すると予想されるからだ。

産業革命が始まってほどなく、イギリスをはじめ多くの国の人々はその負の影響に気づいて対策を講じるようになった（民主的な政府と技術の進歩自体もこれに寄与した）。イギリスにはもう子供の労働者はいないし、ロンドンの大気に含まれる煤煙と二酸化硫黄は一六世紀後半以降のどの時代よりも少ない。[*13] デジタル革命に伴うマイナス面も、おそらくは克服できるだろう。だがまずは、どのような副作用があるのかを知っておかねばなるまい。セカンド・マシン・エイジに予想される負の影響を知り、それを抑制する方法を考えておくことはきわめて重要である。問題は必ず乗り越えられると私たちは確信しているが、放っておいて解決するわけではないこともたしかだ。だから本書の最後には、解決のための提言を掲げる。

以上のように、本書はいま始まるセカンド・マシン・エイジ、とりわけ人類の歴史に出現する変曲点を論じる本である。よい方向へ向かう変曲点であって、稀少性の代わりにゆたかさが、制約の代わりに自由がもたらされると私たちは考えている。だが変曲点とともに困難な課題と選択が迫ってくることもまた、肝に銘じなければならない。

本書は大きく三つに分かれている。第1部に当たる第1章〜第6章では、セカンド・マシン・エイジの基本的な特徴を取り上げる。ここでは技術の進歩の一端を紹介するが、それらはまるでSFの世界の出来事のように見えることだろう。さらに、コンピュータは数十年も前からあったにもかかわらず、なぜいま飛躍的に高性能化しているのかを考察するとともに、コンピュータ、ロボットをはじめとするデジタル技術の発展の規模とスピードが今後拡大する一方だと言える理由もあきらかにする。

第2部に当たる第7章〜第11章では、こうした技術の発展がもたらす経済的影響として、ゆたかさと格差について論じる。ここでゆたかさと呼ぶのは、技術の発展によってさまざまなものの量、多様性、質が向上する一方で、コストが減少することを指す。これは、今日の経済にとってよろこばしいことだ。しかし格差のほうは、うれしい話ではない。経済的な成功すなわち資産、所得、社会的流動性といった重要な基準に関して、格差は拡がる一方だ。近年ではこの傾向に拍車がかかっており、これはさまざまな理由から好ましくない。しかも放置しておくと、セカンド・マシン・エイジが進むにつれて格差はさらに速いペースで拡大すると考えられる。

第3部に当たる第12章~第15章では、セカンド・マシン・エイジにふさわしい政策を論じる。経済にとって最も望ましいのは、ゆたかさを最大化すると同時に格差の負の影響をできるだけ減らすことだ。そのための施策を短期・長期の両方について検討する。最後の章で述べるとおり、いま行う選択が未来の世界を決めるのである。

第1章 原注

＊1 Ian Morris, *Why the West Rules—For Now: The Patterns of History, and What They Reveal About the Future* (New York: Farrar, Straus and Giroux, 2010), p. 73.（イアン・モリス『人類5万年　文明の興亡　上・下』北川知子訳、筑摩書房）

＊2 Ibid., p. 74.

＊3 Ibid., p. 71.

＊4 Ibid., p. 112.

＊5 Karl Jaspers, *The Origin and Goal of History. Translated From the German by Michael Bullock* (London: Routledge K. Paul, 1953), p. 51.（カール・ヤスパース『ヤスパース選集ⅠⅩ　歴史の起源と目標』重田英世訳、理想社）

＊6 "Major Religions of the World Ranked by Number of Adherents," 2007, http://www.adherents.com/Religions_By_Adherents.html/.

＊7 Anne Rooney, *The History of Mathematics* (New York: The Rosen Publishing Group, 2012), p. 18.

＊8 Morris, *Why the West Rules*—For Now, p. 142.

＊9 Louis C. Hunter and Eleutherian Mills-Hagley Foundation, *A History of Industrial Power in the United States, 1780—1930: Steam Power* (Charlottesville, VA : University Press of Virginia, 1979), 601～30.

＊10 Morris, *Why the West Rules*—For Now, p. 497.

＊11 Ibid., p. 492.

＊12 Martin L. Weitzman, "Recombinant Growth," *Quarterly Journal of Economics* 113, no. 2 (1998): 331—60.

＊13 Bjørn Lomborg, *The Skeptical Environmentalist: Measuring the Real State of the World* (Cambridge, UK: Cambridge University Press, 2001), p. 165.

第2章
機械とスキル

高度に進歩した技術は、
どれも魔法と見分けがつかない。
——アーサー・C・クラーク

二〇一二年の夏、私たちはめったにできない体験をした。

調査の一環としてシリコンバレーにあるグーグル本社を訊ねた際、同社が開発した自動運転車に同乗するという幸運に恵まれたのである。はじめ私たちは、前部座席は空っぽの車の後部座席に座れるのかと思ったのだが、グーグル側はあきらかに自動運転とわかる車で公道を走ることを躊躇した。考えてみれば当然である。そんなことをすれば歩行者や他のドライバーを仰天させるだろうし、無用に警察官の注意を引きかねない。そこで前部座席にはショーファー（お抱え運転手）・プロジェクト・チームのメンバー二人が座ることになった。

ハイウェイ一〇一号を走行中にメンバーの一人が完全自動運転モードに切り替えるスイッチを入れると、私たちの好奇心はいやがうえにも高まった——正直に白状すれば、自己防衛本能も。というのも一〇一号線は、空いていて走りやすい道ではないからだ。道路自体はよく整備され急カーブなどはないものの、ほとんどの時間帯に混雑しており、交通量や流れが突然変わったりする。高速走行中に運転を誤ったら、重大な事故になりかねない。単に知的好奇心を満足させるつもりだったのが、いまや命が懸かっているのだと私たちは緊張した。

しかし自動運転は完璧だった。手に汗を握るどころか、実際には退屈するほど快適なドライブだったのである。他の車を無理に追い越したり、幅寄せしたり、なんてことは絶対にしない。まさに教習所で習ったとおりの模範運転である。車内のラップトップの画面には走行中に車が「見て」いるものがリアルタイムで映し出されるのだが、それを見ると、センサーが感知した近くの物体はすべて認識されていることがわかった。すぐ前や横の車だけでなく、周囲の車すべてを認識し、どういう動きをしているかも追跡できている。しかもグーグル・カーは、こちらには死角がないが、人間が運転するふつうの車には死角があることも理解していた。ラップトップの画面には他車の死角が示され、つねにその外にいるように自動運転ソフトのグーグル・ショーファー（Google Chauffeur）が車を誘導する。

私たちは外を見ずに画面ばかりにらんでいたので、前方の車が停止したのに気づかなかった。だがグーグル・カーはスムーズにブレーキをかけ、前車と安全な距離をとって停止する。そして前方の車が動き出すと、再びスムーズに発進した。その間ずっとグーグル・チームのメンバーはおしゃべりを続けており、車にお任せで何も心配していない様子だった。と言うよりも、道路状況を全然気にしていないらしい。何百時間も試験走行した彼らは、混雑した道路の走行に関して、自動運転車に万全の信頼を置いていた。そして車がグーグルの駐車場になめらかに停止する頃には、私たちもすっかり同じ気持ちになっていた。

『新しい分業』とは

自動運転車の同乗体験にひどく感動したのは、ほんの数年前まで、コンピュータに車の運転はできないと決め込んでいたせいだろう。私たちだけではない、信頼に値する研究者も、運転は今後しばらく人間にしかできないと結論づけていた。なぜこのような結論に達したのか、そしてなぜグーグル・ショーファーはわずか数年でこの結論を覆すことができたのか。そこには、デジタル技術の発展に関する重要な意味が隠されている。

経済学者のフランク・レビーとリチャード・マーネインは、二〇〇四年に『新しい分業』（未邦訳）を発表した。[*1] ここで言う「分業」とは、人間の労働者とデジタルの労働者の分業、すなわち人間とコンピュータの分業である。経済体制の如何を問わず、人間はコンピュータに対して比較優位を持つ仕事に専念すべきであり、コンピュータにはコンピュータに適した仕事をやらせておくべきだ。ではこの世にあまたある仕事は、どちらに分類されるのだろうか。レビーとマーネインは両者を分ける基準を同書の中で示している。

一〇〇年前には、「人間がコンピュータに対して比較優位を持つ仕事」だとか「コンピュータに適した仕事」などという区分はあり得なかった。というのも、コンピュータは人間だったからである。コンピュータとは、もともとは「計算をする人」という意味であり、タイピストや秘書と同じく一つの職種であって、機械の名称ではなかった。二〇世紀前半のコンピュータは人間の労働者、多くは女性労働者で、一日中計算をしては結果を表に記入していた。やがて発明家が計算機を考案し、次第に人間の労働にとって代わるようになる。最初は機械式だったが、やがて電気式になり、最後はデジタルになった。今日では、計算をするためだけに雇われる人はほとんどいない。人件費がきわめて安い国でさえ、「計算人」はいない。なぜなら計算機のほうがはるかに安くて速くて正確だからである。

コンピュータのしくみを知っている人なら、コンピュータが単なる計算機でないことをご存知だろう。コンピュータはむしろ記号処理機である。コンピュータの回路ではすべてのインプットを電気信号に変換し、1または0という言語として扱うが、正または誤、イエスまたはノーなど、他の記号と考えても差し支えない。コンピュータは、原則として記号化できるものであれば、数学から論理、言語にいたるまで何でも処理できる。だがいまのところ小説は書けない。これまでベストセラーになった小説は、すべて人間が書いたものだ。起業家、CEO、科学者、看護士、レストランのウェイター等々、他にも多くの仕事は人間がやっている。なぜコンピュータにはできないのだろうか。こうした仕事が計算よりもデジタル化がむずかしいのは、どうしてだろう。

コンピュータが得意なのは

『新しい分業』の中でレビーとマーネインが取り組んだのは、まさにこの問いである。そしてきわめて説得力のある答を出した。二人はすべての知識労働の基本である情報処理に注目し、それが何らかのルールに従う度合いに応じて並べてみた。すると、スケールの一方の端には、最も厳密にルールに従う情報処理タスク、すなわち計算やこれに類するタスクが位置づけられる。計算は、確立されたルールを適用するだけで実行できる。ルールに従うことはコンピュータにとって得意中の得意であるから、計算はコンピュータにやらせるべきだと結論できる。

ルールに従う知識労働は、ほかにもないだろうか。たとえば、住宅ローン審査を考えてみよう。ローンをきちんと返済するかどうかを示すよい指標となるのは、クレジット・スコア（借入残高や返済状況などを総合した信用程度を示す点数）や、借入金額に比してどの程度の資産、所得、債務があるか、といったことである。従って、住宅ローン申請を認めるかどうかの決定は、ルール化することが可能だ。

言葉で表現すると、ローン審査のルールは次のようになるだろう。「金額Mの住宅ローンの申請者のクレジット・スコアがV以上で、年間所得がI以上または資産総額がW以上、且つ債務残高がD以下であれば、申請を承認する」。これをコンピュータのコードで表現した場合には、アルゴリズムと呼ぶ。アルゴリズムとは要するに単純化であり、すべての要素は考慮しないし、できない（申請者には大金持ちの叔父さんがいて、申請者に遺産の一部を残すという遺言書を書いており、しかも叔父さんはロープなしでロッククライミングをするのが好きだ、といったことは考慮できない）。しかしアルゴリズムは、最も重要な要素や最も可能性の高い要素は考慮できる。そして、ローン返済率を予測するといったタスクはきわめてうまくこなす。従ってローン審査はコンピュータに任せられるし、

任せるべきだろう。※

不得意なのは

このスケールで計算とは反対側の端に位置づけられる情報処理タスクは、ルールやアルゴリズムに従わないタスクである。それは、人間のパターン認識能力に依存するタイプのタスクだ。人間の脳は、五感を通じて情報を獲得しパターンを見抜くというすばらしい能力を持ち合わせているのだが、どうやって見抜いているのか、うまく言葉では説明できない。とりわけ、変動する情報が大量に次々に流れ込んでくる場合がそうだ。哲学者のマイケル・ポランニーの有名な指摘のとおり、「人間は言葉で表せる以上のことを知っている[*2]」。レビーとマーネインによれば、このようなタスクはコンピュータにはこなせないため、今後も引き続き人間の仕事となる。そして自動車の運転はその一つだという。彼らは次のように書いている。

「車が行き交う中で右折をする場合、運転者には対向車、歩行者、信号、道路に面した店や看板、街路樹、警察官など大量の視覚・聴覚情報が押し寄せてくる。運転者は知識を総動員して、それぞれの物体の大きさや位置を推定し、それらが引き起こす危険の可能性を見通さなければ

※二〇〇七〜〇九年のグローバル金融危機にいたるまで、アメリカではクレジット・スコアが低く、所得も資産も少なく、借金の多い人にどしどし住宅ローンを提供していた。言い換えれば、ローン審査アルゴリズムを書き換えるか、無視していた。けっして以前のアルゴリズムが機能しなくなったわけではない。ただ、使われなくなってしまったのである。

ならない……トラックの運転手は、これらの情報を認識し処理している。だがどうやって処理しているのかを突き止め、それをソフトウェアに落とし込むことは、系統的に構造化された状況を除いては、現時点ではきわめてむずかしい。……車の運転のような仕事では、コンピュータが人間にとってかわることは容易ではない」

立ち往生から快適ドライブへ

私たちは二〇〇四年に『新しい分業』を読んで、この結論にすっかり納得した。さらに、国防総省国防高等研究事業局（DARPA）が実施した無人車レースの結果も、この確信を強めることになった。

DARPAは、旧ソ連が人工衛星スプートニクを打ち上げたことに対抗して一九五八年に設立された機関で、軍事利用可能な技術革新の促進が主要業務だった。このDARPAが二〇〇二年に、完全無人車による長距離レース、グランド・チャレンジの実施を発表する。カリフォルニア州モハーベ砂漠の道路一五〇マイル（二四一キロメートル）を走破するレースだ。試走で好成績を収めた一五チームがエントリーし、二〇〇四年三月一三日に本番のレースが行われた。

結果は惨憺たるものだった。二台はスタート地点にたどり着くことすらできず、一台はスタート地点で横転。レース開始から三時間経過した時点で、ともかくも走っていたのは四台だけというありさまである。といっても、「優勝」したカーネギーメロン大学のサンドストーム号にしても、わずか一二キロ（コース全長の五％未満）走った後、ヘアピンカーブでコースから逸れ、斜面に乗り上げて止まってしまう。優勝賞金一〇〇万ドルは保留となり、ポピュラー・サイエンス誌には「ＤＡＲＰＡ、砂漠で立ち往生」と揶揄される始末だった。[*3]

だがそれから数年ほどで、「砂漠で立ち往生」が「一〇一号線の快適ドライブ」に大変身を遂げる。グーグルは二〇一〇年一〇月のブログで、完全無人車によるアメリカ国内の一般道、高速道路の走行に成功したと発表した。私たちが同乗体験をさせてもらった二〇一二年夏までには、グーグル・カーの一団が自動運転で累計二〇万キロ近くを走破しており、その間に起こした事故は二回だけだった。そのうち一回は、たまたま人間が運転していて起こした事故である。もう一回は、グーグル・カーが赤信号で停止しているときに、人間の運転する後続車に追突された。[*4] もちろん、グーグル・カーでは手に負えない状況もまだたくさんある。複雑に入り組んだ市街地、オフロード、グーグルの地図未作成の地域は走行できない。だが高速道路走行を体験した私たちの実感としては、通常遭遇する運転状況の大半には対応できるようになりそうだ。しかも自動運転可能な領域はどんどん拡がっている。

こうしたわけだから、自動運転車はＳＦの世界から飛び出し、近い将来に現実に公道を走行するようになるだろう。自動運転が当面不可能だと結論づけた最先端の研究は、それを短期間で実現させた最先端の科学と工学によって、あっけなく覆されようとしている。ハイペースで進歩する科学と工学は、物笑いの種だった「自動」運転車を本物の自動運転車に変えてみせた

――それも、ほんの五、六年で。

自動運転車の飛躍的進歩は、ヘミングウェイの有名な言葉を思い出させる。人がどのように無一文になるかについて、この文豪は「徐々に、そして突然に」と表現した。[*5] 自動運転車は、けっして突然変異や例外ではない。裾野の広いすばらしい変化の一部なのである。コンピュータやロボットなどデジタル技術がずいぶん昔から挑んできた困難な課題は、長い間徐々にしか進歩が見られなかった。だがここ数年で突然の飛躍を遂げ、長いことひどくお粗末な出来だった仕事を巧みにやってのけるようになり、しばらくは習得できまいと思われていたスキルをみごとに身につけてみせた。近年の驚くべき事例をもうすこし見てみることにしよう。

人間に話すように

レビーとマーネインは、新しい分業において人間が比較優位を持つ仕事として、パターン認識のほかに複雑なコミュニケーションを挙げている。「教育、経営、販売といった仕事を効果的に行うには、会話が欠かせない。会話においては、幅広い情報を伝達し解釈することが求められる。このような情報交換を人間ではなくコンピュータが行えるようになるのは、まだかなり先のことだろう」と彼らは結論付けた。[*6]

だが二〇一一年秋にアップルが発表したスマートフォン iPhone 4S には、音声認識型パーソナルアシスタント、シリ（Siri）が搭載されている。Siri のユーザーインターフェースは、自然言語を処理する。つまりユーザーは人間に話しかけるようにSiriに話しかければいい。Siriを開発したのはカリフォルニアのSRIインターナショナル研究所だが、二〇一〇年にアップルが買収した。Siriはユーザーが話しかけたことを聞き取り、その意味を理解してタスクを実行し、合成音声でフィードバックする。

Siriの登場から約八カ月後、ハイテク関連のブログ、ギズモード（Gizmodo）のカイル・ワグナーは、Siriの最も役に立つ能力をリストアップした。それによると、こうだ。「現在進行中の試合のスコアを訊ねることはできる。ジャイアンツの試合はいまどうなってる？　という具合にね。打率など個人成績を訊ねることもOKだ。レストラン予約サイトのオープンテーブル（OpenTable）で予約をとること、レビュー・サイトのイェルプ（Yelp）のレビューをチェックすること、地元の映画館で上映中の映画を調べて予告編を見ること、なども問題ない。忙しくて電話をとれなかったとき、あとでかけ直すのを忘れないようリマインドしてくれと頼むこともできる。こうした日常的なことに関しては、Siriは音声での指示を信じられないほどうまくこなす[*7]」。

ギズモードのブログは、次のように締めくくられている。「こう書くとなかなかクールに聞こえるだろう。だけど大事なのは、必要なときにちゃんと役に立つか、ということだ[*8]」。発売当初から、多くの人はこのパーソナルアシスタントがものの役に立たないと感じている。こちらの言っていることを理解しないし、何度も聞き返してきたり、珍妙な答や意味不明の答を返した挙げ句、「たいへん申し訳ありませんが、いまはご質問を受け付けられません。しばらくあとにもう一度お試しください」などと言う。アナリストのジーン・マンスターは、Siriがうまく答えられなかった質問の例を挙げている。

・エルビスはどこに埋葬(バリード)されている？
　Siriは「お答えできません」と答えたが、どうやらエルビス・バリードという人名だと考えたらしい。
・映画『シンデレラ』が発表されたのはいつ？
　Siriは上映中の映画をイェルプで検索して結果を表示した。
・次にハレー彗星が来るのはいつ？
　「あなたにはハレーとの約束はありません」
・スペリオル湖に行きたいんだけど。
　Siriは、レイク・スペリオル・エックスレイ社へのルートを示した。*9

Siriがときにおかしな答をすることはよく知られているが、それでも技術の力のすばらしさは否定できない。Siriは助けを必要とするまさにそのときに、ちゃんと助けてくれる。そのことを私たち自身も身をもって体験した。サンフランシスコで打ち合わせを済ませた後、自動運転車の件でマウンテンビューにあるグーグル本社に向けてレンタカーを走らせていたときのことだ。私たちはポータブル型のナビゲーターを持っていたが、それを電源につないでいなかった。道はよく知っているから大丈夫だと思い込んでいた。

だが、全然大丈夫ではなかった。ハイウェイの入り口を探してうろうろ走り回りながら、私たちはだんだん焦ってきた。グーグルとの約束に遅れたら信用を失い、本書の執筆プロジェクトが頓挫しかねない……。そのときエリックが携帯電話を取り出し、「国道一〇一号の下り線に入りたい」とSiriに言った。するとすぐさま画面に地図が現れ、現在地とともにハイウェイに入るまでのルートが示された。

もちろん、停車してナビを電源につなぎ、目的地をインプットしてルートを表示させることはできた。だがそんな面倒なやり方より、ふつうに言葉で質問して答をもらえるほうがずっとうれしい。そしてSiriはまさに求めていたとおり、自然言語での対応をしてくれた。二〇〇四年に、過去半世紀にわたる自動音声認識技術の研究成果を振り返る報告書が発表された（その大半が自然言語処理に集中している）。その冒頭には、「生身の人間のレベルでの音声認識は、実現困難な目標であることが判明した」とある。だがそれから一〇年と経たないうちに、この目標の重要部分は達成された。アップル以外の企業からも十分使える自然言語処理技術が発表されており、携帯電話を介して数億人が利用している。[*10] カーネギーメロン大学の機械学習学科長を務めるトム・ミッチェルによれば「われわれは、人間の言葉を解さないコンピュータから、ちゃんと理解できるコンピュータへの移行期の始まりを目の当たりにしている。この移行期は一〇年ほどで完了するだろう」という。[*11]

バベルフィッシュが現実に

自然言語処理ソフトがいまだ完璧とは言いがたいことは認めよう。コンピュータは、人間のように複雑なコミュニケーションをこなすことはできない。だが、日々賢くなっていることはまちがいない。とくに他言語への翻訳に関しては、長足の進歩を遂げている。コンピュータのコミュニケーション能力は、平均的な人間と比べて深さの点では劣るとしても、広さの点ではまさっていると言ってよい。

二つ以上の言語を話す人は、それなりの精度で一方から他方へ翻訳ができるものである。一方、自動翻訳は日進月歩で進歩しているとは言っても、まちがいだらけだ。フランス語がすこししかできないアメリカ人でも、グーグル翻訳サービスよりはましなフランス語に訳せるだろう。なにしろグーグルの翻訳は単語をただ並べただけで、まったく意味不明なのである。

では、英語からハンガリー語、アラビア語、中国語、ロシア語、ノルウェー語、マレー語、イディッシュ語、スワヒリ語、エスペラント等々に翻訳するとなったら、どうだろうか。たぶん一人の人間の手には負えないだろう。一方、グーグル翻訳サービスでは九〇もの言語に翻訳可能だ。グーグルは、この九〇の言語同士であれば、瞬時に翻訳ができる。しかも完全に無料だ。[*12] またスマートフォン用の翻訳アプリでは、登録された一五種類の言語のどれかで電話に向かって話せば、翻訳して合成音声が答えてくれる。いくら外国語に堪能な人でも、これほど幅広い言語はこなせないだろう。

同時翻訳装置は、長い間ＳＦの中にしか登場しなかった。いちばん有名なのは、『銀河ヒッチハイク・ガイド』（邦訳河出文庫刊）に登場するバベルフィッシュだろう。耳の中に入れておくとあらゆる言語を翻訳してくれる、あの小さな魚である。[*13] グーグル翻訳サービスなどの同時翻訳サービスは、バベルフィッシュを現実にしたと言えるだろう。実際、この手のソフトウェアを活用してカスタマー・サービスの円滑化に成功した例が少なくとも一つある。翻訳サービス会社ライオンブリッジとＩＢＭが共同開発した機械翻訳ソフトウェア、ジオフルーエント（GeoFluent）がそれだ。オンライン用のアプリケーションで、カスタマーから問い合わせがあったとき、その言語を理解しないカスタマー・サービス係が回答する場合に使われている。最初の試験運用では、利用者の約九〇％が、ビジネス目的の利用であれば十分だと回答した。[*14]

クイズ番組でも

コンピュータはいまやパターン認識と複雑なコミュニケーションの両方をこなすという芸当すらやってのけ、人間が得意だった分野でも人間を打ち負かしている。二〇一一年二月一四日と一五日に放送されたクイズ番組「ジェパディ！」では、回答者の一人は人間ではなく、ワトソンという名前のスーパーコンピュータだった。ワトソンはＩＢＭがこのクイズのために開発したマシンで、同社の伝説的なＣＥＯサー・トーマス・ワトソンに敬意を表して命名された。「ジェパディ！」は一九六四年に始まり、二〇一二年になってもアメリカのテレビ番組ランキングで五位にランクされている長寿番組で、視聴者数は毎週およそ七〇〇万人に達する。[*15] さまざまな分野からのトリビアな質問を司会者が読み上げ、出場者が答えるというシンプルなしくみだ。[※]

このクイズが長年人気を維持しているのは、形式はわかりやすいが勝つのはひどくむずかしいからだ。誰でも、質問の一つや二つには答えられるだろう。だが全部を答えるのは至難の業である。出題範囲はきわめて広く、どんな分野から出題されるかまったく予想がつかない。勝つためには、早く、大胆で、しかも正確でなければならない。早くないと答える権利を獲得できないし、大胆でないとたくさん答えられない。しかし何よりむずかしいのは正確であることだ。正解を答えないと賞金はもらえないうえ、まちがって答えるとその分を差し引かれてしまう。

しかも、質問の中に語呂合わせや押韻などの言葉遊びが含まれている。たとえば、「ＮＢＡのキングスのいる町と韻が同じで、昔を思い出すよすがになるものは？」[*16] という具合である。この質問に正しく答えるには、まずＮＢＡが何の略語か（この場合には全米プロバスケットボール協会の略語であって、国法銀行法や化学物質ｎブチルアミンの略語ではない）、キングスが本拠とする都市はどこか

（サクラメント）を知っていなければならない。そこで初めて、サクラメントと同韻で昔を思い出させるものと言えば、それはメメント（遺品、記念品）であってスーベニール（土産、記念品）ではないということになる。この手のヒントに正しく答えるには、パターン・マッチングと複雑なコミュニケーションの両方を駆使する必要がある。さらにクイズで勝つには、それを何度でも正しく瞬時にやらなければならない。

二〇一一年にワトソンが相手にしたのは、ケン・ジェニングスとブラッド・ラッターである。二人はクイズ界では知られた存在で、とくにジェニングスは二〇〇四年に「ジェパディ！」を七四週連続で勝ち抜き、三一七万ドルもの賞金を獲得した記録の持ち主だ。いわば全米が認めるクイズ王と言ってよい。[*17] それだけではない。ジェニングスがいたからこそワトソンは生まれたと言えるかもしれない。[*18] ＩＢＭの社内に流布している噂を紹介しよう。同社の研究主任で人工知能開発の最前線に立つチャールズ・リッケルは、二〇〇四年秋のある日、ニューヨークのステーキハウスで食事をしていた。時計の針が午後七時を回る頃、ふと気づくと大勢の客が立ち上がり、隣接のバーにぞろぞろ移動するではないか。のこのこ後を付いて行ったリッケルが目にしたのは、皆がテレビの前に陣取り、ジェニングスが連勝記録を伸ばせるかどうかを見つめている姿だった。そこでリッケルは考えた――ジェニングスとスーパーコンピュータを対戦

※正確に言えば司会者は答を読み上げる。回答者は、その答を導くような質問を考える。

させたらきっとおもしろいにちがいない。それに、コンピュータのパターン認識能力とコミュニケーション能力の格好のテストにもなるぞ。

「ジェパディ！」は三人で対戦する形式であり、第三の回答者としてはブラッド・ラッター以上の人物はいなかった。ラッターは二〇〇五年の決選大会でジェニングスを破り、三四〇万ドルを超える懸賞金を獲得しているのだ。[*19] どちらも博覧強記かつ百戦錬磨の強者であり、「ジェパディ！」で勝つコツもよく知っているし、プレッシャーにも強かった。

この二人を相手に勝つのは至難の業である。ワトソンの最初のバージョンは、とても太刀打ちできるレベルにはなかった。ワトソンは、多少のリスクを冒しても積極的にボタンを押すか（どうしても誤答の可能性が高くなる）、リスクを回避し安全策で臨むかをプログラマーが微調整できる。プロジェクトがスタートして間もない二〇〇六年一二月の時点では、設問の七〇％に答えるよう調整すると（これはかなり積極的である）、正答率はわずか一五％だった。これでは負けるに決まっている。なにしろジェニングスは設問の七〇％に一番でボタンを押したとき（すなわち答える権利を獲得したとき）には、正答率が九〇％に達していたのだから。[*20]

だがワトソンは飲み込みが早い。ほどなくワトソンは、トレードオフの関係にある積極性と正確性を高い水準で両立できるようになる。そして二〇一〇年一一月に行われたシミュレーションでは、設問の七〇％で答える権利を獲得したとき、正答率は八五％まで上昇していた。まさに長足の進歩ではあるが、人間といい勝負ができそうになっただけで、はるかに凌駕したとは言いがたい。ワトソン・チームは収録予定日の二〇一一年一月半ばまで、このスーパーコンピュータをいっそう賢くするために全力を尽くした。だが果たして人間相手にうまくやれるものかどうか、当日まで誰も自信は持てなかった。

しかしワトソンは、二人のクイズ王者に圧勝した。「一九七六年にオリンピックの正式種目になった、相手に触れずに剣の先に電流を流して得点することからスタートする競技は?」という質問には、間髪を入れず「近代五種」と回答。また、回答の中に教会(church)または国家(state)のどちらかを含まなければいけないという設問をちゃんと理解し、「頭の中で構想を徐々に練り上げること、または妊娠することを意味する単語は?」という質問に、みごと「gestate」と答えている。もちろん、誤答もあった。たとえば「洗練された上品さ、または同い年の生徒の集まりを意味する単語は?」という質問には、「class」と答えるべきところを「chic」と答えてしまった。しかし総じて、たいへんいい出来だったと言えよう。

しかもワトソンは非常に機敏で、何度となくジェニングスやラッターより早くボタンを押した。前半戦では四三問で一番にボタンを押し、うち三八問に正答している。これに対してジェニングスとラッターが一番でボタンを押せたのは、二人合わせて三三問にとどまった。[*21]

二日間のクイズが終わったとき、ワトソンの獲得賞金は七万七一四七ドルで、人間の三倍以上を稼いでいた。二位だったジェニングスは、最後の質問に答えるときにこんな言葉をつけ加えている。「新しいコンピュータ王者を歓迎するよ」。のちに彼はもうすこし丁寧に説明した。

「二〇世紀に組み立てラインにロボットが導入されて工場労働者が不要になったように、新世代の考えるマシンの登場で知識労働者は駆逐される。ブラッドと私はその第一号というわけだ。とはいえ、クイズ回答者はお払い箱になる最初の知識労働者だとしても、最後ではないと確信している」[*22]。

モラベックのパラドックスは不滅か

デジタル技術の発展が最近加速している分野として最後に挙げておきたいのは、ロボット工学である。工場、倉庫、戦場、オフィスといった現実の世界を自ら動き回り、対話もできるマシンを構想・設計する分野だ。この分野も「徐々に、そして突然に」進歩のペースを上げてきた。

ロボットという言葉が登場したのは一九二一年のことである。チェコの国民的作家カレル・チャペックが戯曲『R・U・R』(ロッサム万能ロボット会社)の中でこの言葉を作り出した。以来、オートマトン(自動機械)に人間は魅せられている[*23]。一九二九年の大恐慌以降、雑誌や新聞にはロボットの進化を予測する近未来的なストーリーがたびたび登場するようになった。ロボットに代理戦争をさせる、犯罪を実行させる、ロボットがあらゆる労働者を駆逐する、挙げ句の果てにはロボットがヘビー級王者ジャック・デンプシーをノックアウトする、といった具合に[*24]。そして一九四一年には作家で科学者のアイザック・アシモフがロボット工学(robotics)という言葉を作り、翌年には有名な「ロボット工学の三原則」を掲げた。

第一条　ロボットは人間に危害を加えてはならない。また人間が危害を受けるのを看過してはならない。

第二条　ロボットは人間の命令に従わなくてはならない。ただし第一条に反する命令はこの限りではない。

第三条　ロボットは自分の身を護らなくてはならない。ただしそれは第一条、第二条に反しない場合に限る。[*25]

アシモフの威光は絶大で、ＳＦの世界と現実のロボット工学の両方に、七〇年にわたって影響をおよぼし続けた。とはいえ、先行したのはＳＦのほうである。映画『スター・ウォーズ』シリーズに登場する、いかにもロボットらしく寸胴型で愛らしいR２－Ｄ２と、全身金色でヒューマノイド型ボディを持ち言語を発するＣ３ＰＯ。テレビドラマ『宇宙空母ギャラクティカ』に登場する不気味な機械生命体サイロン。アンドロイドＴ８００ことターミネーター。このほか、サイボーグ、人造人間などありとあらゆるタイプがＳＦの世界を賑わせてきた。対照的に現実のロボット工学はと言えば、ホンダのアシモの例を挙げれば十分だろう。このヒューマノイド型二本足歩行ロボットは、不名誉なことに、悲惨な失敗に終わったデモンストレーションで有名になってしまった。二〇〇六年に東京でその成長ぶりをお披露目した際に、ステージ上に用意された階段を上ろうとして三段目でバランスを失い、頭から転落したのだ。[*26] アシモは、アシモフの三原則の第三条を守り切れなかった……。

その後アシモは改良され、階段の上り下りのほか、サッカーボールを蹴る、ダンスをする、などといったこともやってのけるようになった。しかしその姿を見ていると、ある真実が浮かび上がる。人間にとってごく自然で当たり前にできることも、ロボットにとっては習得がきわめてむずかしい、ということだ。ロボット工学者のハンス・モラベックは「知能テストで大人を負かすとか、チェッカーをするといったことは、コンピュータにとってさほどむずかしくはない。だが知覚や運動といったことになると、一歳児のスキルを身につけることさえむずかしく、場合によっては不可能だ」と鋭くも見抜いた。[*27]

この指摘は「モラベックのパラドックス」として知られており、ウィキペディアでは「一般通念に反して、高度な推論の実行にはコンピュータの演算能力をほとんど使わないが、ごく初歩的な知覚・運動スキル※の習得には膨大な能力を費やすこと。人工知能やロボット工学の専門家が発見した」と的確に説明されている。[*28] モラベックの洞察はおおむね正しく、しかも重大な意味を持つ。認知科学者のスティーブン・ピンカーは、「三五年におよぶ人工知能の研究でわかったのは、むずかしいことはやさしく、やさしいことはむずかしいという事実だ……新世代のインテリジェント機器が登場すれば、株式アナリストや石油化学エンジニアや仮釈放の審査員は駆逐される可能性がある。一方、庭師、受付嬢、コックといった職業は、この先何十年も安泰だろう」と述べている。*29

さほど熟練を必要としない肉体労働のスキルでさえ、機械に習得させるのは至難の業だと専門の研究者が認めたのである。たとえばアイロボット（iRobot）が開発したロボット掃除機ルンバ（Roomba）は、家政婦にできることのほとんどはできない。単に床から埃を吸い込むだけだ。世界中で一〇〇〇万台以上のルンバが売れたが、そのどれ一つとして、コーヒーテーブルの上に乱雑に置かれた雑誌をまっすぐ並べ直すことすらできない。

現実の世界で働く場合、人間は融通性や柔軟性の点でも機械より断然優れている。なるほど、単一の動作、たとえば配線を回路基板にハンダ付けするとか、二つの部品をネジ止めするといった簡単な作業であれば、自動化するのは容易である。しかしその作業をロボットが確実にこなせるようにするには、「規則正しい」作業環境を整えなければならない。たとえば、回路基板を毎回正しい向きに置いてやらなければならない。この種の作業に特化した作業ロボットを導入した場合、まずはエンジニアがプログラミングし、試運転を行い、それから組み立てラインに投入することになる。作業内容に変更があった場合、たとえばネジ穴の位置がすこし移動しただけでも、生産ラインを止めてプログラミングをやり直す必要がある。今日、とくに人件

※知覚・運動スキルとは、物理的な世界を感知し、それに合わせて身体の動きをコントロールするスキルを意味する。

費が高い国では、工場は高度に自動化されているけれども、何でもこなせる汎用ロボットが活躍しているわけではない。工場で働くのは何らかの作業に特化したロボットであり、一つの作業しかできなくてもひどく高価のうえ、プログラムの設定、再設定にもコストがかかる。

パラドックスを打ち破る

アイロボットの共同創設者であるロボット工学者のロドニー・ブルックスは、自動化された最先端の工場を見ていてあることに気づいた。当然ながら人間はほとんどいない。が、無人ではないということだ。しかも人間がやっているのは、考えなくてもできるような反復的な仕事である。たとえばジャムの瓶詰めをするラインでは、産業用ロボットがジャムの量を正確に計ってビンに投入し、ふたを締め、ラベルを貼るといった作業をこなす。では人間が何をするかと言うと、空のビンをコンベヤベルトの上に置く作業をする。これをしないと、生産ラインは始まらない。ではなぜこの作業も自動化しなかったのだろうか。理由は、ビンは段ボール箱に入ったまま一ダースまとめてラインに到着するが、その位置が一定ではないからだ。この程度の不正確さは、人間にとっては何の問題もない。箱の中のビンを取り出してコンベヤベルトに置くだけだ。だが従来の産業用ロボットの場合、ビンが毎回同じ位置に設置されていないと、作業に重大な支障を来す。

ブルックスは二〇〇八年に新たにリシンク・ロボティクス（Rethink Robotics）社を設立し、従来とは異なる産業用ロボットの開発をめざした。現在の工場で人間がやっているような仕事、つまりビンを取り出して置くといった、精密性を必要としない雑多な仕事を引き受けるロボットである。言ってみればブルックスは、モラベックのパラドックスに一矢報いようとした。それだけでなく、高度なプログラミングを必要としないロボットを作ろうとした（なにせエンジニアは高給取りである）。工場労働者が一時間程度の訓練を受ければロボットに指示を出す方法をマスターできるような、手間要らずのロボットである。こうして生まれたロボットは、値段も安い。約二万ドルだから、通常の産業用ロボットの十分の一以下である。バクスターと名づけられたこのロボット第一号が一般公開される直前に、私たちは対面することができた。ブルックスがボストン本社に招待して、ロボットが動く様子を見学させてくれたからだ。

バクスターは、瞬時にそれとわかるヒューマノイド型ロボットである。数カ所の関節を持つ太くて頑丈な二本の腕と、モノをがっちりはさめる手。筒形の立派な胴体。そして液晶ディスプレーの顔。この顔は回転し、近くの人間を「見る」ことができる。ただしバクスターには足はない。リシンクは自動歩行という困難な課題をあっさり回避し、バクスターに移動用の車輪をつけた。だからバクスターは、移動するときは人間に押してもらわなければならない。それでも同社の分析によれば、バクスターがこなせる仕事は多く、きわめて有用だという。

バクスターに仕事を教えるには、腕をとって教えたい仕事の動きをなぞらせればよい。やってみると、あの頑丈な腕はとても軽いことがわかる。モーターがついているから、こちらが動かしてやる必要はない。安全性にも配慮した設計になっており、たとえば二本の腕を衝突させることはできない（無理にやろうとしても、モーターが止まってしまう）。作業範囲内に人間がいるのを察知して、自動的にスピードダウンすることもできる。こうしたさまざまな設計上の特性のおかげで、バクスターと一緒に働くのはごく自然に直観的にできるし、威圧感を受けることもない。初めて近づいて腕をとったときにはかなり緊張したが、すぐにその感覚は消えた。それどころか、このロボットともっと親しくなりたいと感じたものである。

ブルックスは、社内のデモ用施設内でのバクスターの仕事ぶりを見せてくれた。そして私たちは、モラベックのパラドックスが覆されようとしているのを知った。バクスターはさまざまな物体を感知し、「手」で摑んだり吸着したり、さまざまな方法で扱う。なるほどその動作は、全速力で働く熟練工ほど速くはないし、なめらかでもない。だが、もともとその必要はない。コンベヤベルトや組み立てラインの大半は、人間の全力スピードに合わせて運転されるわけではないからだ。そんなことをしたら、人間はすぐさま疲れ切ってしまうだろう。

バクスターには、人間にまさる点がいくつもある。まず、眠ったり、食事をしたり、休んだりする必要がないから、一日二四時間、一年三六五日働ける。福利厚生費はかからないし、失業手当も不要だ。それになんと、まったく無関係の二つの作業を同時にこなすことができる。二本の腕はばらばらに動くように設計されているからだ。

もうすぐ工場で、倉庫で、オフィスで

バクスターを見せてもらってようやく、私たちはテキサス・インスツルメンツのレミ・エルアゼインが語った言葉の意味を理解した。彼は二〇一二年初めに「ロボット市場はもうすぐ爆発的に成長するとわれわれは確信している」と述べたが、今日ではさまざまな事実がエルアゼインの見方を裏づけている。企業が導入するロボットは数も種類も増える一方だし、発明家や起業家はモラベックのパラドックスを打破しようと格闘中だ。[*30]

やはりボストンに本拠を置く新しい会社の一つに、キバ（Kiva）がある。同社が手がけた物流ロボットKivaは、倉庫内を高速かつ安全に効率よく動き回る。外見は、金属製の踏み台あるいは、『スター・ウォーズ』のあのR2－D2をぺちゃんこに押しつぶしたような感じだ。このロボットは、人間や他のロボットとぶつからないように棚の間を移動する。身長が人間の膝程度と低く、地面に平行に動くので、可動棚の下に入り込み、棚ごと持ち上げて人間のところへ運ぶことができる。人間が棚から必要な品物を取り出して箱に移すと、Kivaは棚を元の位置に戻す。また別のKivaが別の棚を持ってくる、という具合だ。ソフトウェアが倉庫内のあらゆる商品、棚、ロボット、人間の動きを追跡し、すべてが無駄なく途切れなく進行するよう、指揮者よろしく全体のタクトを振っている。二〇一二年三月にキバ社はおよそ七億五〇〇〇万ドルでアマゾンに買収され、完全子会社となった。言うまでもなくアマゾンは、高度なロジスティックスで物流業界をリードする存在である。[*31]

マサチューセッツ州ウォルサムに本拠を置くボストン・ダイナミクスも、モラベックのパラドックスを覆しつつあるスタートアップの一つだ。同社はアメリカ軍向けのロボットを製作している。起伏の多い苛酷な戦場での重量物の運搬を主な任務とするこのロボットの名前は、ビッグドッグ（BigDog）。たしかに金属製の巨大マスチフ犬に見えなくもない。もっとも足は細くて長く、馬のほうに似ている。ビッグドッグは険しい斜面も登れるし、凍結した地面で滑っても立ち上がれるなど、犬にできることはだいたいできる。四つの支点で重量物のバランスをとりながら不整形の地面を移動するのは、ロボットにとってじつに厄介な問題だが、ボストン・ダイナミクスはこれまでに相当な進歩を示している。

最近のロボットの進歩の例として、ダブル・ロボティクスが手がけるダブル（Double）を最後に挙げておこう。ダブルは、ビッグドッグとは似ても似つかない。まず、走行するのは荒々しい戦場ではなく、オフィスのフローリングや病院の廊下である。運ぶのも重い軍事物資ではなく、タブレット型コンピュータiPad一枚だけだ。要するにダブルは、長さ調節のできる棒の下部に一輪の電動ホイール、上部にiPadを装着しただけの身軽な装置である。ダブル（代役という意味がある）のようなタイプはテレプレゼンス・ロボットと呼ばれ、オペレーターは居ながらにして離れた建物内を（たとえば在宅勤務者が本社内を）歩き回り、何が起きているかを見たり聞いたりできる。iPadのカメラ、マイク、スクリーンがオペレーターの目、耳、顔の役割を果たすわけだ。そしてダブル本体が足として機能し、オペレーターの操作に応じて動き回る。

ダブル・ロボティクス曰く、ダブルは、「空を飛ぶことができるなら話は別だが、それ以外の方法で離れた場所へ行く最もエレガントな方法」だという。ダブルの初回生産分の価格は二四九九ドルだが、二〇一二年秋の発売直後に売り切れた。[*32]

ロボット工学革命の第二ラウンドは、モラベックのパラドックスにさらなる打撃を与えることになりそうだ。二〇一二年に国防総省国防高等研究事業局（DARPA）は、別種のグランド・チャレンジを行うと発表した。今度は自動運転車ではなくオートマトンが対象で、DARPAロボティクス・チャレンジの頭文字をとってDRCと略称される。DRCでは、工具を扱う、移動する、障害物を検知するなどさまざまな項目について、現実に近い動作環境でロボットの性能を審査する。DARPAの戦術技術室（TTO）のウェブサイトには、次のように書かれている。

DRCの主たる技術目標は、主催者が用意した危険で劣悪な環境において、複雑なタスクをこなせる陸上ロボットの開発にある。DRCに参加する団体には、工具から自動車までごくふつうに手に入る標準的な道具・機械を操れるロボットの開発を期待する。とくに、仕様のちがいに対して高い順応性・融通性を備えることに力を入れてほしい。[*33]

DARPAはロボット工学の世界に対し、二〇一四年末までに高機能のヒューマノイド型ロボットを開発するよう要請したわけである。DARPAが当初指定した仕様によると、出場するロボットは、多目的車の操縦、コースをふさいでいるゴミの除去、梯子を上る、バルブを閉める、ポンプを交換する、といったタスクをこなさなければならない。[*34] とうてい不可能な要求に見えるが、事情通の同僚によれば、ロボットたちはきっとできるようになるという。二〇〇四年のグランド・チャレンジが自動運転車の進歩を加速させたことは記憶に新しい。だからDRCはロボットの発展にとっても、モラベックのパラドックスの打破にとっても、重要な試金石となるだろう。

変曲点にさしかかる

自動運転車、クイズ王を破るスーパーコンピュータ、さまざまなお役立ちロボット……。これらはすべて、ここ数年の間に出現した。しかも、研究室でのデモンストレーションとして披露目されたわけではない。現実の苛酷な条件や不安定な状況で能力を発揮してみせた。その姿を見るにつけ、人類は変曲点にさしかかっていると思わずにはいられない。グラフの傾きが一気に変わる地点、これまでSFの中にしか存在しなかったものが一斉に現実の世界に押し寄せてくる地点にさしかかっているのである。他の多くの事例も、この印象の正しさを裏づけているように感じられる。

『スタートレック』のテレビドラマ版では、トリコーダーと呼ばれる装置が使われていた。トリコーダーは、地理、気象、生物の三種類のデータを探知、分析、記録できるすぐれものである。しかし今日ではごくふつうのスマートフォンがこの三役をこなしており、地図や天気図の表示、心拍数・呼吸数のモニタリングといったことを難なくやってのける。[*35] それに言うまでもなく、スマートフォンの機能はこれだけではない。インターネット閲覧からメディアプレーヤー、ゲーム機、カメラ、GPS装置にいたるまで、じつに多種多彩な役割を果たす。トリコーダーには通信機能はないが、もともと通信端末であるスマートフォンは情報収集と発信の両方をこなし、ユーザーが移動するにつれて大量の情報を生成する。ベンチャー・キャピタリストのジョン・ドーアは、そこには「ソーシャル、ローカル、モバイル（SoLoMo）」の三つの側面でイノベーションの機会が潤沢にあると述べている。[*36]

変曲点にさしかかっていることを示す例をもうすこし挙げておこう。コンピュータはちゃんとした文章を書くことを長い間大の苦手としており、ごく最近になっても、文法的には正しくてもまったく意味不明の文章を書いていた。この性質を利用しておふざけをする輩が後を絶たない。たとえば二〇〇八年にコンピュータ科学・ソフトウェア工学国際会議は「電子商取引のシミュレーションに向けて」と題する論文を受理し、執筆者を会議に招いたうえに、なんとパネルの司会に任命した。しかしじつはこの論文を「執筆」したのは、MITコンピュータ科学・人工知能研究所が制作した論文自動生成プログラム、サイジェン（SCIgen）だった。サイジェンは、無作為に選んだ工学・科学用語をつなぎ合わせてくれるので、完全にデタラメな論文を誰でも簡単に作成できる。プログラム制作者によれば、「われわれの目的は極上のお楽しみを提供することであって、論理の整合性は問題にしていない」そうだ。たしかに、件（くだん）の論文を読んでみると、そのとおりだと言わざるを得ない。一部をここで紹介しよう。[*37]

共同作業技術における近年の進歩と従来のコミュニケーションは、インターネットおよびアクティブ・ネットワークはオブジェクト指向言語と両立しうるとの前提に全面的に依拠している。実際、情報工学研究者のほとんどは、八ビット・アーキテクチャの高度化を実現した離散ハートレー変換の可視化は可能だと考えており、これが電子工学の重要な指針の一つとなっている。[*38]

とはいえ、コンピュータの書く文章がすべてナンセンスというわけではない。雑誌フォーブスのオンライン版（Forbes.com）では、企業の収益予想記事を書いてもらうためにナラティブ・サイエンスと契約した。同社はデータから記事を自動生成するロボットを開発しており、人手をいっさい煩わせることなくアルゴリズムを使って文章を書くのだが、一読した限りでは人間が書いたものと区別がつかない。

ハインツの収益予想

四半期業績が堅調であれば、ハインツ（HNZ）の株価は直近一年間の最高値を更新する可能性がある。二〇一二年八月二九日（水）の発表を前に、同社の株価はすでに上値抵抗線を四九セント上回っている。

コンセンサス予想による当期利益は一株当たり八〇セント。これは、前年同期の七八セントを二・六％上回る。

ここ一カ月、コンセンサス予想に変化はないが、三カ月前の八二セントからは下方修正された。通年ベースの利益は一株当たり三・五二ドルと見込む。当期売上高は二八・四億ドルで、前年同期の二八・五億ドルから〇・三％減の見通し。通年ベースの売上高は一一八二億ドルと予想している。*39

進歩しているのはコンピュータ本体だけではない。周辺機器も抜かりなくこの大きなうねりに乗って、近未来的能力を発揮している。その端的な例がプリンターである。プリンターは紙にインクを吹き付けるというのが通り相場だったが、いまや樹脂、金属などの材料から複雑な三次元の物体を生成できることは読者もご存知のとおりだ。3Dプリンティングは、塑像のように材料を付加しながら製造していくという意味で、付加製造（additive manufacturing）とも呼ばれる。この造形方式は、コンピュータの指示通りに材料の薄い層（従来はインク）を基材（従来は紙）の上に置くというプリンターの作業能力を存分に活かしたものと言えよう。

技術者の見立てによれば、プリンターが何かの上に何かを層状に置くことに限界はないらしい。かくして、インクに代わって液状の樹脂を吹き付け、紫外線を当てて硬化させるという方法が編み出された。一つひとつの層はきわめて薄く、場所によっては一ミリの十分の一以下だが、根気よく重ねていくうちには三次元の物体が出現する。この造形方法ゆえに、複雑な形状にも対応可能だ。内部に空洞や貫通穴を設けることもできれば、一部が独立して動くようにすることもできる。サンフランシスコにあるCADソフト大手オートデスク（Autodesk）の本社で、私たちは3Dプリンターで作ったモンキースパナを見せてもらった。一つの物体として作られており、組立ては不要だという。[*40]

このスパナは樹脂製のデモ用だが、金属製も作れるらしい。オートデスクのCEOカール・バスによると、3Dプリンターを駆使する模型愛好家や工作マニアのコミュニティはどんどん拡がっており、当人もその一員だ。同社のギャラリーには、オートデスクのソフトウェアで制作可能なありとあらゆる製品が展示されている。その中に、バス自身がデザインして「プリントアウト」した美しい金属製の小鉢がある。表面には繊細な格子模様が描かれていた。「この模様をどうやってつけたかわかる?」と、彫刻家、鉄工業、溶接加工など金属の扱いの専門家である友人たちに訊いて回ったが、誰もわからなかったという。答は、レーザーで金属粉を飛ばすのだそうだ。

今日の3Dプリンターは、模型やアート作品だけでなく、実用にも供されている。プロトタイプや模型の制作に3Dプリンターを使っている企業は、もはや数え切れないほどだろう。航空宇宙局（NASA）の次世代月面探査車の筐体やベントから、高齢者のための人工顎骨にいたるまで、じつにさまざまなものの最終部品の製作にも活用されている。そう遠くない将来には、大量の部品在庫を抱える必要はなくなり、故障した現場でエンジンの部品をプリントアウトできるようになるかもしれない。デモンストレーションでは、実際の建築に使えるコンクリート部材まで作れると紹介されていた。[*41]

本章で取り上げたイノベーションの大半は、ここ数年の間に登場している。その多くが、長い間じれったいほどゆっくりとしか進歩しなかった分野、多くの専門家が劇的な改善は期待できそうもないと結論したような領域だ。デジタル技術は長い間ぐずぐずしていた末に、突如として飛躍的進歩を遂げた。こうしためざましい進歩は、人工知能から自動運転車、ロボット工学など、たくさんの領域で見受けられる。

なぜ、こうなったのだろうか。成果が次々に上がっているのは、単に偶然が重なっただけなのだろうか。いやいや、そうではない。今日のデジタル技術の進歩は驚嘆すべきものだが、じつはこれは、今後起きることのごくごくかすかな予兆にすぎない。いま私たちは、セカンド・マシン・エイジの夜明けを迎えている。なぜいまなのか——それを理解するには、ハードウェア、ソフトウェア、ネットワークにおける技術の進歩の性質を理解する必要がある。とくに注目すべきは、指数関数的な高性能化、デジタル化、組み合わせ型イノベーションという三つの特徴である。以下三章では、一つずつ取り上げることにしたい。

第2章 原注

＊1 Frank Levy and Richard J. Murnane, *The New Division of Labor: How Computers Are Creating the Next Job Market* (Princeton, NJ: Princeton University Press, 2004).

＊2 Michael Polanyi, *The Tacit Dimension* (Chicago, IL: University of Chicago Press, 2009), p. 4.（マイケル・ポランニー『暗黙知の次元』高橋勇夫訳、ちくま学芸文庫）

＊3 Joseph Hooper, "DARPA's Debacle in the Desert," *Popular Science*, June 4, 2004, http://www.popsci.com/scitech/article/2004-06/darpa-grand-challenge-2004darpas-debacle-desert.

＊4 Mary Beth Griggs, "4 Questions About Google's Self-Driving Car Crash," *Popular Mechanics*, August 11, 2011, http://www.popularmechanics.com/cars/news/indus try/4-questions-about-googles-self-driving-car-crash; John Markoff, "Google Cars Drive Themselves, in Traffic," *New York Times*, October 9, 2010, http://www.nytimes.com/2010/10/10/science/10google.html.

＊5 Ernest Hemingway, *The Sun Also Rises* (New York: HarperCollins, 2012), p. 72.（アーネスト・ヘミングウェイ『日はまた昇る』高見浩訳、新潮文庫）

＊6 Levy and Murnane, *The New Division of Labor*, p. 29.

＊7 "Siri Is Actually Incredibly Useful Now," *Gizmodo*, accessed August 4, 2013, http://gizmodo.com/5917461/siri-is-better-now.

＊8 Ibid.

＊9 "Minneapolis Street Test: Google Gets a B+, Apple's Siri Gets a D - Apple 2.0 – Fortune Tech," *CNNMoney*, http://tech.fortune.cnn.com/2012/06/29/minneapolis-streettest-google-gets-a-b-apples-siri-gets-a-d/ (accessed June 23, 2013).

＊10 Ning Xiang and Rendell Torres, "Architectural Acoustics and Signal Processing in Acoustics: Topical Meeting on Spatial and Binaural Evaluation of Performing Arts Spaces I: Measurement Techniques and Binaural and Interaural Modeling," 2004, http://scitation.aip.org/getpdf/servlet/GetPDF Servlet?filetype=pdf&id=JASMAN 000116000004.

＊11 引用元は、John Markoff, "Armies of Expensive Lawyers, Replaced by Cheaper Software," *New York Times*, March 4, 2011, http://www.nytimes.com/2011/03/05/science/05legal.html?pagewanted=all&_r=0.

＊12 "Spring Cleaning for Some of Our APIs," *The Official Google Code Blog*, June 3, 2011, http://googlecode.blogspot.com/2011/05/spring-cleaning-for-some-of-our-apis.html.

＊13 Douglas Adams, *The Hitchhiker's Guide to the Galaxy* (New York: Random House, 2007), p. 54.（ダグラス・アダムス『銀河ヒッチハイク・ガイド』安原和見訳、河出文庫）

＊14 以下の個人的通信に拠る。Sara Buda, Lionbridge Vice President, Investor Relations and Corporate Development, September 2011.

＊15 "Top 10 TV Ratings / Top 10 TV Shows / Nielsen," *Evernote*, August 18, 2012, https://www.evernote.com/shard/s13/sh/a4480367-9414-4246-bba4-d588d60e64ce/bb3f380315cd10deef79e33a88e56602 (accessed June 23, 2013).

＊16 "Meet Watson, the Jeopardy!-Playing Computer," *TV.com*, December 1, 2004, http://www.tv.com/news/meet-watson-the-jeopardy-playing-computer-25144/.

＊17 "What's The Most Money Won On Jeopardy?," *Celebrity Net Worth*, May 20, 2010, http://www.celebritynetworth.com/articles/entertainment-articles/whats-themost-money-won-o/.

＊18 Stephen Baker, *Final Jeopardy: Man Vs. Machine and the Quest to Know Everything* (Houghton Mifflin Harcourt, 2011), p. 19.

＊19 "IBM and 'Jeopardy!' Relive History With Encore Presentation of 'Jeopardy!'," *Did You Know . . .* , 2013, http://www.jeopardy.com/showguide/abouttheshow/showhistory/.

＊20 ワトソンと人間のパフォーマンスに関するデータは、すべて以下に拠る。Willy Shih, "Building Watson: Not So Elementary, My Dear!" Harvard Business School Case 612-017, September 2011 (revised July 2012), http://hbr.org/product/buildingwatson-not-so-elementary-my-dear/an/612017-PDF-ENG.

＊21 著者の調査に拠る。

＊22 Ken Jennings, "My Puny Human Brain," *Slate*, February 16, 2011, http://www.slate.com/articles/arts/culturebox/2011/02/my_

puny_human_brain.single.html.

*23 Isaac Asimov, "The Vocabulary of Science Fiction," in *Asimov on Science Fiction* (New York, Doubleday, 1981), p. 69.

*24 "The Robot Panic of the Great Depression," *Slate*, November 29, 2011, http://www.slate.com/slideshows/technology/the-robot-panic-of-the-great-depression.html (accessed June 23, 2013).

*25 "Isaac Asimov Explains His Three Laws of Robots," *Open Culture*, October 31, 2012, http://www.openculture.com/2012/10/isaac_asimov_explains_his_three_laws_of_robotics.html (accessed June 23, 2013).

*26 Brian Lam, "Honda ASIMO vs. Slippery Stairs," December 11, 2006, http://gizmodo.com/220771/honda-asimo-vs-slippery-stairs?op=showcustomobject&postId=220771&item=0.

*27 Hans Moravec, *Mind Children: The Future of Robot and Human Intelligence* (Cambridge, MA: Harvard University Press, 1988), p. 15.

*28 "Moravec's Paradox," *Wikipedia, the Free Encyclopedia*, April 28, 2013, http://en.wikipedia.org/w/index.php?title=Moravecpercent27s_paradox&oldid=540679203.

*29 Steven Pinker, *The Language Instinct* (New York: Harper Perennial Modern Classics, 2007), p. 190～91.（スティーブン・ピンカー『言語を生み出す本能』椋田直子訳、日本放送出版協会）

*30 Christopher Drew, "For iRobot, the Future Is Getting Closer," *New York Times*, March 2, 2012, http://www.nytimes.com/2012/03/03/technology/for-irobot-thefuture-is-getting-closer.html.

*31 Danielle Kucera, "Amazon Acquires Kiva Systems in Second-Biggest Takeover,"*Bloomberg*, March 19, 2012, http://www.bloomberg.com/news/2012-03-19/amazon-acquires-kiva-systems-in-second-biggest-takeover.html (accessed June 23, 2013).

*32 Marc DeVidts, "First Production Run of Double Has Sold Out!," August 16, 2012, http://blog.doublerobotics.com/2012/8/16/welcome-double-update.

*33 "DARPA Robotics Challenge," n.d., http://www.darpa.mil/Our_Work/TTO/Programs/DARPA_Robotics_Challenge.aspx.

*34 DARPA, "Broad Agency Announcement DAR PA Robots Challenge Tactical Technology Office," April 10, 2012, http://www.fbo.

gov/utils/view?id=74d674ab011d5954c7a46b9c2159f30.

*35 たとえば、*Philips Vital Signs Camera*, n.d., http://www.vitalsignscamera.com/; Steve Casimiro, "2011 Best Outdoor iPhone Apps—Best Weather Apps," n.d., http://www.adventure-journal.com/2011-best-outdoor-iphone-apps-%E2%80%94-bestweather-apps/; *iSeismometer*, n.d., https://itunes.apple.com/us/app/iseismometer/id304190739?mt=8.

*36 "SoLoMo," *Schott's Vocab Blog*, http://schott.blogs.nytimes.com/2011/02/22/solomo/ (accessed June 23, 2013).

*37 "SCI gen–An Automatic CS Paper Generator," accessed September 14, 2013, http://pdos.csail.mit.edu/scigen/.

*38 Herbert Schlangemann, "Towards the Simulation of E-commerce," in *Proceedings of the 2008 International Conference on Computer Science and Software Engineering*, vol. 5, CSSE 2008 (Washington, D.C.: IEEE Computer Society, 2008), 1144–47, doi:10.1109/CSSE.2008.1.

*39 Narrative Science, "Forbes Earnings Preview: H.J. Heinz," August 24, 2012, http://www.forbes.com/sites/narrativescience/2012/08/24/forbes-earnings-preview-h-jheinz-3/.

*40 "How Stereolithography 3-D Layering Works," *HowStuffWorks*, http://computer.howstuffworks.com/stereolith.htm (accessed August 4, 2013).

*41 Claudine Zap, "3D Printer Could Build a House in 20 Hours," August 10, 2012, http://news.yahoo.com/blogs/sideshow/3d-printer-could-build-house-20-hours-224156687.html; 以下も参照されたい。Samantha Murphy, "Woman Gets Jawbone Made By 3D Printer," February 6, 2012, http://mashable.com/2012/02/06/3d-printer-jawbone/; "Great Ideas Soar Even Higher with 3D Printing," 2013, http://www.stratasys.com/resources/case-studies/aerospace/nasa-mars-rover.

第3章

ムーアの法則とチェス盤の残り半分

人間の最大の欠陥は、
指数関数を理解できないことだ。
——アルバート・A・バートレット

ゴードン・ムーアはインテルの共同創設者であり、慈善活動家であり、自由勲章の受章者でもあるのだが、彼の名前が世界中で知られているのはそのためではない。一九六五年にエレクトロニクス誌に発表した論文の中で、ほんの余談として述べた予言のほうで有名になった。当時ムーアはフェアチャイルド・セミコンダクターを率いていた。論文のタイトルは、ずばり「集積回路により多くの素子を詰め込む」である。主にシリコンでできた一枚のチップ上に可能な限り素子を組み付けたタイプの集積回路は、当時は誕生からまだ一〇年と経っていなかった。それでもムーアはその恐るべき潜在性を見抜いており、「集積回路は、ホーム・コンピュータ（あるいはメイン・コンピュータに接続された家庭用端末）、自動車の自動運転、携帯通信端末といった驚異的な製品の実現に寄与するだろう」と述べている。[*1]

そしてムーアは、その名を不朽のものにした予言を付け加えた。

最小コストで得られる素子の性能は、おおざっぱに言って一年間に二倍のペースで上昇する……短期的には、このペースは加速するとは言えないまでも、維持されるだろう。長期的には、この上昇ペースが続くかどうかは不確実だが、少なくとも一〇年程度は維持されると考えてよい。[*2]

これがムーアの法則の元の形である。この文章は何を意味しているのか、考えてみよう。「最小コストで得られる素子の性能」とは、要するに一ドルで買える集積回路の演算能力の合計を意味する。ムーアは、始まって間もない半導体の歴史を通じて、これが毎年二倍になっていることに気づいた。一九六三年には、同じ一ドルで六二年の倍の能力を手に入れられる。そして六四年にはその倍、さらに六五年にはその倍……という具合に。

この状況はしばらく続くとムーアは予想した。いずれ減速するにしても、このペースが最低一〇年は続くだろうと見込んだ。この大胆な予想はつまり、一九七五年には集積回路の性能は、同じ値段で六五年の五〇〇倍になるということである（二の九乗＝五一二）。だがあとになってわかったことだが、ムーアは控えめすぎた。まず彼の「法則」は、一〇年ではなく四〇年にわたって有効だった。しかも集積回路だけでなく、他のデジタル技術にも広く当てはまったのである。ただし、性能が二倍になるまでに要する期間については、議論の余地がある。一九七五年にムーアは「毎年」から「二年ごと」に修正したが、現在では一八カ月ごとに倍増するという法則が広く受け入れられている。それにしても、ムーアの法則が半世紀近くにわたって驚くほど正確だったという事実は変わらない。[*3]

コンピュータは物理の法則を超える

ムーアの法則は、物理学の法則とはちがう。熱力学やニュートンの古典力学の法則などは万物の動きを説明するもので、人間が何をしようと不変である。だがムーアの法則は、コンピュータ産業で働く科学者や技術者の成果を観察した経験則だ。この法則は、彼らの努力がいかにたゆみなく成果を上げ続けているかを物語るものにほかならない。これほどの成功が持続している分野がほかにあるだろうか。

歴史上のいかなる時代をとっても、自動車のスピードや燃費が毎年あるいは二年ごとに二倍になった時期が五〇年も続いたことはない。飛行機の速度が長年にわたって前年の二倍になったことはないし、電車にしてもそうだ。オリンピックの陸上選手や水泳選手は、一、二年どころか一世代かかっても、タイムを半分に短縮したことはない。

では、なぜコンピュータ産業だけが、この驚異の成長スピードを持続できたのだろうか。

主な理由は二つある。第一は、トランジスタその他の素子は車や飛行機や水泳選手と同じく物理の法則に縛られはするのだが、デジタルの世界では制約がはるかにゆるいことだ。デジタルの世界での制約は、集積回路を流れる電流の速さ、光ファイバーケーブルの伝送速度といったもので、いずれはそのためにデジタル技術の進歩もスローダウンし、ムーアの法則は成り立たなくなるだろう。しかしそうなるまでには、しばらく間があるとみられる。

半導体メーカー、ブロードコム・コーポレーションの共同創設者で技術責任者を務めるヘンリ・サミュエリは、二〇一三年に「ムーアの法則は終焉に近づいている。二〇二〇年代には、つまりいまから一五年ほど先には、この法則は成り立たなくなるだろう」と予想した。[*4] だが、これまでにも多くの人がムーアの法則はもうすぐお払い箱になると予想したが、結局みなまちがっていた。[*5] 知識が足りなかったからではない、コンピュータ産業で働く人々の能力を過小評価したことが原因である。

そう、ムーアの法則が長寿を保っている第二の理由は、技術者たちの独創的な工夫によって、物理の法則の制約を巧みに回避してきたからである。たとえば、これ以上集積密度を上げることは不可能だとなったら、今度は多層化する、という具合に。また通信トラフィックが大きくなりすぎて光ファイバーの能力すら超えそうになったときには、波長分割多重化（ＷＤＭ）という方法を編み出し、一つの回線に複数の回線の信号やデータをまとめて同時に送受信できるようにした。物理的な制約を何度も乗り越えることができたのは、こうした創意工夫のおかげである。インテルのエグゼクティブであるマイク・マーベリーは「同じ技術ばかり使っていたら、いずれは限界に突き当たるものだ。だがわれわれは、過去四〇年にわたり、五年ごとあるいは七年ごとに技術を取り替えてきた。これが続かなくなるときが来るとは思えない」と述べている。[*6] こうした工夫の積み重ねによって、ムーアの法則はコンピュータ時代の象徴であり続けた。背景で力強く鳴り響くドラムビートのように。

倍々ゲームをグラフ化すると

ムーアの法則のように何かが倍々に増える現象が一定期間続くと、最後のほうではとんでもない数になり、最初がごくわずかな数だったとはとても信じられなくなる。この増え方がどういうものかを理解していただくために、『スタートレック』に出てくるトリブルという架空の小動物を例にとって説明しよう。トリブルはきわめて繁殖力が強い。なにしろ生まれたときからお腹の中に子供がいる。トリブルは毎日一匹子供を産む。つまり毎日数が二倍になる。こうした増え方を、専門家は「指数関数的に増える」と言う。なぜなら、x日におけるトリブルの数は、$2^{(x-1)}$乗で表すことができ、この(x－1)を累乗の指数(べき指数)と呼ぶからである。指数関数的増加とは、ふつうの言葉で言えば飛躍的な増加のことだ。トリブルの数は、わずか二週間後には一万六〇〇〇匹を超えてしまう。この増え方をグラフに表すと、図3・1のようになる。

このグラフはそれ自体として正確ではあるのだが、ある重要な点で人を欺く。増えるのは最後の数日であって、最初のうちは全然増えていないと錯覚させるのである。だが実際には、増え方は最初も最後もまったく変わらない。つまり一日で二倍のペースはきっちり守られており、加速も減速もしていない。この規則性こそ、指数関数的増加の興味深い点である。これをはっきりと示すには、グラフの縦軸の目盛りを変えてやるとよい。

さきほどのグラフは標準的な均等目盛りで、縦軸の目盛りは二〇〇〇匹ごとについている。

●図 3.1　倍々ゲームの威力――トリブルはこう増える

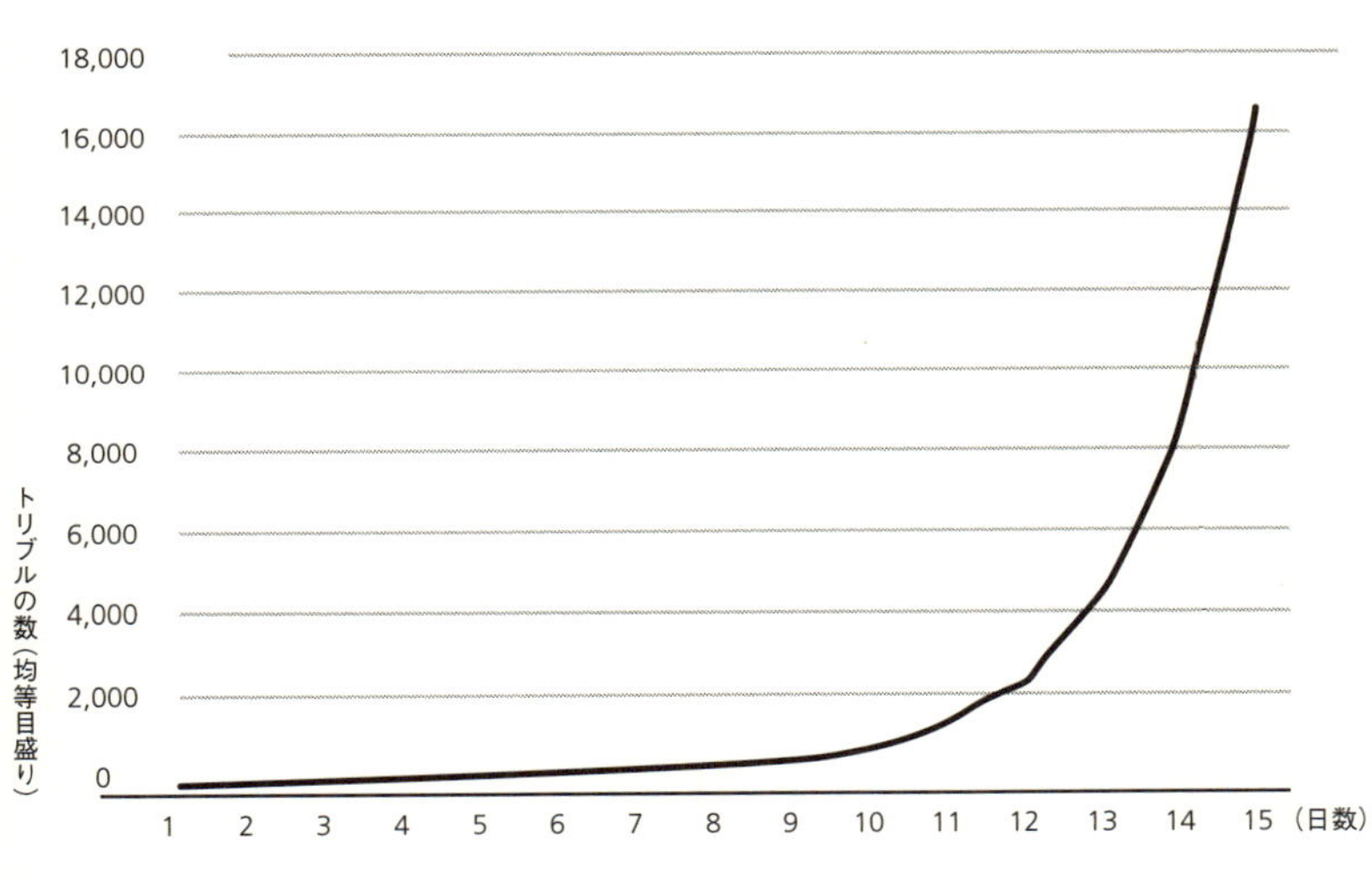

この均等目盛りはたいていのことに使えるが、指数関数を表すのに適しているとは言えない。指数関数に適しているのは、対数目盛りである。対数目盛りでは、一目盛りごとに一〇倍に、すなわち一匹から一〇匹へ、一〇匹から一〇〇匹へ、一〇〇匹から一〇〇〇匹へ……という具合になる。

この対数目盛りは、指数関数的増加を完全な直線で表すことができるという、すばらしい性質を備えている。これを図3・2に示した。

このグラフなら、最後のほうで急激に増えるのではなく、規則的に倍々に増えていることがはっきりする。このため指数関数的な増え方を表すときには、対数目盛りがよく使われる。こうすれば直線なので、傾きもわかりやすい。指数が大きいほど、増え方は速くな

●図 3.2　倍々ゲームの威力――トリブルはこう増える

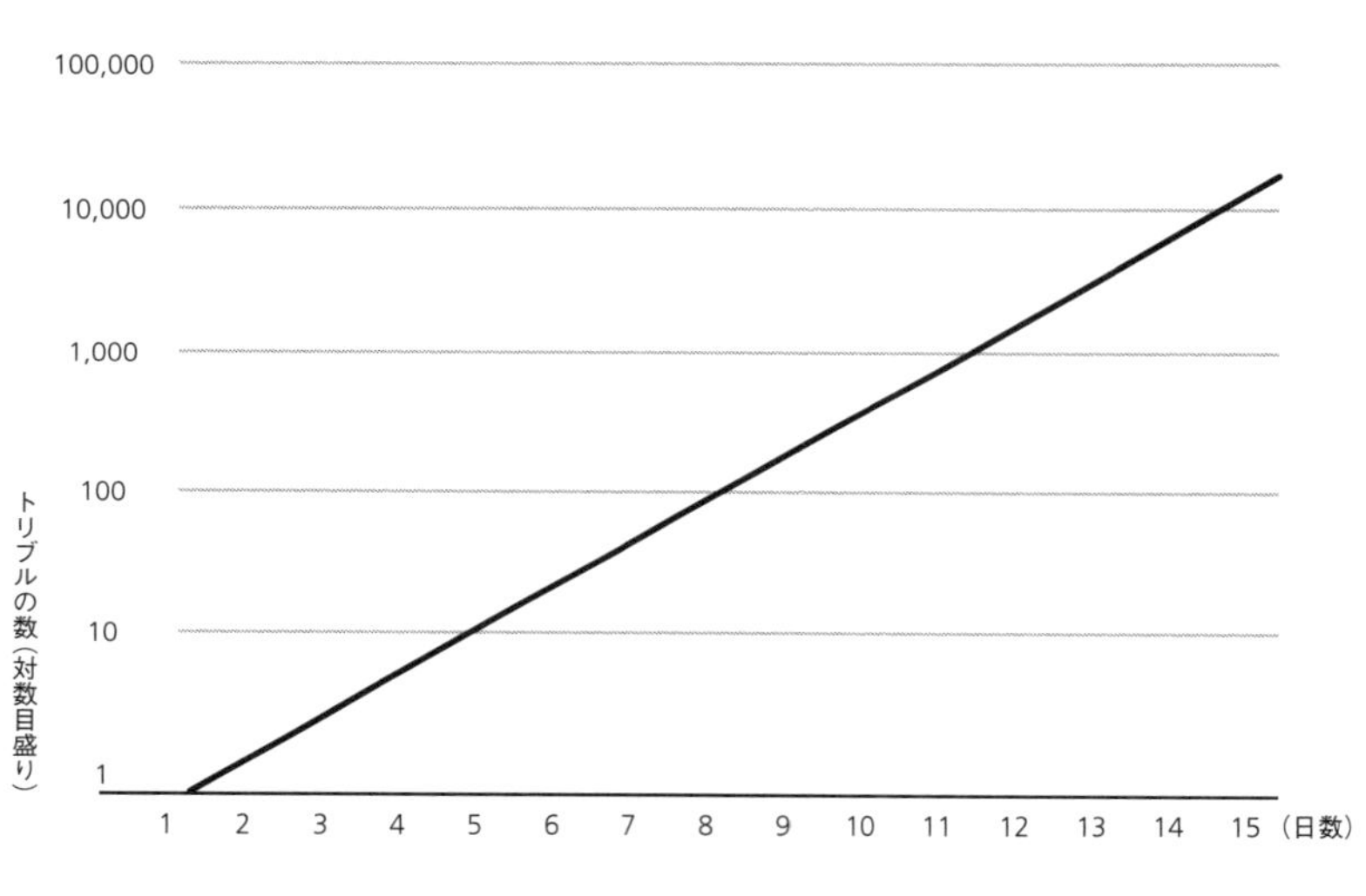

り、傾きは大きくなる。

王様と発明家とチェス盤の残り半分

人間の脳は、指数関数的な増加が持続したらどうなるかをあまりよく理解できない。最後のほうの数字がどれほど大きくなるかをひどく過小評価してしまう。発明家で未来学者のレイ・カーツワイルは、古い逸話を使ってこの点を説明している。その逸話とは、こういうものだ。六世紀頃のグプタ朝の時代に、現在のインドの地で、ある賢い男がチェスを発明した。[*7] この男は王朝の中心都市であるパータリプトラを訪れ、王様にチェス一式を献呈する。王様はこのゲームがたいそう気に入り、何なりと望みの褒美をつかわすと言った。

男は王様の寛容な思し召しに感謝し、「家族を養うための米を頂戴できればほかに望みはございません」と答える。そして王様を喜ばせたチェス盤にちなみ、米の量を次のように所望した。「最初のマス目に一粒、二番目のマス目に二粒、三番目に四粒……という具合に前のマス目の倍の米粒を置いて、それを賜りたい」と。

この（見かけは）控えめな申し出を、王様はたやすいことだと承知する。

ムーアの法則とトリブルの例から、もう読者は王様がいかに無知だったかをおわかりだろう。チェス盤には六四のマス目がある。倍、倍とただ置いていくだけで、最初は一粒でも、最後は途方もない量になる——最後のマス目では、$2^{(64-1)}$粒、つまり九二二京粒になる。積み上げればエベレスト山よりも高い。そもそも世界史上、これだけの米が生産されたことさえない。言うまでもなく、王様は約束を守ることができなかった。一杯喰わされたことに腹を立てた王様は男の首を刎ねてしまった、という言い伝えもある。この逸話は、カーツワイルが二〇〇〇年に発表した著書『スピリチュアル・マシーン』（邦訳翔泳社刊）の中で紹介されている。そこでとくに強調されているのは、指数関数的増加が継続したらどうなるかということのほかに、数が想像を絶する大きさになるのはどの時点か、ということだ。

三二マス目で米は四〇億粒に達した。この量なら、王様は男にくれてやることができた。大きな畑一枚分というところで、王様が臣下に賜る褒美としてはまずまず妥当である。しかしこのあたりから、王様は事態に気づきはじめる。

それでも王様はまだ王様だったし、男の首はつながっていた。だがチェス盤の残り半分が進行するにつれて、二人のうち少なくとも一方は、厄介な状況に追い込まれたのである。*8

カーツワイルのこの指摘は印象的だ。チェス盤の最初の半分でも数は増えているが、その程度なら現実の世界でもお目にかかる。四〇億という数字は、想像を絶するほどではない。穀物の収穫にしても、世界の億万長者の資産にしても、政府債務の水準にしても、こうした数字は十分ありうるだろう。ところがチェス盤の残り半分になると、兆の先の京（けい）とか垓（がい）とか、ふだん使わない単位が出てくる。もうそのような数は思い浮かべることもできない。指数関数的に数が増えていくと、人間の感覚は追いつかなくなってしまう。

カーツワイルは最初の半分と残り半分に一線を引いたわけだが、ここから次のことが連想される。アメリカ商務省の経済分析局（BEA）は、米国企業の支出を追跡調査している。それによると、企業の投資対象として「情報技術（IT）」という項目が初めて登場したのは一九五八年のことだ。そこでこの年をIT初年度とみなし、ムーアの法則は一九五八年をもってビジネスの世界で発動したと仮定する。集積回路の性能の倍増ペースが一八カ月ごとだとすれば、三二回倍増した年、すなわちチェス盤の三二マス目に到達した年は、二〇〇六年ということになる。

もちろんこの計算は全然厳密ではない。スタート地点を一九五八年とすることにも倍増ペースを一八カ月とすることにも十分議論の余地があり、どちらを変更しても、結果はまったくちがったものになるだろう。それに、イノベーションがチェス盤の残り半分でのみ出現するわけではない。後述するが、今日あるいは明日のブレークスルーは、過去のイノベーションに依存しており、それなしにはそもそも実現しなかったと考えられる。

このおおざっぱな計算をあえて掲げたのは、指数関数的増加がチェス盤の半ばを過ぎ、何が起きるのかもう予想もつかなくなってしまう日がそう遠い先ではないことを強調したかったからだ。その日が来たら、私たちの大半はインドの王様と同じく無知をさらけ出すことになるだろう。

セカンド・マシン・エイジの顕著な特徴の一つは、チェス盤の残り半分に到達するまでの期間が非常に短いことである。とはいえ、デジタル以外の技術が指数関数的に進歩しなかったと主張するつもりは毛頭ない。たとえばワットの蒸気機関は、発明当時に一気に改善が重ねられ、その後も二〇〇年にわたる創意工夫が加わって指数関数的な改善が重ねられてきた。しかしその指数はかなり小さく、蒸気機関のエネルギー効率の倍増は二〇〇年間でせいぜい三、四回というところだった。[*9] このペースでは、チェス盤の残り半分に達するのに千年かかるだろう。これに対してデジタル技術が二倍に高性能化するペースはもっとずっと速い。

残り半分に登場する技術は

先ほどのおおざっぱな計算から、デジタル技術の進歩がこのところ急激に加速したように感じられるのはなぜか、これまでＳＦの世界にしかなかったものが突然現実の世界で製品化されるようになったのはなぜか、ということもわかってくる。ムーアの法則に従う指数関数的な高性能化が継続した結果、コンピュータの性能が別の次元に達したからだ。そう、チェス盤の残り半分にさしかかったのである。前章で取り上げたイノベーション、たとえば自動運転車、クイズに勝つスーパーコンピュータ、文章自動生成ソフトウェア、安価で融通の効く汎用ロボット、そして通信、トリコーダー、コンピュータの三役を楽々こなす消費者向けの小型携帯端末は、すべて二〇〇六年を過ぎてから出現した。このほかにも、ついこの間までは考えられなかったような代物が次々に登場している。

いったい、なぜいまなのか——理由の一つは、これらの製品の心臓部にあるデジタル技術が、製品化が可能な程度まで高速化とローコスト化を同時に実現したことにある。ほんの一〇年前までは、そうではなかった。この推移を対数目盛りで表したらどうなるか、やってみることにしよう。

このグラフは、ムーアの法則が広い範囲で有効であることを如実に物語っている。さまざまなデジタル技術は、ずいぶん前から（場合によっては数十年前から）ムーアの法則に従って高度化してきた。読者はほぼ直線状のこれらのグラフを見るときに、もし縦軸にごくふつうの均等目盛

●図 3.3　ムーアの法則の多面性

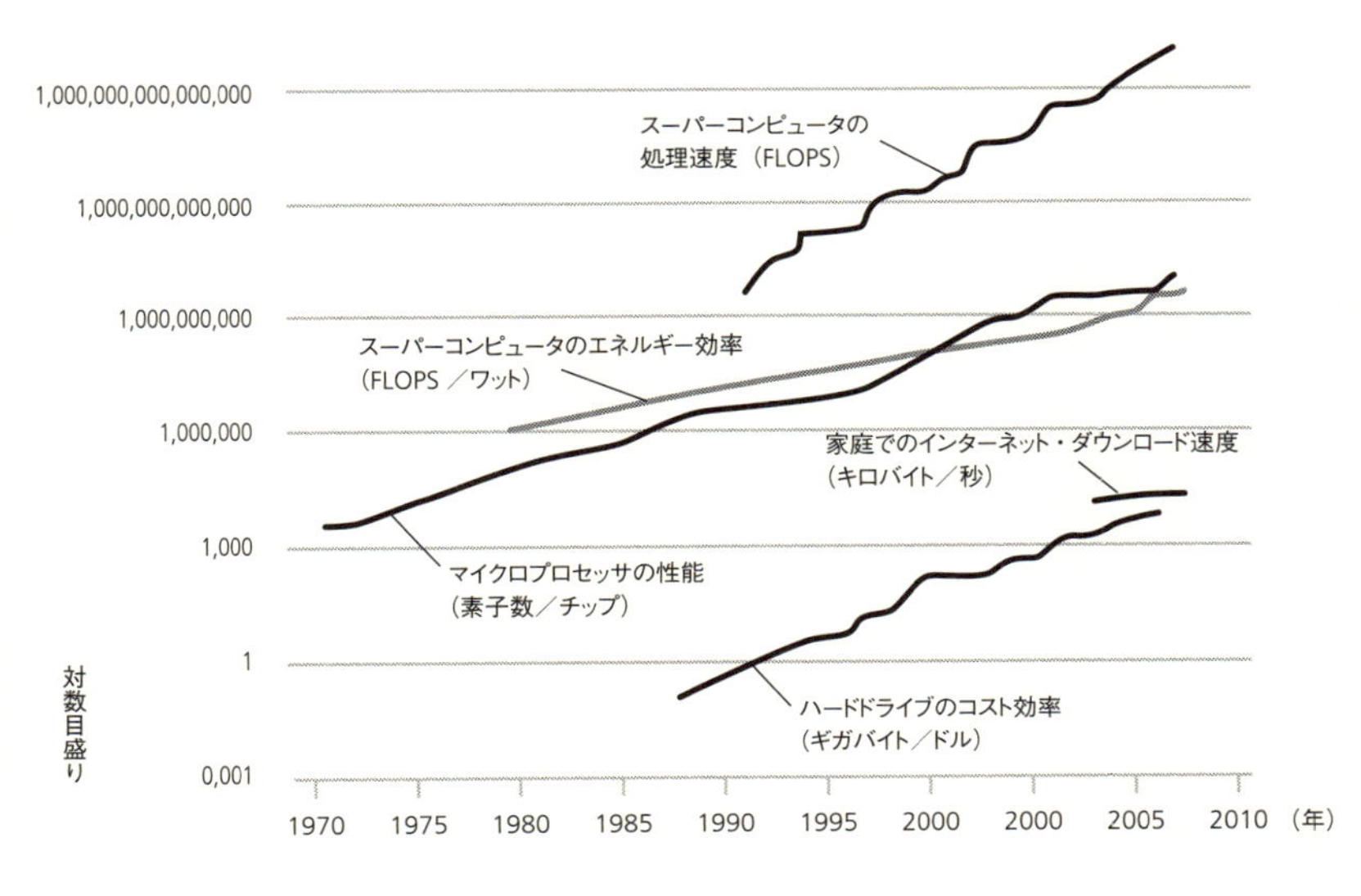

りをとったら、どれもあのトリプルのすさまじい繁殖力を示すグラフ（図3・1）と同じようになることを思い出してほしい。つまり、長いことほぼ横這いが続いた末に、突如としてグラフの傾きが垂直的になるあれである。しかしそれぞれの最終的な数字があまりに桁違いなので、均等目盛りを使ったら、ひとまとめにしてグラフ化することはおそらく不可能だ。対数目盛りだからこそ、コンピュータの性能から家庭でのインターネットのダウンロード速度まで、さまざまなタイプの進歩をひとまとめに示し、デジタル技術の全体像をあきらかにすることができる。

グラフを見れば、コンピュータの性能を形成する基本的な要素、すなわちマイクロチップの集積密度、処理速度、記憶容量、エネルギー効率、ダウンロード速度などが、長期にわたって指数関数的なペースで向上してきたことは一目瞭然である。ではムーアの法則は、現実の世界では具体的にどのようなインパクトを持つのだろうか。今度は能力倍増がほんの数回実現しただけで、コンピュータの性能がどれほどめざましい変化を遂げたかを見てみよう。最初に取り上げるのは、アメリカ政府の戦略的高等コンピュータ計画（ASCI計画）の下でサンディア国立研究所とインテルが共同開発したスーパーコンピュータASCI Redである。このコンピュータは一九九六年に製作され、以来二〇〇〇年まで世界最速の座を保った。開発費用は五五〇〇万ドル。一〇〇個ほどの筐体で構成され、一六〇〇平方フィート（一五〇平米）の部屋が必要だった。テニスコートの八割ほどの面積である。当然ながらニューメキシコ州アルバカーキの研究所に据え付けられたまま、動かされることはなかった。[*10]もともとは核実験の停止に伴うシミュレーション実行用に開発されたため、演算能力が重視されており、世界で初めてテラフロップを超える能力を記録した。一テラフロップとは一秒間に一兆回の浮動小数点演算[※]を行えることを意味し、コンピュータ処理速度の基準となる。ただし、この速度を実現するために一時間当たり八〇〇キロワットの電力を消費した。これは八〇〇世帯が一時間に消費する電力に相当する。このスーパーコンピュータの処理速度は、一九九七年に一・八テラフロップに達した。

それから九年後に、別のコンピュータが一・八テラフロップの能力を実現する。こちらは核実験のシミュレーション用ではなく、核爆発も含む複雑な現象を本物そっくりの三次元画像にリアルタイムで描画することを目的に開発された。ターゲットは物理学者ではなく、ゲームのプレーヤーである。そう、このコンピュータとはソニーのプレイステーション（PlayStation）3のことだ。このゲーム機は、スーパーコンピュータASCI Redに匹敵する性能を持ちながら、価格は五〇〇ドル程度で、設置面積も一平米の一〇分の一にも満たない。消費電力は二〇〇ワット[*11]（キロワットではない）。一〇年足らずの間に、テラフロップ級の演算能力が国立研究所の一室からお茶の間に届けられるようになった。プレイステーション3は世界中で六四〇〇万台が売れたという。一方、ASCI Redは二〇〇六年に退役した。

前章で取り上げたイノベーションの多くを可能にしたのは、こうした指数関数的な進歩だった。IBMのワトソンは大量の賢いアルゴリズムを駆使するが、それができるのも、コンピュータのハードウェアがあのディープブルーの一〇〇倍近くに高性能化したからだ。ご存知のとおり、ディープブルーは、チェスの世界王者ガルリ・カスパロフを一九九七年に倒したスーパーコンピュータである。また、Siriのような音声認識アプリにしても、高度なコンピュータ能力を携帯電話に搭載できるようになって初めて実現した。たとえば、Siriを初めて搭載したアップルのスマートフォンiPhone 4Sは、一〇年前に同社の最上位ノートパソコンPowerbook G4が実現した能力を備える。これらのイノベーションが雄弁に物語るとおり、テクノロジー

※浮動小数点演算とは、たとえば62.34 × 24358.9274のような計算のことである。このような計算をする際には、どちらの数についても小数点を固定するのではなく、「浮動」させる。

はチェス盤の残り半分で指数関数的な進歩を続けており、SFを次々に現実に移し替えている。

コンピュータだけではなく

コンピュータ時代を広く見渡すと、ムーアの法則が当てはまるのはコンピュータだけではないことがわかる。核実験シミュレーション用のASCI Redとゲーム機プレイステーション3がほぼ同水準の性能だったように、スーパーコンピュータCray-2（一九八五年発表）とタブレット型端末iPad 2（同二〇一一年）の演算速度はほぼ同等である。だがiPadにはスピーカーもマイクロフォンもヘッドフォン用ジャックもあるし、カメラも二ついていて、前面カメラはVGA画質の、背面カメラは高解像度のビデオ撮影ができる。もちろん静止画撮影も可能で、背面カメラは五倍のズーム機能付きだ。送受信機能もあり、電話とWiFiに対応する。さらにGPS受信機、電子コンパス、加速度計、ジャイロスコープ、光センサーを搭載している。キーボードはないが、高解像度のタッチスクリーンは一一カ所の多点検出（マルチタッチ）が可能だ。[*12] これらがたった一つのデバイスに収められて、価格は一〇〇〇ドルを大幅に下回る。しかもたいていの雑誌より小さく、薄く、軽い。これに対してスーパーコンピュータCray-2は、三五〇〇万ドル（二〇一一年のドル価値で）を上回り、聞くことも話すことも見ることもできず、しかも動かない。[*13]

アップルがこれだけの機能をあの小さいiPad 2に詰め込むことができたのは、ここ数十年で大きな変化が起きたからだ。マイクロフォン、カメラ、加速度計といったセンサー類がアナログからデジタルへ移行した。言うなれば、コンピュータ・チップに変貌を遂げた。その結果、ムーアの法則が当てはまるようになっている。

録音用のデジタル装置は一九六〇年代には存在したし、近代的なデジタルカメラの原型も一九七五年にイーストマン・コダックが出している。[*14] 初期の装置はどれもひどく高価なうえに不格好で使い勝手も悪かったが、値段は瞬く間に下がり、性能はハイペースで向上した。世界初のデジタル一眼レフはやはりコダックが発表したDCS 100で、値段は一万三〇〇〇ドルもした。一九九一年のことである。最大解像度は一・三メガピクセル。画像はカメラとは別のケーブル接続式のハードドライブに記録されるので、単体では撮影できない。ハードドライブは重量が五キロ近くあり、持ち運ぶのは苦痛だった。しかし一ドル当たりの画素数は、このときからほぼ毎年倍々ゲームで増えていく（この現象を指摘したコダック・オーストラリアの社員バリー・ヘンディの名をとって、「ヘンディの法則」と呼ばれる）。並行して、他の装置も指数関数的に高性能化すると同時に、小型化・軽量化・ローコスト化が実現した。[*15] これらを足し合わせた結果、DCS 100からわずか二〇年後には、アップルは二種類のカメラを搭載したiPad 2を世に送り出すことができたのである。しかもその翌年に投入されたニューモデルでは、カメラの画素数が七倍以上になっていた。

SLAM問題の解決も近い

以上のようにムーアの法則は、プロセッサ、メモリー、センサーをはじめ、コンピュータ・ハードウェアのさまざまな構成要素について長年にわたり有効だった（注目すべき例外の一つは、バッテリーである。バッテリーは指数関数的な進歩をまったく遂げていないが、その主な理由はバッテリーが基本的に化学装置であって、デジタル機器ではないことにある）。コンピュータを使った機器類は、軒並み速く・安く・小さく・軽くなっただけでなく、これまで予想もしなかったことができるようになっている。

人工知能（ＡＩ）分野の研究者は、長年にわたりＳＬＡＭ（Simultaneous Localization and Mapping）問題に取り憑かれてきた。ＳＬＡＭとはカメラなどを用いて自己位置推定と周囲環境のマッピングを同時に行うことを言い、たとえばあのルンバはＳＬＡＭを行う自律型ロボットと言える。平たく言えば、ビル内で迷子になったときに居場所を時々刻々と追跡し、ドアがどこで、階段はどこで、何を乗り越えなければならないのかを移動中に次々に教えてくれる機能だ。こんな機能があれば、ちゃんと一階に戻って正面玄関から出ることができる。こんなことは、たいていの人がとくに意識せず日常的にやっているが、これを機械に教え込むのは至難の業だった。

ロボットにどのセンサーを装着すべきか（カメラか、レーザーか、ソナーか）、ロボットが集めたデータをどう解釈するか、など悩ましい問題が多々あり、研究はなかなか進まなかった。二〇〇八年には、「ＳＬＡＭはロボット工学分野における最も困難な課題の一つであり……現在のアプローチでは広範囲のマッピングを正確かつ連続的に行うことはできそうにない。一つにはコストがかかり過ぎるからだが、それ以上に、範囲が広いと不確実な要素が多くなり過ぎるからだ」と論評されている。[*16] 一言で言えば、広い範囲を検知して瞬時にデータを解析するのは困難だから、SLAMの実現は遠いという。ところがこの論評からわずか二年後に、たった一五〇ドルで発売されたある装置がすべてを変えた。

マイクロソフトがゲーム機Xボックス（Xbox）用のセンサー装置として初代キネクト（Kinect）を発売したのは二〇一〇年一一月のことである。キネクトはプレーヤー二人を認識することができ、一人につき二〇カ所の関節の位置を検出する。二人のプレーヤーが重なったときも後ろになった人の動きを推測し、元に戻れば途切れなくすべての関節に追随する。プレーヤーの顔、声、ジェスチャーも認識できる。照明が薄暗かったり騒音があったりしても大丈夫だ。このデジタル・センサーを構成するのは、マイクロフォン・セット（単一のマイクロフォンよりも音源の位置を正確に特定できる）、標準的なビデオカメラ、深度センサー（近赤外光カメラで奥行き情報を取得する）などである。これらの装置が収集したデータを、複数の内臓プロセッサと独自の多数のソフトウェアが処理し、ゲームに利用可能な情報に変換する。[*17] これらの機能がすべて高さ一〇センチ、幅三〇センチほどの本体に収められ、価格は一四九・九九ドルだった。

キネクトは発売から六〇日で八〇〇万台を売り上げた。これはiPhoneやiPadをもしのぐ快挙であり、消費者向け電子機器として最速の販売記録は今日もなお破られていない。[*18] キネクト専用の初期のゲームには、ダーツ、スポーツ、ストリートファイト、ハリー・ポッター風の魔法などがある。[*19] だがキネクトの可能性はもっと幅広い。二〇一一年八月にバンクーバーで開催されたＳＩＧＧＲＡＰＨ（アメリカ・コンピュータ学会コンピュータグラフィックス分科会の略、シーグラフと読む）では、マイクロソフトのチームと学会の研究者がキネクトを使って、ロボット工学における長年の懸案、ＳＬＡＭ問題に解決の糸口を示した。

シーグラフは、コンピュータグラフィックスとインタラクティブ技術に関する世界最大かつ最も権威のある学会・展示会であり、研究者、ゲーム・デザイナー、ジャーナリスト、起業家をはじめ、この分野に関心のある大勢の人が訪れる。マイクロソフトが「すべてを変えるセルフハック」（同社の新技術は、クリエーターズ・プロジェクトのウェブサイトでこう呼ばれていた）のお披露目をするのに、まさにふさわしい場だった。[*20※] この新技術とは、キネクト・フュージョン（KinectFusion）。キネクトを使って３Ｄモデルを作製し、ＳＬＡＭ問題に取り組む試みだ。

二〇一一年のシーグラフで紹介されたデモンストレーション・ビデオでは、キネクト・センサー本体のほうを動かして一般的なオフィスの室内をスキャンする様子が示された。オフィス内には、複数の椅子、鉢植えの植物、デスクトップ・コンピュータとモニターといった複雑な形状のものが乱雑に置かれている。[*21] ビデオ画面を四分割して説明しているので、キネクトが室内のオブジェクトを検出して３Ｄモデルを作製する様子がよくわかる。このビデオを見る限り、キネクトが室内でのＳＬＡＭ問題を完全に解決したとは言わないまでも、解決にきわめて近づいたとは言えそうだ。キネクトがリアルタイムで作り上げていく３Ｄモデルには、室内の人間まで精緻に取り込まれ、モニターの背面の樹脂面に刻印されたDELLという文字も再現されている。この文字は色がついておらず、深さもほんの一ミリ程度しかないにもかかわらず。キネクトは室内のどこに何があるかを常時捕捉する。それだけではない。たとえば、小粒のピンポン球をざーっと室内にこぼしたらどう転がるか、どんなふうにバウンドするか、といったシミュレーションも行うことができる。IT系ブログのエンガジェット（Engadget）には、「キネクトの登場で、これからは3Dセンシングが主流になる。このセンサーは開発者を虜にするだろう」と書かれている。[*22]

二〇一一年六月、シーグラフのすこし前に、マイクロソフトはキネクト・ソフトウェア開発キット（SDK）の提供を開始している。つまりプログラマーなら誰でも、キネクトを活用するコンピュータ・ソフトの開発が可能になったわけだ。シーグラフの後ではSLAM問題へのキネクトの活用に俄然関心が高まり、ロボット工学やAI分野の多くのチームが開発キットをダウンロードした。

そして一年足らずのうちに、MITコンピュータ科学・人工知能研究所のジョン・レナードが率いるアイルランドとアメリカの混成チームがキンティニュアス（Kintinuous）を発表する。これは、キネクト・フュージョンを「空間的に拡大」するソフトウェアで、ビル内など巨大な

※ここでの「ハック」は、デジタル装置の本質を見極め、それを独創的な目的に活かそうとする研究や作業を意味する。セルフハックとは、その装置を最初に開発した企業が自ら行う研究や作業を指す。

空間、さらには屋外さえセンシングできる（チームは夜間に車を走らせながら窓の外にキネクトを突き出してスキャンした）。この技術を解説した論文の最後には、次のように書かれている。「将来的にはこのシステムを一段と拡大し、SLAMがどこでも実現できるようにしたい」[*23]。この目標が達成されるのはそう遠い先ではない、と私たちは信じている。いささか誇張を承知で言えば、有能な開発者の手にかかれば、とうてい不可能に見えたことも、ムーアの法則に従ってたちどころに実現するのだから。

安価で高性能のデジタル・センサーは、前章で紹介したさまざまな製品の多くに欠かせないものである。たとえば汎用ロボットのバクスターは、複数のデジタルカメラと一連の触圧センサー、位置センサーを装備している。これらはつい最近までお話にならないほど高価で、むやみに大きく、おまけに精度が低かった。また、グーグルの自動運転車でも多数のセンサーが使われている。中でも最も重要な「目」は、ルーフトップに搭載された全方位イメージング・ユニット、ライダー（LiDAR）だ。ライダーは「光」と「レーダー」の合成語で、製造元はベロダイン（Velodyne）である。このユニットは六四個のレーザー送受信センサーを内蔵し、毎秒一〇回の高速回転をして一秒間で一三〇〇万のデータポイントを測定。このデータから、車載コンピュータがリアルタイムの3Dイメージを作製する。測定距離は、全方位一〇〇メートルの範囲におよぶ。初期の商用ライダーは二〇〇〇年頃に発表されたが、このときは三五〇〇万ドルもした。しかし二〇一三年半ばには車載用システムの価格は約八万ドルまで下がっており、将来的にはもっと安価になるだろう。ベロダインの創業者にしてCEOのデービッド・ホールは、量産化できれば価格は「カメラ程度に、つまり数百ドルになる」と予想している。*[24]

これらの例は、まさに指数関数的進歩を体現するものと言えよう。そして、なぜいまセカンド・マシン・エイジを迎えようとしているのか、それを説明する第一の理由がこの指数関数的進歩であることを思い出してほしい。この類いの進歩は、またたくまに私たちをチェス盤の残り半分に連れていく。残り半分にさしかかったら、最初の半分で起きたことは、もはやこれから起きることの指針にはならない。ムーアの法則通りに性能の倍増が積み重なり、さらにこれからも続くならば、ほんの数年先にはスーパーコンピュータの性能がそこらの玩具に搭載されるようになるだろう。以前は取り組むことさえできなかった問題に、安価なセンサーが解決を与えてくれるようになり、SFが日々現実と化していくのを目の当たりにすることになる。

ときには、より多く・より小さくといった程度のちがいではなく、まったく質的に異なる解決が登場することもあるだろう。チェス盤の残り半分に突入したら、いったい何が起きるのか、どこに到達するのか、わからなくなると肝に銘じておかなければならない。このところ目にする多くの事例を見る限り、もう残り半分に入っていることはまちがいないと考えられる。

第3章 原注

＊1 G. E. Moore, "Cramming More Components onto Integrated Circuits," *Electronics* 38, no. 8 (April 19, 1965): 114–17, doi:10.1109/jproc.1998.658762.

＊2 Ibid.

＊3 Michael Kanellos, "Moore's Law to Roll on for Another Decade," *CNET*, http://news.cnet.com/2100-1001-984051.html (accessed June 26, 2013).

＊4 Rick Merritt, "Broadcom: Time to Prepare for the End of Moore's Law," *EE Times*, May 23, 2013, http://www.eetimes.com/document.asp?doc_id=1263256.

＊5 Adam Sneed, "A Brief History of Warnings About the Demise of Moore's Law,"*Future Tense* blog, Slate.com, May 3, 2012, http://www.slate.com/blogs/future_tense/2012/05/03/michio_kako_and_a_brief_history_of_warnings_about_the_end_of_moore_s_law.html (accessed June 26, 2013).

＊6 "Moore's Law: The Rule That Really Matters in Tech," *CNET*, October 15, 2012, http://news.cnet.com/8301-11386_3-57526581-76/moores-law-the-rule-that-reallymatters-in-tech/.

＊7 H. J. R Murray, *A History of Chess* (Northampton, MA : Benjamin Press, 1985).

＊8 Ray Kurzweil, *The Age of Spiritual Machines: When Computers Exceed Human Intelligence* (London: Penguin, 2000), p. 36. (レイ・カーツワイル『スピリチュアル・マシーン――コンピューターに魂が宿るとき』田中光彦、田中茂彦訳、翔泳社)

＊9 See http://www.cuug.ab.ca/~branderr/pmc/012_coal.html (accessed September 23, 2013).

＊10 Ionut Arghire, "The Petaflop Barrier Is Down, Going for the Exaflop?," *Softpedia*, June 10, 2008, http://news.softpedia.com/news/The-Petaflop-Barrier-Is-Down-Goingfor-the-Exaflop-87688.shtml.

＊11 "The Tops in Flops," *Scribd*, http://www.scribd.com/doc/88630700/The-Topsin-Flops (accessed June 26, 2013).

*12 Matt Gemmell, "iPad Multi-Touch," May 9, 2010, http://mattgemmell.com/2010/05/09/ipad-multi-touch/.

*13 "Company News; Cray to Introduce A Supercomputer," *New York Times*, February 11, 1988, http://www.nytimes.com/1988/11/02/business/company-news-cray-tointroduce-a-supercomputer.html (accessed June 26, 2013).

*14 Thomas Fine, "The Dawn of Commercial Digital Recording," *ARSC Journal* 39 (Spring 2008): 1–17; Jurrien Raif, "Steven Sasson Named to CE Hall of Fame," Let's Go Digital, September 18, 2007, http://www.letsgodigital.org/en/16859/ce-hall-of-fame/.

*15 "Hendys Law," Nida Javed, December 7, 2012, http://prezi.com/v-rooknipogx/hendys-law/.

*16 Josep Aulinas et al., "The SLAM Problem: A Survey," in *Proceedings of the 2008 Conference on Artificial Intelligence Research and Development: Proceedings of the 11th International Conference of the Catalan Association for Artificial Intelligence* (Amsterdam: IO S Press, 2008), pp. 363–71, http://dl.acm.org/citation.cfm?id=1566899.1566949.

*17 Dylan McGrath, "Teardown: Kinect Has Processor after All," *EE Times*, November 15, 2010, http://www.eetimes.com/electronics-news/4210757/Teardown?Kinecthas-processor-after-all.

*18 "Microsoft Kinect Sales Top 10 Million, Set New Guinness World Record," *Mashable*, March 9, 2011, http://mashable.com/2011/03/09/kinect-10-million/ (accessed June 26, 2013).

*19 "Xbox Kinect's Game Launch Lineup Revealed," *Mashable*, October 18, 2010, http://mashable.com/2010/10/18/kinect-launch-games/ (accessed June 26, 2013).

*20 "KinectFusion: The Self-Hack That Could Change Everything," *The Creators Project*, August 18, 2011, http://thecreatorsproject.vice.com/blog/kinectfusion-the-selfhack-that-could-change-everything (accessed June 26, 2013).

*21 Sarah Kessler, "KinectFusion HQ – Microsoft Research," http://research.microsoft.com/apps/video/dl.aspx?id=152815 (accessed June 26, 2013).

*22 "Microsoft's KinectFusion Research Project Offers Real-time 3D Reconstruction, Wild AR Possibilities," *Engadget*, August 9, 2011, http://www.engadget.com/2011/08/09/microsof ts-kinect fusion-research-project-of fers-real-time-3d-re/ (accessed June 26, 2013).

*23 Thomas Whelan et al., "Kintinuous: Spatially Extended KinectFusion," n.d., http://dspace.mit.edu/bitstream/handle/1721.1/71756/MI T-CSAIL-TR-2012-020.pdf?sequence=1.

*24 Brett Solomon, "Velodyne Creating Sensors for China Autonomous Vehicle Market,"*Technology Tell*, July 5, 2013, http://www.technologytell.com/in-car-tech/4283/velodyne-creating-sensors-for-china-autonomous-vehicle-market/.

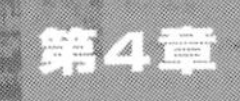

第4章 デジタル化の大波

自分が話すことを数字で表せるなら、
そのことについて少しは理解していると言える。
だが数字で表せないなら、
たいして理解しているとは言えない。
——ケルヴィン卿

「ねえねえ、〇〇って知ってる?」

「〇〇は絶対試してみるべきだよ」

現代人は、こんな言葉を毎日のようにやりとりしていることだろう。こんなふうにして私たちは、友人や家族や同僚から耳寄りの情報を仕入れる。たとえば、いま最高にクールなバンド、知る人ぞ知るレストラン、死ぬまでに行っておくべき秘境、おすすめのテレビ番組や本や映画、等々。

デジタル時代に入ると、一見の価値のあるウェブサイトのアドレスやちょっと便利なデジタル機器がここに加わった。そして目下ひんぱんに情報交換されているのは、スマートフォンのアプリだ。この市場で主流のプラットフォームはアップルのiOSとグーグルのアンドロイドだが、どちらにも五〇万種類以上のアプリが用意されている。[*1] そしてユーザーが最高のアプリを見つけられるよう、「トップ10」だの「ベスト〇〇アプリ」といったランキングが日々提供される。その傍らで昔ながらのクチコミも、いまなお威力絶大だ。

すこし前に、MITの大学院生でデジタル・フロンティア・チームのメンバーでもあるマット・ビーンが、耳寄りの情報を教えてくれた。「ウェイズ（Waze）を絶対試してみるべきだよ。すごく便利だから」。だがウェイズがGPSベースの運転支援アプリらしいと知って、私たちは興味を失った。車にはナビを搭載しているし、iPhoneだって役に立つ。さらに別のものは必要ない、と感じたからだ。

ところがマットは引き下がらない。ウェイズを使えばドゥカティで荷車の間をすり抜けていくような芸当ができるという。従来のGPSナビゲーションとは異なり、目的地までの通常の最短ルートを教えることがウェイズの主目的ではない。いま現在はどのルートが最適なのかを教えることが目的である。ウェイズ・モバイル（Waze Mobile）のウェブサイトには、次のように説明されている。

ウェイズのアイデアは、数年前、エフード・シャブタイがGPSナビゲーション機能を搭載したパーソナルアシスタント端末を手にしたときに遡ります。エフードの最初の興奮は、たちまち失望に変わりました。なぜなら、時々刻々変わる道路状況がナビにはまったく反映されなかったからです。

エフードは、それなら自分がやろうと考えました……彼の目標は、交通状況をはじめドライバーにとって役立つさまざまな情報を、いついかなる瞬間でも正確に反映できるようなアプリケーションを開発することでした。[*2]

従来のGPSシステムを使ったことのある人なら、シャブタイの感じた失望をよく理解できるだろう。たしかにGPSシステムは、現在位置は正確に教えてくれる。これは、アメリカ政府が打ち上げて管理している二四個のGPS衛星のおかげだ。また、どれが高速道路で、どこが一方通行かといったことも教えてくれる。この種の情報を収集したデータベースにアクセスできるからだ。だが、それだけである。ドライバーがほんとうに知りたいこと、つまり渋滞、事故、道路閉鎖など、目的地までの所要時間に影響をおよぼす「いまこの瞬間」の情報を教えることはできない。たとえばアンディの家からエリックの家までのルートを質問されたら、単純に出発点（アンディの車があるところ）から目的地（エリックの家）までの理論上の「最短」ルートをデータベースに問い合わせ、教えてくれるだけだ。だいたいは、制限速度の高い幹線道路や高速道路を経由するルートである。

だがラッシュアワーだったら、どうだろう。この場合、理論上の最短ルートは必ずしも実際の最短ルートにはならない。幹線道路や高速道路は大渋滞で、走行速度は制限速度を大幅に下回っているだろう。だったら、地元のドライバーがよく知っている裏道を走るほうが早い。もちろん、アンディのGPSシステムは、曲がりくねった細い裏道の存在を知ってはいる（ちゃんと更新していれば、理論上はあらゆる道を知っているはずだ）。だが、火曜日の朝八時四五分にその裏道が最善の選択肢だということは知らない。もしその裏道を通ろうとしたら、アンディのGPSシステムは、しきりに高速道路に戻そうと誘導することだろう。

シャブタイは、GPSがほんとうに役に立つためには、単に誘導する車両がどこにいるかを知っているだけでは不十分だと考えた。他の車がどこにいるか、他車の走行速度はどの程度かも知っていなければならない。スマートフォンが市場に出回りはじめると、シャブタイはチャンスが来たと察知する。そして二〇〇八年に、ウリ・レビンとアミール・シナーと一緒にイスラエルで起業した。スマートフォンに無料のコミュニティ型アプリ、ウェイズをダウンロードして、現在位置と走行速度を会社のサーバーに絶えずアップロードしてもらうしくみだ。アプリのユーザーが増えれば増えるほど、ウェイズは対象地域の交通事情を詳細に知ることができ、静止したロードマップではなく、いま現在の交通状況をユーザーに提供できるようになる。ウェイズ・モバイルのサーバーは、こうしたアップデート情報にマップと高度なアルゴリズムを組み合わせて、ドライバーに指示を出す。アンディが火曜日の朝八時四五分にエリックの家へ行こうとするときは、高速道路を使わず、その時間の交通量が比較的少ない裏道へ誘導してくれるはずだ。

コミュニティのメンバーが増えるほど、メンバー全員にとってウェイズの有用性が高まる——これは、経済学者が「ネットワーク効果」と呼ぶ現象の典型的な例と言えよう。すなわち、利用者が一人加わるごとに、利用者一人ひとりにとってリソースの価値が高まる状況である。そして、ウェイズのユーザー（Wazerと呼ばれる）の数は急伸中だ。二〇一二年七月の発表によると、半年間でユーザー数は倍に増え、二〇〇〇万人に達したという。[*3] このユーザー全員の走行距離を足し合わせると、五一億キロメートルにもなる。こんな具合に走り回っているユーザーが、日々数千件の情報、たとえば事故、突然の渋滞、警察の取り締まり、道路閉鎖、路肩の危険物、高速道路に新設された入口・出口、安いガソリンスタンドといった、ドライバーなら誰もが知りたい情報を提供し、それが蓄積されていく。

ドライバーなら誰でも、目的地まで最も早く最も容易に行けるルートを教えてもらいたい、と思っているだろう。不案内な土地で道路事情に通じていないときならなおのことだ。ウェイズはこの望みを叶えたのだった。

完全、瞬時、かつ無料で

ウェイズが実現したのは、前章で取り上げたムーアの法則と指数関数的な技術の進歩によるところが大きい。というのもこのサービスは、高性能かつ安価な装置（すなわちユーザーが購入したスマートフォン）に依存しているからだ。そのスマートフォンには、プロセッサ、センサー、送受信機が搭載されている。こんな高度な技術は、一〇年前には存在すらしなかった。もちろんウェイズも、である。これが可能になったのはここ数年のことであり、可能にしたのはコンピュータの高性能化とコスト低減だった。第3章で論じたとおり、コンピュータ分野の指数関数的高性能化は、セカンド・マシン・エイジの幕開けを牽引した三つの要素の一つである。

だがウェイズを支えたのは、それだけではない。三つの要素のうち二番目のデジタル化も、大きな役割を果たしている。経済学者のカール・シャピロとハル・R・バリアンは、画期的な名著『ネットワーク経済の法則』（邦訳ＩＤＧコミュニケーションズ刊）の中で、デジタル化とは「情報をビットの列としてコード化すること」と定義している。[*4] 言い換えればデジタル化とは、あらゆる種類の情報とメディア（テキスト、音、写真、動画、各種センサーが検出したデータ等々）を、コンピュータの言語である0と1に変換することである。たとえばウェイズは、デジタル地図、アプリ経由で取得した自動車の位置情報や渋滞情報など、絶え間なく流れ込んでくるデータを処理している。それをユーザーに役立つ形で提供したからこそ、このサービスは大人気になった。

私たちは、シャピロとバリアンの本をはじめさまざまな論文を読んだりオンラインで情報収集をしたりして、デジタル化についてよくわかっているつもりになっていた。ところがここ数年、デジタル化は量も速度も種類も爆発的に拡大すると同時に、思いがけない方向にも発展しているように感じる。デジタル化の爆発的拡大は、大きく分けて二つの結果をもたらす。一つは知識獲得に新しい道を拓くこと。もう一つは、イノベーションを加速することだ。本章では、近年のデジタル化の進み具合を追いかけてみることにしたい。

多くのオンライン・サービスと同じく、ウェイズも、デジタル情報固有の二つの経済特性を存分に活用している。一つは有限でないこと、もう一つは複製の限界費用が限りなくゼロに近いことである。平たく言えば、デジタル情報は使っても減らないし、複製をつくるコストがべらぼうに少なくて済む。こうした特性を、もうすこしくわしく見ていこう。

日頃よく目にする有限のものは、一回限りしか消費できない。たとえばボストンからカリフォルニア行きの飛行機が離陸したら、その飛行機に積んだ燃料を次の飛行機が使うことはできない。また、エリックの座席にアンディが座ることはできないし（たとえエリックがいいと言っても、航空会社が禁止している）、エリックが使っているヘッドフォンをアンディも一緒に使うことはできない。しかしエリックが聴いている音楽自体は有限ではない。別のヘッドフォンを使えば同時に何人でも聴くことができる。

アンディがジュール・ヴェルヌの本を読んでいるとしよう。なるほど本はアナログだが、使っても減らないし、アンディが読み終わったらエリックに貸してやることもできる。だがアンディとエリックが同時に『海底二万里』を読みたいと思ったら、アンディの本をコピーしなければならない。すでに著作権は切れているから、コピーをすること自体は違法ではないが、本を一冊コピーするのは時間もお金もかかる。誰かを雇ってやらせたら、さらにお金が懸かるだろう。いずれにしても、複製のコストはけっして安くない。[*5] しかもコピーはもとの本よりは不鮮明だし、コピーをさらにコピーすればなおのことである。

だがアンディが『海底二万里』のデジタル・コピーを持っていたら、話はまったくちがってくる。アンディはクリック一回で複製し、CDに保存してエリックにプレゼントできる。コピー機を使う場合とちがって、ビットのクローンはオリジナルと完全に同じだ。しかもきわめてローコストで、速く、簡単にできる。本や映画を最初に製作するのは相当なコストがかかるだろうが、複製はほとんどただでできてしまう。「複製の限界費用が限りなくゼロに近い」とは、このことを意味する。

もちろんいまなら、アンディはＣＤに保存などせず、メールに添付するか、ドロップボックス（Dropbox）のようなクラウド・サービスを利用するだろう。いずれにせよ、インターネットを使うことになる。そのほうが速くて便利で、しかも基本的に無料だからだ。たいていの人が、家庭用端末やモバイル端末は従量課金ではなく月決め料金で契約しているだろう。だから、ビット当たりいくらで払う必要はない。何ビット送受信しようと、同じ金額で済む。この意味で、インターネットを介した送受信に追加的費用はいっさい発生しない。原子でできたモノとは異なり、ビットでできたモノは完全な形で複製でき、地球の裏側にも瞬時に完全な形で、しかもほぼ無料で送ることができる。ほとんどのモノにはこんな芸当は期待できないと思われるかもしれない。だが今後デジタル化が進めば、このカテゴリーに加わるモノはさらに増えると考えられる。

複製にはコストがかからない

シャピロとバリアンは、コンピュータとネットワーク時代のこうした傾向を「情報の生成にはコストがかかるが、複製にはコストはかからない」と、みごとに表現した。[*6] 第２章で取り上げたオンラインの自動翻訳サービスは、まさにこうした特徴を活かした技術の一つである。自動翻訳ソフトは、多額のコストをかけて人間が翻訳した文書のペア（原文と訳文）を活用する。たとえば欧州連合（ＥＵ）やその前身である欧州共同体は、一九五七年からずっと、すべての公式文書を加盟国の主要言語に翻訳してきた。国連も、主要六カ国語の文書を大量に公開している。

こうした膨大な情報はたいへんな労力とコストをかけて生産されたわけだが、いったんデジタル化してしまえば、複製するのも、切り分けて活用するのも、広く共有するのもじつに容易になり、しかも何度でも繰り返すことができる。グーグル翻訳サービスのようなサービスがやっているのは、まさにこれだ。何らかの英語の文章をドイツ語に翻訳するとき、グーグルの翻訳ソフトは活用可能な英語とドイツ語の文書ペアすべてにスキャンをかけ、マッチ率の高い文章を探す（または、文章を切り分けつなぎあわせて、マッチ率を上げる）。そして対になったドイツ語を提供するというしくみだ。要するに今日の高度な自動翻訳サービスの大半は、人間の言語のルールをコンピュータに教え込んで応用させているのではなく、膨大なデジタル・コンテンツを対象に統計的なパターン・マッチングを実行させている。このデジタル・コンテンツは、もともとはコストをかけて生み出されたものではあるが、その複製がローコストでできることは、すでに指摘したとおりである。

そもそものコンテンツがただになったら

だが、そもそもの情報自体がただで生み出されるとしたら、どうだろうか。初めからコンテンツに所有権が発生しないとしたら、何が起きるだろうか。このところのデジタル世界の流れを見ると、この問いに対する答は大いに有望である。

「時は金なり」と昔から言い習わされてきたが、今日のインターネットの世界では、「時はただなり」であるらしい。驚くほど大勢の人が、お金の見返りを求めずに自分の時間を費やしてオンライン・コンテンツを生成・提供している。たとえばウィキペディアのコンテンツは、世界中のボランティアから提供される。ウィキペディアは現在世界最大かつ最も参照されるオンライン百科事典だが、誰も報酬をもらわずに執筆し、編集している。ウィキペディアだけではない。数え切れないほどのウェブサイト、ブログ、フォーラムその他の情報ソースもそうだ。制作者は直接の金銭的見返りは期待しておらず、情報をただでユーザーの利用に供している。

シャピロとバリアンが『ネットワーク経済の法則』を発表した一九九八年の時点では、金銭のやりとりを伴わずに提供されるコンテンツはまだ出現していなかった。最初期のウェブログ・サービス、ブロガー（Blogger）の登場が一九九九年八月、ウィキペディアが二〇〇一年一月、最初期のソーシャルネットワーキング・サイト、フレンドスター（Friendster）が二〇〇二年である。ほどなく二〇〇四年に発足したフェイスブック（Facebook）が優勢になり、ビジター数で世界ランキングのトップに躍進した。[*7] じつは世界でも、アメリカでも、人気サイト・ランキングの上位一〇位のうち六つまでが、ユーザー生成のコンテンツで成り立っている。[*8]

こうしたユーザー生成コンテンツ・サイトは、個人に自己表現やコミュニケーションの場を与えるだけではない。じつは、先端技術の実現にも貢献している。たとえば音声認識型パーソナルアシスタントSiriは、音声認識システムとのやりとりで生成された音声ファイルを大量に収集・分析することによって学習し、精度を上げている。またスーパーコンピュータ、ワトソンのデータベースは四テラバイトの容量に達するのだが、そこにはウィキペディアがまるごとそっくりコピーされている。[*9] 当初はスラング専門のオンライン辞書アーバン・ディクショナリー（Urban Dictionary）も収録していたのだが、ワトソンが下品な言葉を口にするようになったため、後日削除された。[*10]

インターネット上にユーザー生成コンテンツがあふれている現状は、さほど驚くには当たらないのかもしれない。人間というものは、教え合い与え合うのが大好きな生き物だからである。むしろ驚くべきは、どうやら機械たちもやりとりが好きらしいことだ。

機械と機械がインターネットなどの通信ネットワークを介して互いに情報をやり取りし、自律的に高度な制御や動作を行うことを総称して、マシン・ツー・マシン（M2M）と呼ぶ。たとえばウェイズはM2Mを活用しており、スマートフォン上のアプリがアクティブになっていれば、人間が何も操作しなくても、情報を自動的にウェイズのサーバーに送信する。同じように、人気の旅行サイト、カヤック（Kayak）で格安航空券を検索すると、カヤックのサーバーが瞬時に航空会社や代理店などに照会し、結果をリアルタイムで表示する。この作業に人間はいっさい関与していない。考えてみれば、おなじみの現金自動預入支払機（ATM）も、現金を引き出そうとすると本店のサーバーに残高を瞬時に照会している。また冷凍冷蔵トラックに装備されたデジタル温度計から送られるデータを見れば、取引先のスーパーマーケットは、商品が輸送中に高温になっていないことを確認できる。半導体工場のセンサーは、異常が発生すると本社に警報を発する、等々。このほかにも無数のM2Mコミュニケーションが一日二四時間途絶えることなく行われている。二〇一二年七月のニューヨーク・タイムズ紙の記事によると、「世界のワイヤレス・ネットワークでやりとりされている機械同士のおしゃべりの合計は……人間の音声による無線通信の合計をもうすぐ超えてしまうだろう」という。*11

単位が足りない……

文書、ニュース、音楽、写真、動画、地図、個人のコンテンツ、ソーシャル・ネットワーク、情報検索と回答、センサーが検出したデータ……。デジタル化の進行は、ここ数年で最も重要な現象の一つと言えるだろう。チェス盤の残り半分を進むにつれて、デジタル化は広範囲で加速し、もはやふつうの単位では数えられなくなる。シスコ・システムズによれば、全世界のインターネットのトラフィックは、二〇〇六〜一一年のわずか五年間で一二倍になり、月間二三・九エクサバイトに達するという。*12

エクサバイトは一〇の一八乗バイトという途方もない単位で、あのワトソンのデータベース二〇万個分を上回る。だが今後のデジタル化の規模を表すには、この単位でさえ十分ではない。IT調査会社IDCは、世界のデジタル・データ量は二〇一二年に前年の一・五倍の二・七ゼタバイトに達したとみている。ゼタバイトとは、一〇の二一乗バイトのことである。しかもこれらのデータはディスクドライブに静かに収まっているわけではなく、あちこち移動している。シスコの予想によれば、全世界のインターネットのトラフィックは、二〇一六年には一・三ゼタバイトに達するという。[*13] 情報がぎっしり詰まったDVDが二五〇〇億枚以上飛び交っているようなものだ。[*14]

こうした数字からもわかるように、デジタル化はまさしく「ビッグデータ」をもたらす。実際、デジタル化がこのペースで進行したら、いずれメートル法の単位系で測れなくなることは確実である。一九九一年に開催された国際度量衡総会では、接頭辞ヨクト、ゼプト、ゼタ、ヨタが承認された。このうち最も大きい単位はヨクトで、一〇の二四乗を意味する。[*15] しかし、すでに「ゼタ時代」に突入した私たちには、ヨクトまであと一つの単位しか残されていない。

デジタル化は何の役に立つのか

昨今のデジタル化の大爆発はたしかに衝撃的ではあるが、しかしだからどうだと言うのだ、という人もおられることだろう。ゼタだのエクサだのと騒いでいるが、実際何の役に立つのか、と。

いやいや、たいへん役に立つのである。セカンド・マシン・エイジの推進力の一つとしてデジタル化を挙げる最大の理由は、知識を増やし、理解を深めることに貢献するからだ。デジタル化によってアクセス可能になる大量のデータは、科学の生命線である。ここでは科学とは、理論を考え、仮説を立て、評価する作業と考えてほしい。ざっくり言えば、何かを思いついたら、その思いつきが正しいかどうかデータで裏づける作業だ。

すこし前にエリックは、インターネットの検索データから、アメリカ国内の住宅販売戸数と価格の将来の変化を予測できるという仮説を立てた。もしカップルが別の町に引っ越して家を買うとしたら、数日で万事片付けようとは考えないだろう。二人は数カ月前から引っ越しを計画し、不動産を物色しはじめるはずだ。その調査はインターネットでするだろう。そして検索エンジンに「フェニックス　不動産」だとか「フェニックス　周辺」「フェニックス　住宅二ベッドルーム　価格」といったキーワードを打ち込むにちがいない。

この仮説を検証するために、エリックは検索語に関するデータにアクセス可能かどうかをグーグルに問い合わせた。すると、そうしたデータはすでにウェブ上で自由に利用できるようになっているという。そこでエリックと博士課程の学生リン・ウー（二人とも住宅市場にはとんと疎い）は、ごく簡単な統計モデルを考案した。検索語の量的変化と数カ月後の住宅販売戸数・価格の間には何らかの関係があると考え、先ほど挙げたような検索語が増えたら、その三カ月後にはフェニックスの住宅販売戸数は増え、価格も上昇すると予測した。そのうえで、ユーザーが検索語をインプットすることによって生成されるコンテンツのデータを調べたところ、このモデルはなかなか正確であることがわかった。それどころか、全米不動産協会に所属する専門家の予想よりも、二三・六％も精度が高かったのである。

新たにアクセス可能になったこうしたデジタル・データは、さまざまな分野で活用されている。たとえばハーバード医学大学院のルミ・チュナラが率いるチームは、ＳＮＳの情報を解析してインフルエンザやコレラなどの感染を予測する技術を開発中だ。このチームはツイッターのデータを解析し、二〇一〇年ハイチ地震後に発生したコレラの伝染が公式発表に劣らず正確に捕捉されていたことを突き止めた。しかもツイッターのほうが公式発表より二週間も早かった。[*16] またヒューーレット・パッカード（ＨＰ）のソーシャル・コンピューティング研究所に所属するシタラム・アスールとベルナルド・フーベルマンは、ツイッターの解析から映画の興行成績を予想できることを発見した。彼らは、「ソーシャル・メディアは集合知を表現しているので、正しく活用すれば、将来の動向を示すきわめて正確な指標となりうる」と結論付けている。[*17]

デジタル化は、未来を予想するだけでなく、過去を知ることも可能にしてくれる。二〇一二年三月の時点で、グーグルは過去数世紀に出版された二〇〇〇万冊以上の本のスキャンを完了した。[*18] この膨大な量の言葉と文章は、カルチュロミクス（culturomics）のベースになる。カルチュロミクスはculture と「学」「術」を意味する接尾語 -ics の合成語で、データのハイスループット解析により文化や思想の時系列的傾向を分析する新しい学問のことである。[19] ジャン＝バティスト・ミシェルとエレツ・リーバーマン・アイデンが率いる学際チームは、一八〇〇年以降に発行された英語の書籍五〇〇万冊を解析した。それによると、英語の単語数は、一九五〇年から二〇〇〇年の間に七〇％以上増えたという。また、有名になるのは昔より早くなったが、忘れられるのも早いことがわかった。このほか二〇世紀に入ってからは、ワトソンとクリックがＤＮＡの構造を解明するまで、進化に対する関心が低かったことなども判明している。[20]

これらの例から、デジタル化によって理解と予測が進んだことおわかりいただけるだろう。これは科学にとってすばらしいことだ。現在グーグルのチーフ・エコノミストを務めるハル・バリアンは、長年にわたりデジタル化の最前線にいた人物であるが、よく引用される彼の言葉の一つはこうだ。「ボクの口癖だが、次の一〇年でいちばんセクシーな職業は統計学者だね。冗談でなく、本気でそう思っているよ」[21]。続々と生成される膨大なデジタル・データを目の当たりにし、ここからどんな知見が生まれるのかと想像するとき、バリアンは正しいとつくづく感じる。

デジタル・データはイノベーションを生む

デジタル・データは科学を活性化するだけでなく、イノベーションを促す役割を果たす。これが、セカンド・マシン・エイジの推進力として、指数関数的高性能化とともにデジタル化を挙げるもう一つの理由である。ウェイズはまさにその一例だ。このサービスは、何層にも重なったデジタル・データによって実現した。しかもデジタル・データは有限ではないから、どの層のデータも使い尽くしてしまうということはない。

第一の層を形成するのは、デジタル・マップである。この種のデータはいちばん古く、パーソナル・コンピュータが出現したときから存在する。[22] 第二の層は、GPS位置情報だ。アメリカ政府が二〇〇〇年に民生用GPSの測位精度を上げた（正確に言えば故意に精度を落とす操作を廃止した）ときから、GPS情報はカーナビゲーションに広く活用されている。[23] 第三の層は、ソーシャル・データである。ウェイズのユーザーは、事故や警察の取り締まりから安いガソリンスタンドまで、ありとあらゆる情報を提供し合い、広範囲の助け合いを実現している。そして最後の第四の層は、センサーが検出するデータである。ウェイズは、センサーを活用すると言うよりは、ウェイズ・ユーザーの運転する車をすべて走行速度センサー代わりに使い、そのデータから最短ルートを割り出している。

この四層のデータのうち、車載のナビゲーション・システムが活用するのは、最初の二層、すなわち地図とGPS位置情報だけだった。これでも、不案内な土地などではじつに有用である。だがウェイズ・モバイルのシャブタイが気づいたとおり、このシステムには重大な欠陥がある。デジタル化が進めばこの欠陥を克服できると考えたシャブタイは、まことに正しかった。既存のシステムにソーシャル・データとセンサー・データを加えることで、ナビゲーション・

システムの有用性はぐっと上がる。このような多様な組み合わせによるイノベーションを、私たちは「組み合わせ型イノベーション」と呼ぶ。これについては次章でくわしく取り上げるが、今日のイノベーションの特徴の一つと言えよう。組み合わせ型イノベーションが果たす役割はきわめて大きく、私たちがセカンド・マシン・エイジの推進力の一つに挙げるのも、このためである。

第4章 原注

*1 Nick Wingfield and Brian X. Chen, "Apple Keeps Loyalty of Mobile App Developers," *New York Times*, June 10, 2012, http://www.nytimes.com/2012/06/11/technology/apple-keeps-loyalty-of-mobile-app-developers.html.

*2 "How Was the Idea for Waze Created?," http://www.waze.com/faq/ (accessed June 27, 2013).

*3 Daniel Feldman, "Waze Hits 20 Million Users!," July 5, 2012, http://www.waze.com/blog/waze-hits-20-million-users/.

*4 Carl Shapiro and Hal R. Varian, *Information Rules: A Strategic Guide to the Network Economy* (Boston, MA：Harvard Business School Press, 1998), p. 3.（カール・シャピロ、ハル・バリヤン『ネットワーク経済の法則』宮本喜一訳、ＩＤＧコミュニケーションズ）

*5 Jules Verne, *Works of Jules Verne* (New York: V. Parke, 1911), http://archive.org/details/worksofjulesvern01vernuoft.（ジュール・ベルヌ『海底二万里』荒川浩充訳、創元ＳＦ文庫ほか）

*6 Shapiro and Varian, *Information Rules*, p. 21.

*7 "Friendster," *Wikipedia*, http://en.wikipedia.org/w/index.php?title=Friendster&oldid=559301831 (accessed June 27, 2013); "History of Wikipedia," Wikipedia, http://en.wikipedia.org/w/index.php?title=History_of_Wikipedia&oldid=561664870 (accessed June 27, 2013); "Blogger (service)," *Wikipedia*, http://en.wikipedia.org/w/index.php?title=Blogger_(service)&oldid=560541931 (accessed June 27, 2013).

*8 "Top Sites," Alexa: *The Web Information Company*, http://www.alexa.com/topsites (accessed September 8, 2012).

*9 "IBM Watson Vanquishes Human Jeopardy Foes," *PCWorld*, February 16, 2011, http://www.pcworld.com/article/219893/ibm_watson_vanquishes_human_jeopardy_foes.html.

*10 "IBM's Watson Memorized the Entire 'Urban Dictionary,' Then His Overlords Had to Delete It," *The Atlantic*, January 10, 2013, http://www.theatlantic.com/technology/archive/2013/01/ibms-watson-memorized-the-entire-urban-dictionary-then-hisoverlordshad-to-delete-it/267047/.

＊11 Kevin J. O'Brien, "Talk to Me, One Machine Said to the Other," *New York Times*, July 29, 2012, http://www.nytimes.com/2012/07/30/technology/talk-to-me-one-machine-said-to-the-other.html.

＊12 "VNI Forecast Highlights," Cisco, http://www.cisco.com/web/solutions/sp/vni/vni_forecast_highlights/index.html (accessed June 28, 2013).

＊13 "VNI Forecast Highlights," *Cisco*, http://www.cisco.com/web/solutions/sp/vni/vni_forecast_highlights/index.html (accessed June 28, 2013).

＊14 I nfographic, "The Dawn of the Zettabyte Era," *Cisco Blogs*, http://blogs.cisco.com/news/the-dawn-of-the-zettabyte-era-infographic/ (accessed June 28, 2013).

＊15 Russ Rowlett, "How Many? A Dictionary of Units of Measurement," April 16, 2005, http://www.unc.edu/~rowlett/units/prefixes.html.

＊16 Rumi Chunara, Jason R. Andrews, and John S. Brownstein, "Social and News Media Enable Estimation of Epidemiological Patterns Early in the 2010 Haitian Cholera Outbreak," *American Journal of Tropical Medicine and Hygiene* 86, no. 1 (2012): 39–45, doi:10.4269/ajtmh.2012.11-0597.

＊17 Sitaram Asur and Bernardo A. Huberman, *Predicting the Future with Social Media,* arXiv e-print, Cornell University Library, March 29, 2010, http://arxiv.org/abs/1003.5699.

＊18 Jennifer Howard, "Google Begins to Scale Back Its Scanning of Books From University Libraries," *Chronicle of Higher Education*, March 9, 2012, http://chronicle.com/article/Google-Begins-to-Scale-Back/131109/.

＊19 "Culturomics," http://www.culturomics.org/ (accessed June 28, 2013).

＊20 Jean-Baptiste Michel et al., "Quantitative Analysis of Culture Using Millions of Digitized Books," *Science* 331, no. 6014 (2011): 176–82, doi:10.1126/science.1199644.

＊21 Steve Lohr, "For Today's Graduate, Just One Word: Statistics," *New York Times*,August 6, 2009, http://www.nytimes.

com/2009/08/06/technology/06stats.html.

*22 Boyan Brodaric, *Field Data Capture and Manipulation Using GSC Fieldlog* V3.0, U.S. Geological Survey Open-File Report 97-269 (Geological Survey of Canada, October 7, 1997), http://pubs.usgs.gov/of/1997/of97-269/brodaric.html.

*23 *Selective Availability* (National Coordination Office for Space-Based Positioning, Navigation, and Timing, February 17, 2012), http://www.gps.gov/systems/gps/modernization/sa/.

第5章
組み合わせ型イノベーション

いいアイデアを出したいなら、
まずはできるだけたくさんのアイデアを
持たなければならない。
——ライナス・ポーリング

アメリカのイノベーションが減っているという声をよく聞く。もしほんとうなら、由々しきことである。だが私たちの見る限り、実際にイノベーションが減っているとは思えない。

私たちがイノベーションを気にかけるのは、単に新し物好きだからではない（たしかに新し物好きではあるのだが）。小説家のウィリアム・メイクピース・サッカレーは鋭くも、「新しさの魅力には誰も抵抗できない」と述べている。[*1] 新しい携帯端末やアプリを買わずにいられない人はすくなくない。あるいは新しい流行の服、あるいは新しいレストラン……。経済学者の立場から言えば、こうした願望を叶えるのは結構なことである。消費者の需要が満たされるのはだいたいにおいてよいことだ。だがイノベーションは単に新しいものを提供するわけではなく、社会をよりゆたかにするという重要な役割を担っている。

イノベーションがすべて

ポール・クルーグマンは「生産性がすべてというわけではないが、長期的にはほぼすべてである」と述べた。この発言は、大方の経済学者の意見を代弁したと言えよう。「一国が長期にわたって生活水準を向上させるには、労働者一人当たりのアウトプットを増やすほかない」。言い換えれば、自動車からファスナーまでおよそ生産するあらゆるものについて、同じだけ生産するのに必要な労働時間を減らさなければならない。[*2] 大方の国は、豊富な鉱業資源や原油埋蔵量を持ち合わせておらず、従ってそれを輸出して利益を得る幸運に恵まれていない。[※] となれば、国がゆたかになる方策として唯一実行可能なのは、企業と労働者が同じインプットからアウトプットを増やし続けること、言い換えれば、同じ数の人間でより多くのモノやサービスを生み出すことである。

こうした生産性の伸びをどうやって実現するか——これを見つけることこそがイノベーションにほかならない。経済学者は議論好きであるが、その議論の大前提として、成長と繁栄の原動力はイノベーションだというコンセンサスが存在する。この意味で、経済学者の大半は、偉大なヨーゼフ・シュンペーターに同意するはずだ。シュンペーターは『景気循環論』（邦訳有斐閣刊）の中で、「イノベーションは、資本主義社会の経済の歴史において、とりわけ目を引く現象である……一見すると他の要因に起因すると錯覚しがちな多くのことが、じつはイノベーションに由来するのだ」と述べている。[*3] しかし、経済学者たちの意見が一致するのはここまでだ。この「目を引く現象」がいまどれほど起きているのか、この現象は増えているのか減って

※実際には、豊富な鉱業資源や石油を持ち合わせている国の多くは、低成長と貧困の蔓延という双子の「資源の呪い」に囚われている。

いるのかについては、論争の種となっている。

イノベーションは枯渇しているのか

生産性と成長の第一人者と目されるロバート・ゴードンは、アメリカの生活水準の過去一五〇年の変化を調査・分析した貴重な研究を最近完了した。研究の結果、ゴードンは、イノベーションが衰退しつつあるとの陰鬱な結論に達している。

ゴードンは、新技術は経済成長を牽引する重要な役割を果たすと強調し（もちろん私たちも同意見だ）、産業革命の際に出現した蒸気機関をはじめとする新技術がいかに生産性を高めたかを分析している。彼によれば、こうした新技術の登場は、経済史上最初の重要な出来事だったという。というのも産業革命が始まる一七五〇年より前の時代には、「四世紀にわたって経済はほとんど成長していなかった。いや、おそらく千年にわたってそうだった」からだ。[*4] 第1章で指摘したとおり、人口の増加と社会の発展は、蒸気機関が出現するまでほぼ横這いだった。だから、経済成長が横這いだったとしても驚くにはあたらない。

だがゴードンの研究でもあきらかになったように、成長がいったん始まると、今度は二〇〇年にわたって急激に伸び続けた。一八世紀の産業革命に続く「第二の産業革命」が成長を牽引したのである。その主役となったのは、電気であり、内燃機関であり、屋内配管（このおかげで水を工場内に引き込めるようになった）の三つだった。これらはすべて、一八七〇〜一九〇〇年に出現した。

第二の産業革命におけるこの三つの偉大な発明は、ゴードンによれば「きわめて重要かつ広範囲にわたり、その後一〇〇年にわたって効果を発揮し続けた」という。だがこの効果が尽きたとき、新たな問題が発生した。成長が鈍化し、後退しはじめたことだ。乱暴を承知で言えば、蒸気機関ではニーズに応えられなくなったとき、内燃機関へと主役交代が起きた。だが内燃機関の威力が衰えたとき、それに代わるものはまだ現れていない。ゴードンは次のように述べている。

> 生産性（単位時間当たりのアウトプット）の伸びは、一九七〇年以降目立って鈍化している。偉大な発明とその派生物がもたらす便益は一回限りであって、再現されることはない……一九七〇年以降に出現したのは、二番煎じの改善にすぎない。短距離小型ジェット、幹線道路の延伸、窓付けエアコンから集中空調装置へ、といった具合に。[*5]

こうした見解を示しているのは、ゴードン一人ではない。経済学者のタイラー・コーエンは、二〇一一年に発表した著書『大停滞』の中で、アメリカの苦難の原因を次のように断じている。

われわれは、なぜ衰退するのかをわかっていない。現在の問題はすべて、ほとんど認識されていないたった一つの原因に起因する。それは、われわれが過去三〇〇年以上にわたり、手近な果実をもいで暮らしてきたということだ……だが四〇年ほど前から、手の届く範囲には果実がなくなりはじめた。それなのにわれわれは、まだたくさんあるふりをしている。技術はすでに横這い状態に達しており、実っている果実は希望的観測よりずっと減っているのに、それを認めようとしない。[*6]

重要なのは汎用技術だ

ゴードンとコーエンが、有益な技術的発明を経済拡大の原動力と見なしていたことはあきらかである。事実、多くの経済史家が、ある種の技術は経済の通常の拡大ペースを加速させると考えている。それは、一つの産業の枠内にとどまらず、多くの産業に広く浸透するような技術だ。たとえば紡績工場で使われる綿繰り機は、一九世紀初頭の繊維産業においてはまちがいなく重要だったが、繊維産業以外ではほとんど必要がなかった。[※]

対照的に蒸気機関と電気は、文字通りあっという間にさまざまな産業に広まった。蒸気機関のおかげで、工場で利用できる動力源が飛躍的に増えただけではない。工場自体も、水車を利用するために川のそばに建設する必要がなくなった。また、鉄道や蒸気船の発明を促し、輸送のあり方を根本的に変えた。電気は、個別の機械・設備の動力源として、製造業を一段と発展させた。また工場、オフィス、倉庫の照明としても活用されたほか、空調設備など、職場環境の改善にも活かされている。

蒸気機関や電気といったものは、汎用技術（General Purpose Technology）と呼ばれる。経済史家ギャビン・ライトの定義によれば、汎用技術とは「新しいアイデアや技術の中で多くの産業分野に重大なインパクトを与える可能性を秘めたすそ野の広いもの」である。[*7] ここで言う「インパクト」は、生産性の大幅な向上を通じた産出拡大効果を意味する。汎用技術には、経済の拡大ペースを加速させるという重要な経済的価値がある。

汎用技術の重要性とともに、その条件についても、多くの学者の意見は一致している。それによれば、汎用技術という名称に値するのは、広く浸透し、継続的に向上し、新たなイノベーションを生み出せるような技術である。[*8] これまでの章で取り上げたデジタル技術は、この三つの条件に合致する。ムーアの法則に従って飛躍的に向上してきたし、世界中のありとあらゆる産業で活用され、自動運転車からクイズで優勝するスーパーコンピュータまで、さまざまなイノベーションを導いてきた。情報通信技術（ＩＣＴ）は蒸気機関や電気と同じく、汎用技術に該当すると断言できる。

こう考えているのは、私たちだけではない。経済史の専門家の大半が同意見であり、情報通信技術は栄誉ある汎用技術クラブの仲間入りができると考えている。それどころか、経済学者

※綿繰り機の発明によってアメリカ南部で奴隷労働者の需要が増え、ひいては南北戦争につながったと見る歴史家もいる。しかし繊維産業以外への直接的な経済的影響は、きわめて少なかったとみるのが妥当だろう。

のアレキサンダー・フィールドが作成した「候補リスト」の中で、情報通信技術よりも多くの票を集めて上位に位置づけられたのは、蒸気機関だけである。情報通信技術は電気とともに、汎用技術として堂々と二位の座を占めている。[*9]

この点について大方の意見が一致しているにもかかわらず、イノベーションと経済成長の新たな担い手として情報通信技術に期待する声があまり聞かれないのはなぜだろうか。理由は、この技術がもたらす経済的利益はすでに実現しており、いまや「イノベーション」と称するものの多くはオンラインでの安上がりなエンターテイメントに終始しているからだという。ゴードンによれば、こうだ。

産業用ロボットの第一号をゼネラル・モーターズが導入したのは、一九六一年である。そして一九六〇年代に電話交換手がお払い箱になった……航空券の予約システムが登場したのは一九七〇年代半ばであり、一九八〇年にはバーコード・スキャナーがあらゆる小売店に、ＡＴＭがあらゆる銀行に普及した……ワープロ機能や表計算機能を持つ最初のパソコンの登場は一九八〇年代初めだった……目新しいところでは、ウェブと電子商取引が一九九五年以降に急速に発展し、二〇〇五年にピークに達した。[*10]

そして、現在ではどうか。コーエンは「インターネットがもたらしたものはまちがいなく大きく、それを称賛こそすれ、けなすつもりはまったくない……とはいえ、全体として言えるのは、こうだ。楽しみが増えたことの一因はインターネットにある。それも、安上がりな楽しみが増えた。だが収入が増えたかと言えば、そうは言えない。個人であれ、企業であれ、政府であれ、インターネットのおかげで借金が返せるわけではないのだ」[*11]。要するに二一世紀の情報通信技術は、「経済的価値が高い」という重要なテストにあわれ落第というわけだ。

すでにあるものを結びつける

言うまでもなく、科学者が仮説を立てたら、それを検証する決め手となるのはデータである。では、情報通信技術が落第かどうか、データはどう語っているだろうか。生産性に関するデータは、この悲観的な見方を裏づけているのだろうか。データについては第7章で取り上げることにして、ここではまず、イノベーション枯渇説以外の立場を知ってほしい。私たちはこちらの立場である。

ゴードンは、「イノベーションとは、一連の小さな発明に続いて小幅の改善が行われ、それが積み重なった結果として最初の発明の潜在性が十全に発揮されるにいたるプロセス」だと書いている[*12]。これはなかなかもっともだと感じられる。蒸気機関やコンピュータが出現すると、人々はそこから経済的な便益を得ようとする。そうした便益は、技術が未熟で普及していないうちは、小さい。しかし改善を重ねて普及する頃には、大きな利益をもたらすようになる。その後はやがて改善は頭打ちになり、普及も打ち止めになって、忘れ去られるというサイクルだ。複数の汎用技術が同時あるいは次々に出現すれば、長期にわたって高度成長を維持できるだろう。だが重要な発明から次の重要な発明までに長い期間が空いてしまうと、経済成長は停滞する。こうした見方を、「手近な果実は食べ尽くしてしまった」と述べたタイラー・コーエンに敬意を表して「イノベーション＝果実説」と名づけることにしよう。この見方では、イノベーションを生み出すのは果実を育てるようなものであり、イノベーションを活用するのは果実を食べてしまうようなものだ、ということになる。

しかし、「果実説」以外の見方も存在する。この見方では、イノベーションとは何かまったく新しくて壮大なものではなくて、すでにあるものを結びつけることだと捉える。人間の知識や能力がどう活かされてイノベーションが実現するのかをよく観察し分析してみると、この見方は当たっていると感じる。

たとえば、アメリカの化学者キャリー・マリスが発見したポリメラーゼ連鎖反応（ＰＣＲ）がまさにそうだ。ＰＣＲはＤＮＡを増幅する手法で、現在広く活用されており、マリスはこの功績に対して一九九二年にノーベル化学賞を受賞している。とはいえカリフォルニアで運転中にこのアイデアを思いついたときには、マリスはもうすこしでゴミ箱行きにしてしまうところだった。受賞スピーチで本人が語ったところによれば「これは幻想にちがいないと最初は思いました……なぜって、簡単すぎるからです……この方法の中で、知らなかったことは一つもありません。すべてのステップは、すでにやったことのあるものばかりでした」[*13]。つまりマリスがやったのは、生化学分野ですでに知られていた手法を組み合わせて新しい手法を生み出したにすぎない。だがこれがすばらしい価値を持っていたことは、万人が認めている。

複雑系で知られる科学者のW・ブライアン・アーサーは、発明や技術革新や技術進歩と呼ばれるものを分析した結果、PCRのようなイノベーションのほうがむしろふつうで、けっして例外ではないと確信するにいたった。著書『テクノロジーとイノベーション』（邦訳みすず書房刊）の中で、「何かを発明するとは、すでに存在しているものの中から見つけ出すことだ」と述べている[*14]。経済学者のポール・ローマーもこの見方に同調しており、内生的成長理論を唱えた。ローマーの理論は本質的に楽観的であり、組み合わせによるイノベーションを重視する。

人がリソースを入手し、より多くの価値をもたらすように組み替えたときに、経済は成長する……どの世代も、新しいアイデアが発見されない限り、有限のリソースと望ましくない副作用のせいで成長は限界を迎えると考えてきた。そしてどの世代も、新しいアイデアを発見する可能性を過小評価してきた。われわれは、まだ発見されていないアイデアがどれほど多いかということに、ずっと気づいていなかったのだ……だが可能性は足し算ではなく掛け算である[*15]。

ローマーは、アイデアの中でもとりわけ重要なものとして、「メタ・アイデア」という概念を提唱する。

「アイデアの中でおそらく最も重要なのは、メタ・アイデアである。メタ・アイデアとは、アイデアの創出や伝播を促すアイデアを指す……今後の展望として、次の点はかなり確実と言ってよい。一つは、民間部門にアイデアの創出を促す国が二一世紀をリードすることだ。もう一つは、次の偉大なメタ・アイデアが今後きっと発見されることである[*16]」

デジタル技術は最強の汎用技術である

ゴードンとコーエンは世界に名だたる経済学者ではあるが、デジタル技術の専門家というわけではない。ローマーが予言した次の偉大なメタ・アイデアは、じつはすでに見つかっている。多種多様なソフトウェアを動かすデジタル機器がネットワークで結ばれることによって、さまざまなアイデアが生み出され、拡散している。情報通信技術という汎用技術は、アイデアを結びつけ、そこから生まれたアイデアを再び結びつけるまったく新しい方法を出現させた。言語、印刷、図書館、教育がイノベーションを育んだように、グローバルなデジタル・ネットワークは組み合わせ型イノベーションを育む。古今東西のアイデアをデジタル・ネットワーク経由で結びつけ、混ぜ合わせたら何が生まれるか——いくつか例を挙げて説明しよう。

グーグルのショーファー・プロジェクトは、内燃機関という初期の汎用技術に新しい命を吹き込んだ。普通の車にコンピュータとセンサーのセット（どれもムーアの法則に従ってローコスト化した）を取り付け、大量の地図と道路情報をインプットする（どちらもデジタル化によって可能になった）ことによって、自動運転車が夢物語から現実になったのである。また、コミュニティ型カーナビ・アプリのウェイズ（Waze）は、位置センサー、情報端末（ここではスマートフォン）、ＧＰＳシステム、ソーシャル・ネットワークの組み合わせであり、ウェイズ社の開発チームはそのどれも発明していない。彼らがやったのは、すでにあるものを新しい方法で組み合わせることだった。センサーや端末がムーアの法則通りに高性能かつ安価になったこと、デジタル化によってすべてのデータが入手可能になったことが、ウェイズの実現につながった。

考えてみればウェブも、複数の技術の組み合わせから成り立っている。まずは、いまや古めかしい響きを持つ通信プロトコルＴＣＰ／ＩＰだ。さらにマークアップ言語のＨＴＭＬを使ってウェブ上の文書が記述される。そしてブラウザと呼ばれるソフトウェアによってインターネットの閲覧が可能になる。これらはどれもとくに革新的な技術ではないが、組み合わせることによって革命をもたらしたのだった。

フェイスブックはそのウェブの上に成り立っており、ユーザーは言わば交友関係をデジタル化し、ＨＴＭＬを知らなくてもオンラインでマイページを作成することができる。これが高度な技術の知的結集と言えるかどうかはともかく、絶大な人気を誇り、経済的に価値があることはまちがいない。二〇一三年七月の時点で、同社の時価総額は六〇〇億ドルに達するのだ。[*17] 写真の共有がフェイスブック上で人気になったとき、ケビン・シストロームとマイク・クリーガーは、スマートフォン用の写真共有アプリを開発することにした。見映えをよくしたりおしゃれに演出したりするためのデジタル・フィルターがオプション機能で用意されている。フェイスブックが二〇一〇年にモバイル端末用の写真共有機能を提供しはじめたこともあり、当初は彼らの試みにたいして意味があるようには見えなかった。しかしインスタグラム（Instagram）と呼ばれるこのアプリが発表されると、二〇一二年春までにユーザー数は三〇〇〇万に達する。ユーザーがアップロードした写真の数は累計で一億枚を突破した。そして二〇一二年四月にフェイスブックはインスタグラムを約一〇億ドルで買収したのだった。

これらの事例から、デジタル・イノベーションはまさに組み合わせ型イノベーションだと言える。一つひとつの要素は未来のイノベーションの積み石となるのであって、一回限りで使い尽くされるのではなく、積み上がっていく。しかもデジタルの世界には境界がない。自動車にも飛行機にもプリンターにも応用が効く。コンピュータもセンサーもムーアの法則に従って指数関数的に高度化し安価になったおかげで、いろいろなもの、それこそドアノブやカードに組み込んでも、十分経済的に見合う。デジタル化の普及によって、ほぼどんな状況でも大量のデータの収集・提供が可能になり、かつ無限に複製・再利用できるようになった。これらの要因が相俟って、世界では積み石となりうるものが爆発的に増えており、そこに秘められた可能性は計り知れない。これを「イノベーション＝積み石説」と名づけるとすると、アーサー、ローマーはこちらの支持者ということになろう。そして私たちも、そうだ。この見方では、「イノベーション＝果実説」とは異なり、積み石は取り尽くされることはない。逆に、未来に新たな組み合わせを発見してもらうチャンスを増やしている。

成長の阻害要因は

この「イノベーション＝積み石説」が正しいとすれば、当然ながら次なる問題が浮上する。積み石の数が増えるにつれて、有望な組み合わせを見つけるのはどんどんむずかしくなる、ということだ。新成長理論の経済学者マーティン・ウェイツマンは、有用な知識の組み合わせから生まれるハイブリッドな知識を「シード・アイデア」と呼び、経済の固定要素（機械設備、輸送機器、研究所など）はシード・アイデアの数に応じて増えると述べた。そして知識自体は、シード・アイデアが新たなシード・アイデアと結びつくことによって増えていくという。[*18] これはまさに「イノベーション＝積み石説」と同じ見方であり、シード・アイデアの結びつきは無限に繰り返されることになる。

このモデルから導かれる結果は、こうだ。組み合わせが可能なシード・アイデアの数が短期間で爆発的に増えれば、その組み合わせによって価値が創出される可能性はほぼ無限に増える。[※]

※経済におけるシード・アイデアが五二しかないとしても、太陽系に存在する原子の数以上の組み合わせが可能である。

となれば、経済成長に翳りが見えるのは、人間の側に有望な組み合わせを見きわめる能力が足りないからだということになる。

ウェイツマンは次のように書いている。

> 増え続ける新しいシード・アイデアを実現可能なイノベーションに変える活動が、経済の中で重要な地位を占めるようになってきた……経済発展の初期段階では、有望なアイデアの数が成長の足かせとなる。だがその後は、アイデアを選別し、組み合わせてイノベーションに変える能力のみが足かせとなるのだ。[*19]

ゴードンは、「成長は終わったか」という挑発的な問いを投げかけた。私たちは、ウェイツマン、ローマーをはじめとする新成長論者を代表して「とんでもない」と答えよう。成長が滞っているとすれば、それは、新しいアイデアはどんどん生まれているが活用するスピードが追いついていないだけだ、と。

求ム、たくさんの目玉

この答がいくらかでも正しいとすれば、大事なのはアイデアの組み合わせを見つける能力を増やすことになる。そのために有効な方法の一つは、組み合わせ発見プロセスにもっと多くの人を巻き込むことだ。そしてデジタル技術は、まさにそれを可能にしてくれる。なぜなら、情報通信技術によって世界中の人々を結び、大量のデータと高性能のコンピュータ資源に容易にアクセスできるようにするからだ。言ってみれば今日のデジタル環境は、組み合わせを大々的に試すことのできる開かれたフィールドとなっている。『伽藍とバザール』(邦訳USP研究所刊)の著者でオープンソースの伝道者であるエリック・レイモンドは、次のように楽観的な見解を述べている。「たくさんの目玉があれば、バグなんてすぐになくせる」[*20]。これをイノベーションに置き換えるなら、「たくさんの目玉があれば、うまい組み合わせなんてすぐに見つかる」ということになろうか。

このことを身を以て体験したのが、NASAである。NASAは、太陽フレア(太陽の表面に起きる爆発)の予測精度を上げようと四苦八苦していた。というのも、フレアに伴い太陽から突発的に大量の高エネルギー粒子が放出される現象(SPE)が起きると、放射線レベルが宇宙空間にある機材や人員に有害な水準に達しかねないからだ。だがSPEを相手に三五年も苦闘したにもかかわらず、NASAは「SPEの発生、放出量、期間を高精度で予測する方法は見つからなかった」と認めざるを得なかった[*21]。

降参したNASAは、SPEに関するデータと過去の取り組みの概要をイノセンティブ(Innocentive)に掲載する。イノセンティブはクラウド・ソーシング・サービスの一種で、研究開発上の課題を抱える企業がインターネット上で解決を募り、最も優れたソリューションに報奨金を与えるしくみだ。イノセンティブは「学歴偏重」ではない。博士号を持っていない人や研究職に就いていない人でも、問題を閲覧し、データをダウンロードし、ソリューションを投稿することができる。専門分野がちがっても全然かまわない。たとえば生物学の課題に物理学者が答える、といったことはごくふつうだ。

結局のところSPEの予想精度向上に貢献したのは、宇宙物理学とは無縁の人物だった。この人物はブルース・クラギン。引退した無線技師で、ニューハンプシャー州の小さな町の住人である。「太陽物理学のこうしたデータを扱ったことはないが、磁場再結合の理論にかなり真剣に取り組んだことはある」という。[*22] これが問題解決のカギだったことはまちがいない。なにしろクラギンの開発した方法では、八時間前なら八五％の精度で、二四時間前でも七五％の精度でSPEを予測できる。彼は理論とデータを組み合わせて答を見つけ、NASAから三万五〇〇〇ドルの報奨金を受け取った。

近年では多くの組織がNASA方式を採用し、自社が抱える課題を公開して「たくさんの目玉」を求めている。この方式には「オープン・イノベーション」とか「クラウド・ソーシング」といった名前が付けられているが、名前がどうあれ、きわめて効果的なアプローチであることはまちがいない。イノベーション研究を専門とするラース・ボー・イェッペセンとカリム・ラクハニが、企業がお手上げ状態になってイノセンティブで公開した一六六件の研究課題を追跡調査したところ、四九件が解決されたことがわかった。成功率はじつに三〇％近い。また、専門分野があまり関係なさそうな人のほうがよい解決に近いことも判明した。どうやら頼りになるのは、「周縁部」にいる人物、つまり一見するとやや遠い分野の教育や訓練を受けた人間であるらしい。イェッペセンとラクハニは、印象的な例を挙げている。

食用可能なポリマーを使ってドラッグ・デリバリー・システムを開発するという課題に対しては、宇宙物理学者、農園主、経皮性ドラッグ・デリバリー・システムの専門家、産業技術者からそれぞれに異なるソリューションが寄せられた……この四つはいずれも、異なる方法でみごとに条件をクリアしている。

また別のケースでは、専門の研究所が内外のスペシャリストの助言を求めてもなお、ある病変で観察された毒性の発生メカニズムを突き止めることができなかった……この問題を最終的に解決したのは、タンパク質結晶学で博士号を持つ研究者だった。彼女は通常は毒物とはまったく接点がなく、こうした問題にひんぱんに直面するわけでもなかったが、結晶学でよく使われる手法を使って問題を解決することができたのである。[*23]

オンライン・スタートアップのカグル（Kaggle）もやはりクラウド・ソーシング・サービスだ。カグルでは企業がデータを提供し、それに基づく予測・分析モデルやアルゴリズムを募集する。応募するのはカグルに登録したデータ・サイエンティストたちで、アルゴリズムの精度を競う。ここでもまた、ベースライン予測よりはるかに精度が高いという驚きの結果が出ている。たとえばオールステート保険は自動車の仕様と特徴に関するデータセットを提供し、保険事故を起こす確率が最も高いのはどのタイプの車か予想するよう求めた。[*24] 締め切りまでおよそ三カ月の間に一〇〇件以上の回答が寄せられたが、優勝したアルゴリズムの精度は、同社のベースライン予測を二七〇%も上回っている。

興味深いのは、カグルの場合にも、問題の分野に疎い人間がしばしば優勝することだ。たとえば病院の再入院率の予測で優勝したのは、ヘルスケアとは無関係の人物だった。業界事情に通じてないおかげで、通常の手法を使わなかったことが奏功したようである。優秀なデータ・サイエンティストは、新しい分野や方法から貪欲に吸収していく。

二〇一二年二月〜九月に、カグルは論文の自動採点ツールを募集するコンテストを二回実施した。[※] このコンテストのスポンサーは、ヒューレット財団である。カグルとヒューレット財団は教育専門家の助けを借りてコンテストを準備した。第一回のコンテストは二部構成で、第一部では大手教育テスト会社が採点し、第二部ではカグルに登録したデータ・サイエンティストが個人またはチームで採点に挑戦した。専門家は、データ・サイエンティストたちがこてんぱんにやられるのではないかと大いに心配したものである。テスト会社には長年この問題に取り組んできた経験と専門知識が蓄積されており、「新米」ではとうてい太刀打ちできないと思われた。

だが、彼らの心配は杞憂に終わる。「新米」の多くが、教育テスト会社をはるかに上回る成績を上げた。その後のカグルの調査で、さらに驚くべき結果が判明した。第一回、第二回のコンテストいずれも、三位までに入ったデータ・サイエンティストは論文採点の経験がないどころか、自然言語処理もやったことがなかったのである。興味深いのは、第二回のコンテストの上位三人は、人工知能の専門教育すら受けていなかったことだ。しかし三人とも、スタンフォードの人工知能学科が無料で公開しているオンライン講座を受講していた。三人の出身国はアメリカ、スロヴェニア、シンガポールであり、スタンフォードの公開講座が世界中の人々の役に立っていたことはあきらかである。

同じくオンライン・スタートアップのクァーキー（Quirky）は、新しいアイデアを生み出すことと、それを選別して組み合わせること、すなわちウェイツマンの言うイノベーションの二段階の両方に広くユーザーの知恵を募る。アイデアを募集するだけでなく、商品化する価値はあるか、改善点はあるか、価格やネーミングはどうするか、といったことについても投票を通じてユーザーの意見を反映させるところが新しい。最終判断を下して実際に製品化するのはクァーキーであり、社内にエンジニアリング、製造、マーケティング組織を抱えている。ウェブ

※この方面での改善は重要な意味を持つ。というのも、論文形式の試験のほうが、択一形式に比べ、生徒の推論や文章力をよりよく評価できるからだ。しかし論文の採点を人間が行うと非常にコストがかかる。コンピュータによる自動採点ができれば、教育の質を高めると同時にコストを抑えることが可能になる。

サイトを通じた売上げの七〇％をクァーキーがとり、残り三〇％をユーザーに還元する。この三〇％は、アイデアの発案者がその四二％、価格設定の参加者が一〇％、ネーミングの参加者が五％というふうに分配される。二〇一二年秋には、クァーキーはベンチャーキャピタルから九〇〇〇万ドルの資金調達に成功したほか、ターゲット、ベッド・バス・アンド・ビヨンドなどの小売り大手と製品（日用品や家電・情報端末の付属品などが多い）販売契約を結んだ。これまで最大のヒット商品は、ピボットパワー（Pivot Power）と呼ばれる電源タップで、二年足らずで三七万三〇〇〇個を売り上げ、四〇万ドルが開発参加者に還元されている。

やはりスタートアップのアフィノヴァ（Affinnova）も、組み合わせ型イノベーションに活路を見出す企業だ。同社はマーケティングに特化しており、さまざまな要素の可能な組み合わせを選別し、売れ筋を予測し、最適なマーケティング手法を推奨するサービスを提供する。つまりウェイツマンの言うイノベーションの二段階のうち、二番目をサポートする。アフィノヴァの特徴は、クラウド・ソーシングと秀逸なアルゴリズムを組み合わせたことにある。ここではカールスバーグの例で説明しよう。同社は、グリムベルゲンというベルギービールのボトルとラベルを一新しようと考えていた。しかしグリムベルゲンは、修道院でつくられていた世界最古の由緒あるビールである。うかつな変更は許されない。カールスバーグとしては、グリムベルゲンの評判を損ねることなく、また九〇〇年の歴史に傷をつけることなく、ブランドに新しい息吹を吹き込みたかった。デザインを見直す際には、理論的にはボトルの形状・色、ラベルの色・形・配置、キャップのデザインなどさまざまな要素について複数の候補を挙げ、最適の組み合わせを考えればよいはずだ。しかし数千通りの組み合わせから「最善」を決めるのは至難の業である。

一般的なのは、デザイン・チームがよいと思う組み合わせをいくつかに絞り込み、フォーカス・グループなど少人数の集団を使ってベストのものを選ぶ、というやり方である。だがアフィノヴァのアプローチはまったく異なり、離散選択モデルという質的選択モデルを活用する。これは、ノーベル賞経済学者ダニエル・マクファデンの離散選択理論に基づいたモデルだ。このモデルを使うと、選択肢のセットを示して好きなほうを選んでもらうことを繰り返すやり方で、人々の選好（茶色のエンボス加工を施したボトルに小型のラベルが好きか、緑色のプレーンなボトルに大型のラベルのほうが好きか）を短時間で探り当てることができる。アフィノヴァではこうした選択質問をウェブ上に提示し、数百人に答えてもらって、数学的に最適の組み合わせを探り出した。この組み合わせプロセスを経て決まったグリムベルゲンの新デザインは、旧デザインの三・五倍の支持率を獲得したのである。[*25]

新成長理論の立場からイノセンティブやカグルなどの試みを眺めると、イノベーションの将来について楽観的になる。しかもデジタル技術の進歩の恩恵を被るのは、ハイテク部門にとどまらない。単にコンピュータやネットワークが高度化・高速化するだけではなく、たとえば、模範的に車を運転できるようになる（そしておそらくは、運転しなくてよくなる）。太陽フレアを的確に予測できるようになるし、食品と毒性の関係をよりよく理解できるようになるし、おしゃれな電源タップや好感度の高いラベルをデザインできるようになる。数え切れないほどのイノベーションが積み上がり、そこへさらに新たなイノベーションが加わり、増え続けていく。経済学者の中には悲観的な向きもあるが、私たちは、イノベーションと生産性はこれからも健全なペースで伸び続けると確信している。何と言っても世界には無数の積み石がすでに存在するのだ。積み石は組み合わされ、組み合わされた積み石がまた組み合わされる。それも、つねに前よりもよい方法で。

第5章 原注

＊1　Henry Southgate, *Many Thoughts of Many Minds: Being a Treasury of Reference Consisting of Selections from the Writings of the Most Celebrated Authors . . .* (Griffin, Bohn, and Company, 1862), p. 451.

＊2　Paul R. Krugman, *The Age of Diminished Expectations: U.S. Economic Policy in the 1990s* (Cambridge, MA : MI T Press, 1997), p. 11. ポール・クルーグマン『クルーグマン教授の経済入門』山形浩生訳、ちくま学芸文庫）

＊3　Joseph Alois Schumpeter, *Business Cycles: A Theoretical, Historical, and Statistical Analysis of the Capitalist Process* (Philadelphia, NJ: Porcupine Press, 1982), p. 86.（J．A．シュンペーター『景気循環論――資本主義過程の理論的・統計的分析』金融経済研究所訳、有斐閣）

＊4　Robert J. Gordon, *Is U.S. Economic Growth Over? Faltering Innovation Confronts the Six Headwinds*, Working Paper (National Bureau of Economic Research, August 2012), http://www.nber.org/papers/w18315.

＊5　Ibid.

＊6　Tyler Cowen, *The Great Stagnation: How America Ate All the Low-hanging Fruit of Modern History, Got Sick, and Will (Eventually) Feel Better* (New York: Dutton, 2011).（タイラー・コーエン『大停滞』池村千秋訳、NTT出版）

＊7　Gavin Wright, "Review of Helpman (1998)," Journal of Economic Literature 38 (March 2000): 161–62.

＊8　Boyan Jovanovic and Peter L. Rousseau, "General Purpose Technologies," in *Handbook of Economic Growth*, ed. Philippe Aghion and Steven N. Durlauf, vol. 1, Part B (Amsterdam: Elsevier, 2005), 1181–1224, http://www.sciencedirect.com/science/article/pii/S157406840501018X.

＊9　Alexander J. Field, *Does Economic History Need GPTs?* (Rochester, NY : Social Science Research Network, 2008), http://papers.ssrn.com/abstract=1275023.

＊10　Gordon, Is U.S. Economic Growth Over?, p. 11.

＊11 Cowen, *The Great Stagnation*, location 520.

＊12 Gordon, *Is U.S. Economic Growth Over?*, p. 2.

＊13 Kary Mullis, "The Polymerase Chain Reaction" (Nobel Lecture, December 8, 1993), http://www.nobelprize.org/nobel_prizes/chemistry/laureates/1993/mullis-lecture.html?print=1.

＊14 W. Brian Arthur, *The Nature of Technology: What It Is and How It Evolves* (New York: Simon and Schuster, 2009), p. 122. W・（ブライアン・アーサー『テクノロジーとイノベーション――進化／生成の理論』有賀裕二訳、みすず書房）

＊15 Paul Romer, "Economic Growth," *Library of Economics and Liberty*, 2008, http://www.econlib.org/library/Enc/EconomicGrowth.html.

＊16 Ibid.

＊17 Associated Press, "Number of Active Users at Facebook over the Years," *Yahoo! Finance*, http://finance.yahoo.com/news/number-active-users-facebook-over-years-214600186--finance.html (accessed June 29, 2013).

＊18 Martin L. Weitzman, "Recombinant Growth," *Quarterly Journal of Economics* 113, no. 2 (1998): 331–60.

＊19 Ibid., 357.

＊20 Eric Raymond, "The Cathedral and the Bazaar," September 11, 2000, http://www.catb.org/esr/writings/homesteading/cathedral-bazaar/.

＊21 "NASA Announces Winners of Space Life Sciences Open Innovation Competition,"NASA–*Johnson Space Center–Johnson News*, http://www.nasa.gov/centers/johnson/news/releases/2010/J10-017.html (accessed June 29, 2013).

＊22 Steven Domeck, "NA SA Challenge Pavilion Results," 2011, http://www.nasa.gov/pdf/651444main_InnoCentive%20NA SA%20Challenge%20Results%20CoECI_D1_0915%20to%200955.pdf.

＊23 Lars Bo Jeppesen and Karim Lahkani, "Marginality and Problem Solving Effectiveness in Broadcast Search," *Organization Science* 20 (2013), http://dash.harvard.edu/bitstream/handle/1/3351241/Jeppesen_Marginality.pdf?sequence=2.

＊24 "Predicting Liability for Injury from Car Accidents," *Kaggle*, 2013, http://www.kaggle.com/solutions/casestudies/allstate.

＊25 "Carlsberg Brewery Harnesses Design Innovation Using Affinnova," *Affinnova*, http://www.affinnova.com/success-story/carlsberg-breweries/ (accessed August 6, 2013).

第6章
人工知能とデジタル・ネットワーク

この驚くべき電気機械……
この機械によって計算やいろいろなことが
はるかにたやすくできるようになった……
これはおそらく、驚異的な進歩の前兆である。
——ピエール・テイヤール・ド・シャルダン

これまでの五つの章では、セカンド・マシン・エイジで際立つ三つの特徴、すなわち、コンピュータ技術の指数関数的高性能化、大量の情報のデジタル化、組み合わせ型イノベーションの増加を読み解いてきた。この三つのパワーは、ごく最近の予測や理論すら覆す勢いでＳＦを現実に変えてしまった。しかも、その勢いが止まる気配は見当たらない。

ここ数年間に見られた進歩、たとえば自動運転車、ヒューマノイド型ロボット、音声認識・合成システム、３Ｄプリンター、スーパーコンピュータといったものは、けっしてセカンド・マシン・エイジの頂点ではなく、ほんのウォームアップにすぎない。さらに先へ進めば、もっと多くのイノベーションが出現するにちがいない。それらは一段とわくわくするようなものになるはずだ。

こんなに自信たっぷりに言えるのは、ちゃんと理由がある。いま挙げた三つのパワーによって、人類史上きわめて重要な出来事が二つ同時に出現すると見込まれるからだ。一つは真の意味で有用な人工知能（ＡＩ）の出現であり、もう一つは、地球上の多くの人々がデジタル・ネットワークを介してつながることである。

どちらか片方が起きるだけでも未来は大きく塗り替えられるにちがいないが、二つが組み合わされることで、可能性はとてつもなく拡がっている。産業革命は肉体労働のあり方を永遠に変えたが、人工知能とデジタル・ネットワークはそれに劣らぬ重みを持つことになるだろう。

考えるマシンが身近に

外界の大量の情報を認識できる機械は、肉体労働のできる機械以上に重要だと言える。そして近年のＡＩの飛躍的進歩のおかげで、いまやそれが可能になっている。

デジタル・デバイスは従来の狭い定義から飛び出し、パターン認識や複雑なコミュニケーションなど、従来人間にしかできないと考えられていた領域で能力を発揮しはじめている。さらに最近では、自然言語処理、機械学習（コンピュータ・プログラムの自己学習・改善能力）、視覚情報処理、ＳＬＡＭ（自己位置推定・マッピング）など、コンピュータ技術にとって長年の課題だった方面でも大きな進歩が見られた。

ＡＩにできることは増え続け、コストは下がり続け、結果はどんどんよくなっている。そう遠くない将来に小型のＡＩがあちこちに取り付けられ、目に見えないところで活躍するようになるだろう。ＡＩのやってくれる仕事は、どうでもいいことから人生を変えるようなことまでさまざまだ。どうでもいいこととしては、写真に映った友人の顔を特定するとか、商品を推奨する、などが挙げられる。公道上で車を運転する、倉庫内でロボットを指揮統括する、求人と求職者をマッチングするといったことは、もっと意味があると言えるだろう。しかしこれらよりずっと重要なこと、人生を変えるようなことが人工知能にはできるようになっている。

そのほんの一例をここで紹介しよう。イスラエルのオアカム（OrCam）という二〇一〇年創業の若い会社は、小型の高性能コンピュータ、デジタル・センサー、卓越したアルゴリズムを組み合わせて、視覚障害者（アメリカだけで推定二〇〇〇万人を数える）のためのすばらしいデバイスを二〇一三年に発表した。このデバイスの名称もOrCamという。超小型デジタルカメラと骨伝導方式スピーカーを内蔵したこのデバイスを眼鏡に装着すれば、あとは指で差すだけで、それが何かを教えてくれる。[*1] 看板、食品のパッケージ、新聞記事といったものを指差せば、カメラから送られた画像をコンピュータが瞬時に解析し、テキストを読み上げてスピーカー経由でユーザーに伝える。信号を指差せば、赤か青かを教えてくれる。

こう書くと簡単そうに聞こえるが、さまざまなテキストを「生の」状態で読むのは容易なことではない。文字の大きさもフォントも表面の状態も照明条件もまちまちである。だから従来は、高性能のハードウェアやソフトウェアといえども人間にとうてい敵わなかった。しかしOrCamをはじめとする多数のイノベーションを見る限り、もはやそうは言えない。しかもここでも技術は猛烈な勢いで高性能化しており、大勢の人の生活にとって役立つ日はそう遠くはあるまい。OrCamの価格は現在二五〇〇ドルで、高性能の補聴器とさほど変わらない。そして今後、もっと安くなることは確実である。

人工内耳システムによって聴覚を取り戻すことに貢献するデジタル技術は、おそらくは全盲者が視覚を取り戻すことも可能にするだろう。現にこのほどアメリカ食品医薬品局（ＦＤＡ）は、第一世代の人工網膜システムを認可している。[*2] さらに今日では、脳波で電動車椅子をリアルタイム制御するアイデアも出ており、四肢麻痺の人にとっては朗報となろう。[*3] こうした進歩だけでも奇跡のようだが、これらはほんの始まりにすぎない。

人工知能は、生活の質を改善するだけでなく、命そのものを救う役にも立てる。たとえばクイズ優勝者としておなじみのあのワトソンは、医療現場でも活躍する見通しだ。ＩＢＭはワトソンの能力を診断精度の向上に応用することをめざしている。医者は知識を大量に身につけ経験を重ねたうえで診断に臨むわけだが、スーパーコンピュータのほうは、世界中の信頼できる医療情報すべてを取り込み、患者の症状や病歴や検査結果をそのデータベースと照合して診断を下し、治療プランを立てる。現代の医療分野では膨大な量の情報が次々に生み出されていることを考えると、こうした手法はきわめて有用だ。ＩＢＭの推定によれば、医者は自分の専門分野の新たな文献に目を通すだけでも、毎週一六〇時間を費やす必要があるという。[*4]

ＩＢＭは、メモリアル・スローン・ケタリング癌センター、クリーブランド・クリニックなどの医療機関の協力を得て、ドクター・ワトソンを作ろうとしている。このプログラムに関与する医療機関は、ＡＩ技術は医師の専門知識と判断の質を高めるために活用されるのであって、けっして医師の代用となるわけではない、と慎重な発言をしている。だがドクター・ワトソンがそのうち世界で最も精度の高い診断士になる可能性は大いにありそうだ。

実際、ＡＩを利用した診断はすでにいくつかの医療分野で行われている。たとえば病理学者のアンドリュー・ベックが率いるチームは、肺ガンの診断と生存率の予測を自動的に行うシステムを開発した。このシステムはC-Path（コンピュータ病理検査）システムと名づけられ、人間の病理検査師とまったく同じように、組織の画像を見て診断を下す。[*5] 病理検査師は一九二〇年代からずっと、癌細胞のいくつかの特徴を見分けることを訓練されてきた。[*6] 対照的にC-Pathシステムは、癌の進行に伴ってどのような特徴が現れやすいかといった予断はいっさいなしに、ソフトウェアが「新鮮な目で」画像を見て判断する。その結果、人間に劣らない診断精度を記録しただけでなく、検査師が気づかなかった肺ガン組織固有の特徴を三つも発見することができた。これらは生存率の予測に有効であることが確かめられている。

とはいえ人工知能が問題を引き起こす可能性があることは、認めなければならない。これについては結論部で論じることにしたい。それでも私たちは基本的には、「考えるマシン」の開発は計り知れないメリットをもたらすと考えている。

デジタル・ネットワークが人々を結ぶ

セカンド・マシン・エイジの進行を加速させるもう一つの出来事は、この地球に住む多くの人々がデジタル・ネットワークで相互に結ばれることである。考えてみてほしい、世界をよりよくより住みやすいところにするうえで、地球上に住む七〇億の人々以上にすぐれたリソースはほかにないのである。アイデアとイノベーションは難題を解決し、生活の質を高め、助け合いを容易にし、環境を守ることを可能にする。気候変動が新たな問題であることは認めなければならないが、これを除けば、人口が増えているにもかかわらず環境・社会・健康指標はほぼすべて改善されてきた。

これはけっして幸運な偶然ではなく、当然の帰結である。ほぼすべての指標が改善されたのは、人口が増えたからなのだ。人口が増えれば、よいアイデアも増える。経済学者のジュリアン・サイモンは、この楽観的な見方を早くから唱えてきた一人だ。彼は研究生活を通じて持論を繰り返し主張し、たとえば次のように書いている。「人間の頭は、口や手と同じぐらい、いやそれ以上に経済にとって重要である。長い目で見れば、人口増加がもたらす経済効果の中で最も意義深いのは、有用な知識のストックに新たな頭脳が加わることだ。その効果はきわめて大きく、長期的には人口増加のコストを埋め合わせてお釣りが来ると考えられる」[*7]

理論もデータもサイモンの主張を裏づけている。組み合わせ型イノベーションにとっては、課題を見つける目玉の数は多いほどよく、積み石の組み合わせを考える頭脳は多いほどよい。しかも人間は、イノベーションを取捨選択してよりよいものにする重要な役割も果たすことができる。そしてデータを見れば、大気の質から日用品の価格、犯罪率にいたるまで、ほとんどすべての事柄がよりよくなってきたことはあきらかだ。これらのデータは、困難な課題を人類が克服してきたことの証と言えよう。

とはいえ、サイモンに同意できない点もある。サイモンは、「進歩を加速する燃料は人類の知識のストックである。そしてブレーキとなるのは想像力の欠如だ」と書いた。[*8] 燃料には同意できるが、ブレーキには同意できない。進歩を阻んできた大きな要因は、世界でかなり多くの人々が、知識のストックにアクセスする手段や知識を追加する手段をごく最近まで持ち合わせていなかったことにある。

先進国で暮らす人々は図書館、電話、コンピュータを自由に使える状況に慣れ切っているが、発展途上国の人々にとって、これらがとんでもない贅沢品だったことを忘れてはいけない。しかしこの状況は、急速に変わりつつある。たとえば二〇〇〇年には、世界の携帯電話契約件数はおよそ七億件で、うち発展途上国は三〇％以下だった。[*9] だが二〇一二年には六〇億件を上回り、うち七五％以上を発展途上国が占めている。世界銀行の推定によれば、世界人口の四分の三は携帯電話を利用できるようになっており、国によっては電気や水道より携帯電話が普及しているところもあるという。

発展途上国で最初に売り出された携帯電話は、音声通話とテキスト・メッセージしか送れないシンプルなものだったが、それでも人々の生活を大きく変えた。たとえば経済学者のロバート・ジェンセンは一九九七～二〇〇一年に、インドのケララ州の漁村に携帯電話が普及する前と後の状況を調査したが、その結果は驚くべきものだった。[*10] 漁師たちが携帯電話を使いはじめるとすぐに魚の値段は安定し、いくらか下がりさえしたにもかかわらず、彼らの利益は増えたのである。市場の値動きと需要動向がリアルタイムでわかるので、水揚げ量を的確に判断し、捕り過ぎの無駄を完全に排除できたからだった。売り手、買い手ともに経済的に満足な結果になったわけである。これはひとえに携帯電話のおかげだとジェンセンは分析している。

今日では、発展途上国で販売されているごく基本的な携帯電話でさえ、一〇年以上前にケラ州の漁師たちが使っていたものよりはるかに進歩している。二〇一二年の時点では、世界中で販売されている携帯電話の約七〇%がいわゆるフィーチャーフォン（スマートフォンでない通常の高機能携帯電話）だが、写真も撮れるし（多くは動画も撮れる）、ウェブの閲覧や一部アプリの利用も可能だ。[*11] その一方で格安スマートフォンはますます高性能化しており、IT専門調査会社IDCによれば、近い将来にスマートフォンの売り上げがフィーチャーフォンを凌駕し、二〇一七年には全体の三分の二を占めるようになるという。[*12]

この変化は、携帯電話とネットワークの両方について、高性能化とローコスト化が同時進行していることに起因する。やがては世界の数十億の人々が、知識創造や問題解決やイノベーション創出に参加できるようになるだろう。

今日スマートフォンやタブレット端末で結ばれた人々は、世界のどこにいようと、同じ情報源やコミュニケーション媒体の多くにアクセスできる。オフィスや家にいながらにして、あるいは移動中に、ウェブで検索しウィキペディアを閲覧する、世界で最も優秀な先生たちが教えるオンライン講座を受講する、ブログやフェイスブックやツイッターで意見や情報を共有するといったことが簡単にでき、しかもその大半が無料だ。それだけではない。たとえばアマゾン・ウェブ・サービスやオープンソースの統計処理環境Rなどを使って、高度なデータ解析まで実行できる。[*13] 要するに通信ネットワークで結ばれた人たちは、オートデスクのCEOカール・バスの言う「無限のコンピューティング」[*14]を最大限に活用し、イノベーションの創出や知識創造に参加することが可能になっている。

ごく最近まで、遠く隔たった相手との高速通信、情報収集、知識共有といったことができるのは、ごく一部のエリートだけだった。しかしいまでは一日二四時間一年三六五日、ふつうの人々がやっている。「報道の自由が保障されるのは新聞社の社主だけだ」とはジャーナリストのA・J・リーブリングの有名な言葉だが、もうすぐ誰もがクリック一つで新聞を発行できるようになるだろう。一人ひとりがコンピュータを持つということは、一人ひとりが新聞や図書館や学校を持つことだと言っても誇張ではあるまい。[*15]

私たちは組み合わせ型イノベーションの力を信じており、その発展が人類の進歩を後押しすると期待している。この先どんなアイデアやソリューションが出てくるかはわからないが、ワクワクするようなものが生まれることは確信している。セカンド・マシン・エイジを特徴付けるのは無数の人工知能であり、相互に結ばれた数十億の人々の頭脳である。この二つが重なり合うことによって、これまでの進歩の影を薄くしてしまうほどの大きな可能性が拓けるにちがいない。

第6章 原注

*1 John Markoff, "Israeli Start-Up Gives Visually Impaired a Way to Read," *New York Times*, June 3, 2013, http://www.nytimes.com/2013/06/04/science/israeli-start-upgives-visually-impaired-a-way-to-read.html.

*2 "Press Announcements – FDA Approves First Retinal Implant for Adults with Rare Genetic Eye Disease," *WebContent*, February 14, 2013, http://www.fda.gov/NewsEvents/Newsroom/PressAnnouncements/ucm339824.htm.

*3 "Wheelchair Makes the Most of Brain Control," *MIT Technology Review*, September 13, 2010, http://www.technologyreview.com/news/420756/wheelchair-makesthe-most-of-brain-control/.

*4 "IBM Watson Helps Fight Cancer With Evidence-based Diagnosis and Treatment Suggestions," *Memorial Sloan-Kettering Cancer Center*, January 2013, http://www-03.ibm.com/innovation/us/watson/pdf/MSK_Case_Study_IMC 14794.pdf.

*5 David L. Rimm, "C-Path: A Watson-Like Visit to the Pathology Lab," *Science Translational Medicine* 3, no. 108 (2011): 108fs8–108fs8.

*6 Andrew H. Beck et al., "Systematic Analysis of Breast Cancer Morphology Uncovers Stromal Features Associated with Survival," *Science Translational Medicine* 3, no. 108 (2011): 108ra113–108ra113, doi:10.1126/scitranslmed.3002564.

*7 Julian Lincoln Simon, *The Ultimate Resource* (Princeton, NJ: Princeton University Press, 1981), p. 196.

*8 Julian Lincoln Simon, *The Ultimate Resource 2* (rev. ed., Princeton, NJ: Princeton University Press, 1998), p. xxxviii.

*9 World Bank, *Information and Communications for Development 2012: Maximizing Mobile* (Washington, DC : World Bank Publications, 2012).

*10 Robert Jensen, "The Digital Provide: Information (Technology), Market Performance, and Welfare in the South Indian Fisheries Sector," *Quarterly Journal of Economics* 122, no. 3 (2007): 879–924, doi: 10.1162/qjec.122.3.879.

*11 Erica Kochi, "How The Future of Mobile Lies in the Developing World," *Tech-Crunch*, May 27, 2012, http://techcrunch.

com/2012/05/27/mobile-developing-world/.

*12 Marguerite Reardon, "Smartphones to Outsell Feature Phones in 2013 for First Time," *CNET*, March 4, 2013, http://news.cnet.com/8301-1035_3-57572349-94/smartphones-to-outsell-feature-phones-in-2013-for-first-time/.

*13 Jonathan Rosenblatt, "Analyzing Your Data on the AWS Cloud (with R)," *R-statistics Blog*, July 22, 2013, http://www.r-statistics.com/2013/07/analyzing-yourdata-on-the-aws-cloud-with-r/.

*14 Carl Bass, "We've Reached Infinity—So Start Creating," *Wired UK*, February 22, 2012, http://www.wired.co.uk/magazine/archive/2012/03/ideas-bank/weve-reachedinfinity.

*15 Noam Cohen, "Surviving Without Newspapers," *New York Times*, June 7, 2009, http://www.nytimes.com/2009/06/07/weekinreview/07cohen.html.

第7章

セカンド・マシン・エイジのゆたかさ

経済学上の誤謬の大半は、パイの大きさは決まっており、
ある人が大きく切り取ったら他の人の分は
小さくなるという思い込みに由来する。
——ミルトン・フリードマン

政府機関、シンクタンク、民間組織、研究者は、日々データを生産している。その量ときたら誰も読み切れないほどで、まして分析し理解するなどとうていできまい。そこでアナリストに出番が回ってくる。テレビで、業界紙の紙面で、ブログで、アナリストたちはこれらのデータを分析し、金利だの、失業率だの、株価動向だの、財政赤字だの、その他諸々のことを予測している。だがそうしたこまかいことはひとまず棚上げし、二〇世紀の大きな流れを俯瞰してみたら、アメリカであれ世界であれ、生活水準は全体として大幅に向上したという事実がくっきりと浮かび上がってくるはずだ。アメリカの一人当たりGDPは、一八〇〇年代以降、平均して年一・九%伸びている。[*1] 七〇の法則（国民所得や売上高などの数字を二倍にするのに要する時間は「七〇／伸び率」で求められるという法則）を当てはめると、生活水準は三六年で二倍に、従ってごく平均的な寿命の間には四倍になる。[※]

経済成長が多くの問題の解決につながることを考えれば、この伸び率は重要な意味を持つ。アメリカのGDP成長率が現行予測より毎年一%高くなれば、アメリカ人の所得は二〇三三年までに五兆ドル増えるのである。[*2] そこまで欲張らずに〇・五%高くなるだけでも、政策変更なしに財政赤字問題は解決するはずだ。[*3] ただしもちろんのこと、成長率が現行予測を下回れば、財政赤字の解消はおぼつかない。従って新たな投資も減税もできない。

生産性は遅れてやってくる

だがいったいなぜ一人当たりのGDPは増えたのだろうか。原因の一つは、より多くの資源を使うようになったことだ。しかし最大の原因は、同じインプットからより多くのアウトプットを生み出せるようになったこと、すなわち生産性が向上したことにある（一般に、「生産性」は「労働生産性」の意味で使われている。労働生産性とは、単位労働時間当たりのアウトプットを意味する）。[※※] そして生産性を押し上げるのは、技術革新にほかならない。

単に長く働いても生産性は向上しない。かつてアメリカ人は週五〇時間働いていた。いや、六〇時間、七〇時間働く人もいた。いまでも長時間働く人はいるが、平均的な労働時間は短く

※七〇の法則（正確には六九・三の法則）は、$(1+x)^y = 2$という等式に依拠する。式中のxは成長率、yは年数である。両辺の自然対数をとると、$y \ln(1+x) = \ln 2$となる（ln：ログナチュラル）。ここで、$\ln(2)$は0.693となる。xが小さい場合、$\ln(1+x)$はおおむねxに等しい。したがって最初の等式は、$xy = 70\%$と単純化することができる。

※※資本生産性も計測可能である。資本生産性は、単位資本投入量当たりの生産量で表される。また、多要素生産性（ＭＦＰ）の計測も可能だ。こちらは、資本＋労働投入量（加重平均）一単位当たりの生産量で表す。経済学者は、多要素生産性を「ソロー残差」と呼ぶこともある。ロバート・ソロー自身は、「人間の無知」を数値で表すほうが技術革新を数値で表すよりまだ実体的だと考えていた。

●図 7.1　労働生産性の推移

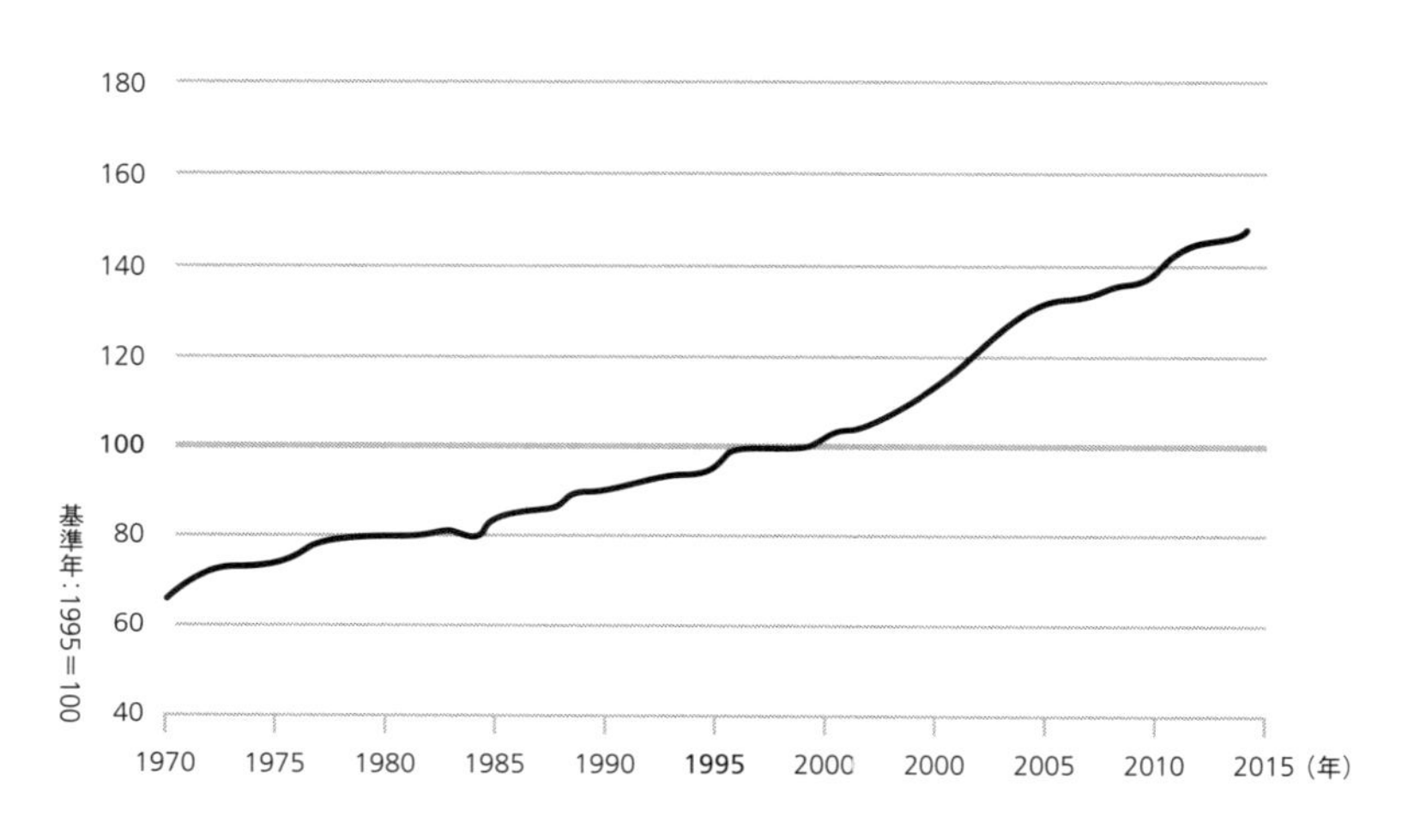

なっている（週三五時間程度）。にもかかわらず、生活水準は向上した。投入する労働や資本財を増やすか、生産性を高めることによって、生産量は増加する。ロバート・ソローは、前者では生産量の増加を説明できないこと、従って生産量の増分から他の増分を差し引いた残差（ソロー残差）は技術革新によると説明し、この功績によってノーベル経済学賞を受賞した。※ たしかに、一九五〇年に週四〇時間働いていたときの生産量を、現在の平均的なアメリカ人は週一一時間の労働で実現してしまう。ヨーロッパや日本の労働者もそうだ。発展途上国の中には、労働生産性の伸びがもっと大きい国もある。※※

二〇世紀半ば、とくに一九四〇年代、五〇年代、六〇年代は、生産性はとりわけハイペースで伸びた。これはちょうど電気の導入期に当たり、電気機械から内燃機関にいたるさまざまな技術が一気に開花した時期である。だが一九七三年には、生産性の伸びの鈍化が確認された（図7・1を参照されたい）。

一九八七年にはほかならぬロバート・ソロー自身が、この鈍化がコンピュータ革命の初期と一致していることを認め、「コンピュータ時代の到来はいたるところで実感できる。だが、生産性の統計には表れていない」と述べたことはよく知られている。[*4] 一九九三年にエリックは「生産性のパラドックス」と題する論文を発表し、コンピュータはまだ経済のごく一部しか占めておらず、情報技術（ＩＴ）のような汎用技術がその潜在性を最大限に発揮するまでには補完的イノベーションが必要だと指摘した。[*5] その後エリックは企業における生産性とＩＴ活用度の詳細なデータを分析し、強い有意の相関を確認している。ＩＴを積極活用する企業では、そうでない企業に比べ、生産性の伸びが顕著だったのである。[*6] 一九九〇年代半ばになると、ＩＴのもたらす恩恵は疑いの余地なく大きくなっており、アメリカ経済全体にその効果がはっきり

※これはたいへん結構なことである。というのも、投入量を増やすことには自ずと限界があるからだ。とりわけ、労働についてそう言える。労働には収穫逓減の法則が当てはまるし、そもそも一日二四時間以上働くことはできず、労働力人口の一〇〇％以上は雇うこともできない。これに対して、生産性を押し上げるのはイノベーションを生み出す能力だ。これを制限するのは人間の想像力だけである。

※※資本＋労働投入量（加重平均）一単位当たりの生産量は、「全要素生産性」といういささか曖昧な言葉で呼ばれることもある。しかし、生産に投入される要素はほかにもあるのだから、この表現は正確性を欠く。たとえば企業は、無形資本に多額の投資をすることがある。計測可能なインプットの種類が増えるほど生産量の伸びはよりよく説明できることになり、その結果、「生産性」で説明できる残差（投入量の増加で説明できない部分）はどんどん少なくなる。

と現れ、生産性は大幅な伸びを記録した。その要因は一つではないが、大方の経済学者は主な原動力がＩＴだったとみている。[*7]

生産性の伸びは一九七〇年代にスローダウンし、その二〇年後にスピードアップしたが、これには興味深い前例がある。電気が動力源としてアメリカの工場に導入されたのは、一八九〇年代後半のことだ。だがこのときも「生産性のパラドックス」が現れ、労働生産性は二〇年にわたっていっこうに向上しなかった。きわめて革新的な技術が登場した場合の生産性の推移は、どうやら似通っているらしい。

いや、似ているどころではない。シカゴ大学の経済学者チャド・サイバーソンが基調的な生産性データを綿密に調べた結果、両者は気味が悪いほどそっくりであることがわかった。図7・2に示すとおり、セカンド・マシン・エイジにおける生産性のスロースタートとその後の急加速の様子は、電力が導入された時代とぴたりと重なるのである。なぜこのようなパターンになるのか――その原因は、第5章で論じたように、汎用技術は補完的イノベーションを必要とすることにある。補完的なイノベーションが出現するまでには数年から数十年かかるため、この期間が、技術の導入から生産性向上までのタイムラグとなる。電化時代にもコンピュータ時代にも、このタイムラグが見られるというわけだ。

この補完的イノベーションとして最も重要なのは、おそらくは仕事のやり方や組織のあり方の変革だろう。スタンフォード大学とオックスフォード大学で経済史を研究するポール・デー

●図7.2　2つの時期における労働生産性の推移

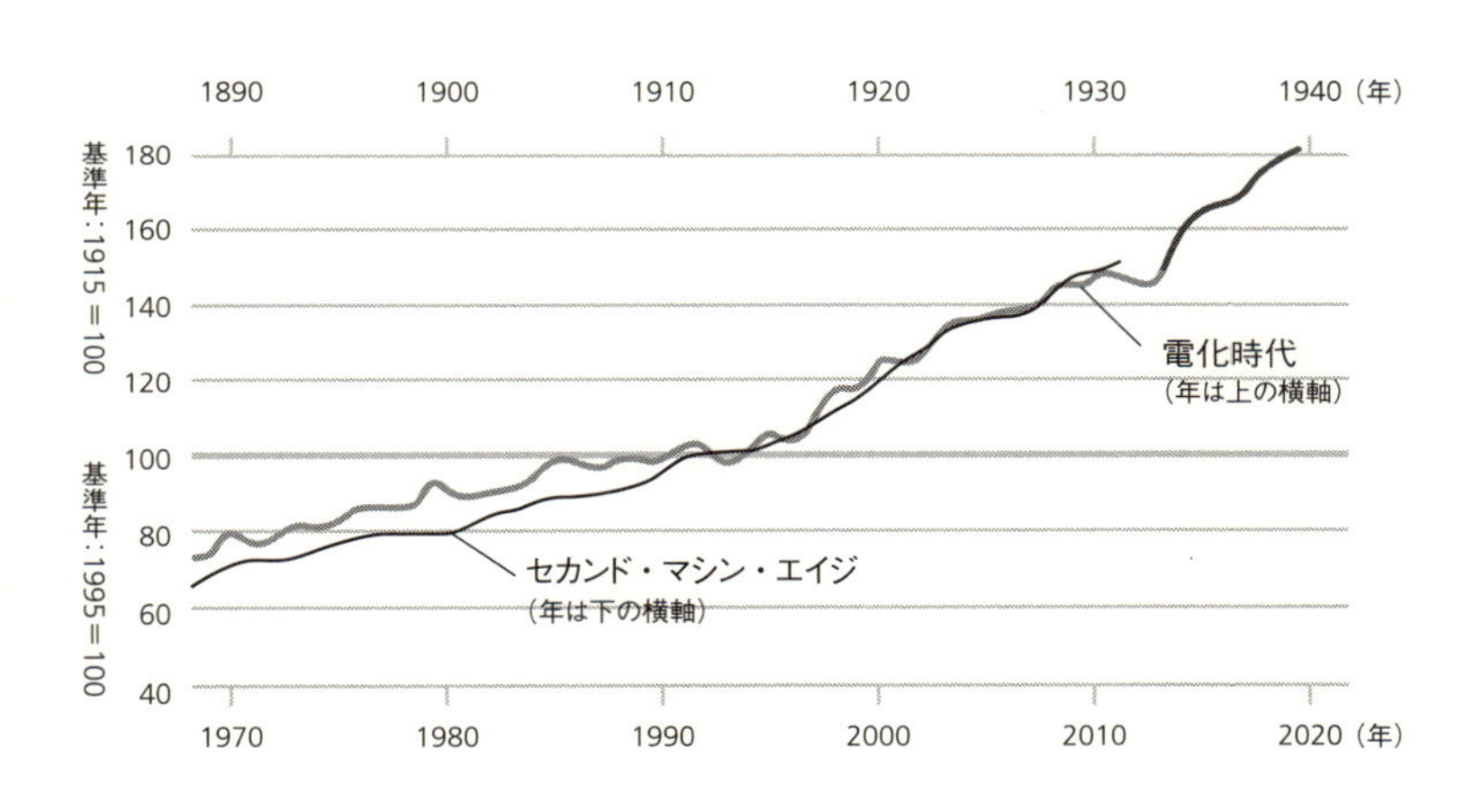

ビッドは、電化が始まった当初のアメリカの工場の記録を丹念に調べ、興味深い事実を発見した。工場の多くは、蒸気機関を動力源としていた頃と同じようなレイアウトや組織のままだったという。[*9] 蒸気機関が生み出す動力は、ボイラーから巨大なシリンダーを上下するピストンロッドを介して伝えられ、一連のプーリーやクランクシャフトを動かすことになる。ロッドが長すぎると歪みが出て壊れる恐れがあるため、蒸気機関を動力源とする機械類はできるだけ近くに配置する必要があった。それも、最も多くの動力を必要とする機械をいちばん近くに据え付けなければならない。というわけで、伝達距離を最小限にするため、機械類は蒸気機関の上の階と下の階に配置されるケースが一般的だった。

やがて電気という汎用技術が蒸気機関に取

って代わるようになるが、多くの工場ではできるだけ大型の電動モーターを導入し、単純に蒸気機関の代わりに据え付けただけだった。新しく工場を建設した場合でさえ、このレイアウトが踏襲された。これでは当然ながら、さしたる効率化は望めない。たしかに煙や騒音は減ったにちがいない。だが誕生したばかりの電動モーターは信頼性に問題もあったから、結局のところ生産性は足踏み状態だった。

三〇年が過ぎた頃に、つまり当初の技師長が引退し新世代が指揮をとる頃になってようやく、工場のレイアウトは大きく変わる。新しい工場のレイアウトは現在の工場に近く、大面積の平屋建てだ。そして大型モーターを一つ据え付けるのではなく、機械設備ごとに小型モーターが用意されている。もはやエネルギー消費量の多い機械を動力源の近くに据える必要はないので、レイアウトは自然なワークフローに沿ったものになった。

こうして組み立てラインが設計し直された結果、生産性は一気に向上する。いきなり二倍、ときには三倍になった。その後も、リーン生産方式、ミニミル、総合的品質管理（TQM）、シックスシグマといった補完的イノベーションが相次いで出現したおかげで、製造業の生産性は伸び続けた。

セカンド・マシン・エイジの場合にも、電化時代と同じく、技術の潜在性をフルに生かすには組織的なイノベーションが必要だった。その端的な例をワールド・ワイド・ウェブに見ることができる。ティム・バーナーズ＝リーがこれを考案したのは一九八九年のことである。しかしばらくの間は、ウェブを活用するのはほんの一部の物理学者に限られていた。だがデジタル化とネットワーク化の普及により、電化時代より早く補完的イノベーションが出現する。そして一〇年と経たないうちに、大勢の起業家がウェブを使った情報公開や小売りに斬新なアイデアを持ち込むようになった。

外からはわかりづらいが、企業が一九九〇年代に全社的なITシステムを導入したことも生産性向上に大きく寄与している。[*10] ITシステムは、ビジネスのやり方を大きく変えた。たとえばウォルマートは、POS（販売時点）データをサプライヤーと共有することによって、小売業の効率を劇的に向上させた。POSデータの共有により、VMI（ベンダーが小売店舗内の在庫を管理する）、クロス・ドッキング（倉庫への入庫品を一時保管せず、そのまま店舗別に仕訳して出荷する）、ECR（メーカー、卸業者、小売業者が連携して消費者のニーズに効率的に対応する）といった新しい方式が次々に開発されたからだ。おかげで、一九九三年には売上高一〇億ドルの達成に一週間かかっていたのが、二〇〇一年にはわずか三六時間に短縮された。ウォルマートだけでなく、小売業と流通業全体の売上高も伸びている。小売業のこのめざましい実績が、この時期のアメリカの生産性向上に寄与したことはまちがいない。[*11]

IT投資は一九九〇年代に急激に増え、多くの企業がインターネットの活用、大規模なエンタープライズ・システムの導入、西暦二〇〇〇年問題への対応などのためにシステムのグレードアップを行った。そして九〇年代後半に投資はピークを迎える。同時期に半導体の性能も飛躍的に向上したため、大型のＩＴ投資を行った企業では、コンピュータ能力が予想以上に拡大することになった。「生産性のパラドックス」が指摘されてから一〇年後に、ハーバード大学のデール・ジョルゲンソンはニューヨーク連邦準備銀行のケビン・スティローと共同研究を行い、「二〇〇〇年を通じて見られた生産性の伸びの加速は、その大半がＩＴを開発する産業またはＩＴを駆使する産業において生じた」と結論付けている。[*12] ここで、好調だったのがＩＴ産業だけでない点に注意してほしい。ＩＴを使う産業も、一九九〇年代を通じて生産性が伸びた。近年ではこのパターンがより顕著になっている。ジョルゲンソンらによれば、一九九〇年代から二〇〇〇年代にかけて、ＩＴを活用する産業では全要素生産性が向上したが、そうでない産業では低下したという。[*13]

コンピュータと生産性の相関性は、産業レベルのみならず個々の企業についても認められる。エリックがペンシルバニア大学ウォートンスクールのロリン・ヒットと行った共同研究では、ＩＴを積極的に活用した企業は、ライバル企業をしのぐ生産性の伸びを実現したことが突き止められた。[*14]

二一世紀に入って最初の五年間に、イノベーションと投資の第二波が押し寄せる。このときに主な対象となったのは、コンピュータのハードウェアではなく、アプリケーションやプロセスだった。たとえばドラッグストア・チェーンのＣＶＳは、処方薬の注文処理が不評であることに気づき、簡素化に取り組んだ。[*15] エンタープライズ・システムにいくつかの手順を組み込んだ結果、全米四〇〇〇店舗どこでも再注文が容易に行えるようになり、顧客満足度の大幅上昇ひいては利益の拡大につながっている。エリックとロリン・ヒットが六〇〇社以上のデータを調査した結果、ソフトウェア投資を行った企業では、五〜七年後に生産性が顕著に伸びていることがわかった。補完的イノベーションによってIT投資が実を結ぶまでには、それだけの年数が必要だということである。企業はハードウェアに一ドル投資するごとに、ソフトウェア、トレーニング、業務プロセスの再設計に九ドルを投資しなければならない。[16]

こうした組織的変革が重ねられた成果は、産業レベルの生産性統計にはっきりと表れている。[17]一九九〇年代に生産性が目立って伸びたのはコンピュータ製造業だったが、二一世紀初頭になるとそれ以外の産業も堅調な伸びを示しはじめ、すべての産業で生産性がハイペースで伸びた。かつての汎用技術と同じくコンピュータ技術も、もともとの「出自」とはかけ離れた産業の生産性をも引き上げる力を備えていた。

アメリカの生産性は、全体としてみれば一九九〇年代の一〇年間で七〇年代、八〇年代を上回る伸びを示し、さらに二〇〇〇年代の一〇年間では九〇年代を上回る伸びを示した。[18]

今日のアメリカの労働者は、史上最高水準の生産性を誇っている。だが統計データをくわしく見ていくと、手放しで喜んでもいられないようだ。二〇〇〇年代の生産性の伸びは、じつは前半に集中しており、二〇〇五年以降はぱっとしない。第5章でも触れたが、このことが経済学者、ジャーナリスト、ブロガーなどの間では「成長の終焉」として心配の種になっている。

だが私たちは、悲観論には与しない。電化時代以降にも生産性が伸び悩んだ時期はあったが、だからといって成長が途絶えたわけではない。一九七〇年代の鈍化についても、同じことが言える。

最近の成長低迷は、大不況（Great Recession）とその余波の影響にほかならない。無理もないことだが、不況は悲観論を生む。そして悲観論が将来展望に暗い影を落とすのは当然の成り行きだ。住宅バブルの崩壊と金融危機は個人資産に打撃を与えると同時に消費者信頼感を損ない、それは需要ひいてはGDPを縮小させた。景気後退局面は正式には二〇〇九年秋に終わったことになっているが、本書を執筆している二〇一三年の時点で、アメリカの経済成長率は潜在成長率を大きく下回ったままだ。失業率は七・六％と高止まりし、設備稼働率は七八％にとどまっている。こうした景気低迷期には、労働生産性を含むあらゆる指標が一時的にせよ落ち込むことは避けられない。歴史を振り返れば、一九三〇年代の大恐慌（Great Depression）の初期には、生産性は二年連続で落ち込んでいる。しかし最近の低迷期には、生産性が落ち込むにはいたっていない。一九三〇年代には成長悲観論者がいま以上に多かったが、その後の三〇年間は、二〇世紀の中でもきわめて高い成長率を記録している。図7・2に戻って、電化時代の最後のほうの生産性の伸び（点々で強調した部分）に注目して見てほしい。これを見ると、伸びが加速するいちばん大きな波は最後に訪れることがわかる。

汎用技術がもたらす生産性の伸びは、いつも遅れてやってくる。電化の恩恵は、補完的イノベーションが次々に出現したおかげで、一世紀近くにわたって続いた。デジタル技術がもたらす恩恵も、電気にけっして劣るものではない。ムーアの法則が今日突然効力を失うとしても、補完的イノベーションの後押しによって今後数十年は生産性が伸び続けると期待できる。蒸気機関や電気とちがうのは、セカンド・マシン・エイジのテクノロジーは、デジタル化の進行とともに指数関数的なペースで進歩し続けることだ。それに伴い、組み合わせ型イノベーションが生まれるチャンスも増え続ける。ただしつねに右肩上がりとはいかず、景気の変動などに阻まれることはあるだろう。それでも飛躍の下地は整っており、これから出現するものはこれまでの予想をはるかに超えるにちがいない。

第7章 原注

＊1 ＧＤＰ伸び率は景気後退とともに変動するが、長期的に見れば驚くほど安定している。一九五七年に経済学者のニコラス・カルドアは、古典的な論文“A Model of Economic Growth,” *Economic Journal* 67, no. 268 (1957): 591–624 の中で、当時経済成長と呼ばれていたものについてまとめている。賃金や労働者一人当たりの資本など主要変数の成長率が比較的安定しているという彼の指摘は、「カルドア・ファクト」として知られる。

＊2 Bret Swanson, “Technology and the Growth Imperative,” *The American*, March 26, 2012, http://www.american.com/archive/2012/march/technology-and-the-growthimperative (accessed Sept 23, 2013).

＊3 Congressional Budget Office, *The 2013 Long-Term Budget Outlook*, September 2013,p. 95. http://www.cbo.gov/sites/default/files/cbofiles/attachments/44521-LTBO2013.pdf.

＊4 Robert Solow, “We’d Better Watch Out,” *New York Times Book Review*, July 12, 1987.

＊5 Erik Brynjolfsson, “The Productivity Paradox of Information Technology,” *Communications of the ACM* 36, no. 12 (1993): 66–77, doi:10.1145/163298.163309.

＊6 Erik Brynjolfsson and Lorin Hitt, “Paradox Lost: Firm Level Evidence on the Returns to Information Systems,” *Management Science* 42, no. 4 (1996): 541–58 などを参照されたい。また、以下も参照されたい。Brynjolfsson and Hitt, “Beyond Computation: Information Technology, Organizational Transformation and Business Performance,” *Journal of Economic Perspectives* 14, no. 4 (2000): 23–48. ここでは、この件に関する文献の多くが要約されている。

＊7 Dale W. Jorgenson, Mun S. Ho, and Kevin J. Stiroh, “Will the U.S. Productivity Resurgence Continue?,” *Current Issues in Economics and Finance* (2004), http://ideas.repec.org/a/fip/fednci/y2004idecnv.10no.13.html.

＊8 C. Syverson, “Will History Repeat Itself? Comments on ‘Is the Information Technology Revolution Over?’” *International Productivity Monitor 25* (2013): 37–40.

*9 "Computer and Dynamo: The Modern Productivity Paradox in a Not-Too-Distant Mirror," *Center for Economic Policy Research*, no. 172, Stanford University, July 1989, http://www.dklevine.com/archive/refs4115.pdf.

*10 たとえば、エンタープライズ・リソース・プランニング（ERP）から出しているマテリアル・リソース・プランニング（MRP）、サプライチェーン・マネジメント（SCM）、カスタマー・リレーションシップ・マネジメント（CRM）などがある。最近では、ビジネス・インテリジェンス（BI）、アナリティックスなども大規模なシステムの一例だ。

*11 Todd Traub, "Wal-Mart Used Technology to Become Supply Chain Leader," *Arkansas Business*, http://www.arkansasbusiness.com/article/85508/wal-mart-used-technology-to-become-supply-chain-leader (accessed July 20, 2013).

*12 この指摘は、Oliner and Sichel (2002) とも一致する。それによると、「情報技術の活用は、生産性の急上昇の主要因である」。Oliner, Sichel, and Stiroh (2007) も同様の分析をしている。以下も参照されたい。Dale Jorgenson, Mun Ho, and Kevin Stiroh, "Will the U.S. Productivity Resurgence Continue?" Federal Reserve Bank of New York: Current Issues in Economics and Finance, December 2004, http://www.newyorkfed.org/research/current_issues/ci10-13/ci10-13.html.

　アップジョン研究所の経済学者スーザン・ハウスマンは、「コンピュータ製造産業における生産性の大幅向上は一般製造業の生産性の実態を歪めている」と述べた (http://www.minneapolisfed.org/publications_papers/pub_display.cfm?id=4982)。だがハウスマンは、「コンピュータ産業の規模は小さく、製造業全体がもたらす付加価値の一二%を占めるに過ぎない。だが製造業の統計に不当に大きい影響をおよぼす・・・コンピュータ産業を除外した場合、製造業の実質付加価値の伸びは三分の二に、生産性の伸びは半分にまで落ち込む。コンピュータなしには、製造業は重要産業とは言いがたい」と指摘する。だが私たちは「コップに水がまだ半分残っている」と考えるタイプなので、コンピュータの寄与は大いに歓迎すべきだと考えている。

*13 K. J. Stiroh, "Information Technology and the U.S. Productivity Revival: What Do the Industry Data Say?," *American Economic Review* 92, no. 5 (2002): 1559–76; and D. W. Jorgenson, M. S. Ho, and J. D. Samuels, "Information Technology and U.S. Productivity Growth: Evidence from a Prototype Industry Production Account," *Journal of Productivity Analysis*, 36, no. 2 (2011): 159–75 を参照されたい。とくに後者の図表5は、全要素生産性の伸びが、IT活用度の高い産業がそうでない産業の一〇

倍に達していることを如実に示している。

＊14 E. Brynjolfsson and L. M. Hitt, "Computing Productivity: Firm-level Evidence," *Review of Economics and Statistics* 85, no. 4 (2003): 793–808を参照されたい。同様に、スタンフォード大学のニコラス・ブルーム、ハーバード大学のラファエラ・サダン、ロンドン・スクール・オブ・エコノミクスのジョン・ファン・レーネンは、アメリカ企業はＩＴの価値を最大化するような経営手法の実行に長けており、そのことが大幅な生産性の向上につながったと指摘する。以下を参照されたい。N. Bloom, R. Sadun, and J. Van Reenen "Americans Do IT Better: U.S. Multinationals and the Productivity Miracle (No. w13085)," National Bureau of Economic Research, 2007.

＊15 Andrew McAfee, "Pharmacy Service Improvement at CV S (A)," *Harvard Business Review*, Case Study, 2005, http://hbr.org/product/pharmacy-service-improvementat-cvs-a/an/606015-PDF-ENG.

＊16 Erik Brynjolfsson, Lorin Hitt, and Shinkyu Yang, "Intangible Assets: Computers and Organizational Capital," *Brookings Papers on Economic Activity*, 2002, http://ebusiness.mit.edu/research/papers/138_Erik_Intangible_Assets.pdf.

＊17 くわしくは以下を参照されたい。Erik Brynjolfsson and Adam Saunders, *Wired for Innovation: How Information Technology Is Reshaping the Economy* (Cambridge, MA; London: MI T Press, 2013).

＊18 米労働統計局の資料によると、生産性の伸びは二〇〇一〜二〇一〇年が平均二・四％、一九九一〜二〇〇〇年が同二・三％、一九八一〜一九九〇年が一・五％、一九七一〜一九八〇年が一・七％だった。

第8章
GDPの限界

国民総生産（GNP）は、高貴な詩作も知的な議論も数えない。
人類の機知も勇気も、知恵も学びも、思いやりも博愛も。
つまりGNPはあらゆるものを計測するとしても、
人生を価値あるものにする要素は計測しない。
――ロバート・F・ケネディ

アメリカが大恐慌に襲われたとき、フーバー大統領は現状を把握し対策を練ろうとした。ところが、国民経済計算というものは当時存在しなかった。だから大統領は、貨車の輸送量、商品相場の値動き、株価指数といった断片的なデータに頼らざるを得なかった。しかもこれらの数字もかなり不正確で、経済活動の全貌を映し出しているとはとても言えない代物だった。国民所得が計算され、初めて議会に提出されたのは、一九三七年になってからのことである。この計算は、ノーベル賞経済学者のサイモン・クズネッツが全米経済研究所（NBER）および商務省と共同で行った調査研究に基づいている。こうしてようやく、二〇世紀を通じて大きく様変わりした経済の姿を数字で把握することができるようになった。

経済が変容すれば、指標も変わらなければならない。セカンド・マシン・エイジで注意を払うべき対象はモノよりもアイデアであり、物質よりも頭脳である。原子ではなくビットであり、取引（トランザクション）ではなく相互作用（インタラクション）だ。皮肉にも情報化時代になってからというもの、何が価値を生むかということが五〇年前よりもわかりにくくなった。なにしろ変化の大半は目に見えない。と言うよりも、何を見たらいいのか、私たちにはわからなくなっている。経済には公式統計では捉えられない部分があり、しかもその部分がきわめて大きくなった。統計に表れないこうした部分は、損益計算書にもバランスシートにも表れない。デジタル情報やアプリなどの無償提供、共有経済、人的関係の変化といったものは、人々の幸福や生活満足度にすでに多大な影響をおよぼしている。いまや新しい組織構造、新しいスキル、新しい制度が求められているのであり、おそらくは価値観を見直す必要も出てくるだろう。

音楽が統計から消えた

音楽がレコードやCDといった物理的な媒体からコンピュータ・ファイルに移った経緯はさかんに論じられてきたが、この変化の最も興味深い点はあまり注目されていない。それは、音楽が従来型の経済統計からごっそり消えてしまったことだ。物理的な媒体による音楽の売り上げは、二〇〇四年には八億枚だったが、二〇〇八年には四億枚まで落ち込んだ。それでも、同時期に購入された音楽の件数は増えている。これは、ダウンロードによる購入が急激に増えたためである。有料のストリーミング・サービス（iTunes、Spotify、Pandoraなど）が急成長すると同時に、海賊版の無料ダウンロードができるサイトも増殖した。後者は言うまでもなく統計には反映されない。MP3と呼ばれる音声圧縮技術が登場する前は、LPやCDを買い漁る熱狂的な音楽ファンでも、いまどきのふつうの若者（彼らはストリーミング・サービスを介してスマートフォンで音楽を聴く）がファイルに入れている楽曲の十分の一も持っていなかった。ミネソタ大学のジョエル・ワルドフォーゲルが行った調査によると、過去一〇年間で音楽のクオリティは上がったという。[*1] 大方の人は、以前よりもよい音質の音楽を以前よりもたくさん聴くようになった。では、音楽はいったいどうして消えてしまったのか。音楽の価値は変わっていない。変わったのは値段だけである。二〇〇四年から〇八年にかけて、音楽の売上高合計（物理媒体＋デジタル）は一二三億ドルから七四億ドルに減った。じつに四〇％の落ち込みである。携帯電話の着信音まで含めたあらゆるデジタル音源の売り上げを加えても、レコード会社の売り上げは三〇％減となっている。

ニューヨーク・タイムズ紙、ブルームバーグ・ビジネスウィーク誌、MITスローン・マネジメント・レビュー誌といったものをニューススタンドで買わずにオンラインの割安価格で購読したり、あるいは無料提供の記事を読んで済ませたりすれば、やはり同じようなことがおきる。不動産屋を利用せずに地域情報サイトのクレイグズリスト（Craigslist）で物件を選ぶ、写真を焼き増しして郵送せずにフェイスブックで共有する……といったことも、みなそうだ。アナログの世界ではドルで払っていたものが、デジタルの世界ではペニーの単位になってしまう。

いまやウェブ上に掲載されているデジタルの文字情報や画像情報は、一兆ページを超えているという。[*2] そして第4章で指摘したとおり、デジタルの情報は複製コストがほとんどかからないうえ、瞬時に全世界に送信できる。しかもデジタルのコピーはオリジナルと完全に同じだ。従来とはまったく異なる経済が出現したのであり、計測方法も考え直さねばなるまい。出張中にスカイプで子供とおしゃべりしても、GDPは一セントも増えない。だがこれが無価値であるはずがない。いままでどれほどお金を払っても手に入らなかったモノやサービスが、それも無料で、次々に出現している。こうしたモノやサービスがもたらす便益をどのように計測したらよいだろうか。

GDPは何を測り損ねているのか

経済学者、評論家、ジャーナリスト、政治家といった人たちはGDPに注意を払い、その変動に一喜一憂するが、すべての項目が正確に計測されたとしても、GDPが私たちの幸福や生活満足度を数値化できているわけではない。前章で論じたように、GDPが拡大することはもちろん重要である。だがGDPは幸福の指標ではないし、経済的満足度の指標にもなり得ない。このことをロバート・ケネディは詩的に表現している（章扉の引用を参照されたい）。

ケネディが言及した美しい諸々のものに金銭的価値を設定するのは非現実的だとしても、現にいま私たちが消費できるモノやサービスの変化を考慮して、経済の姿をよりよく把握することは可能なはずだ。公式の統計では現在の幸福や充足が過小評価されていることはあきらかである。それどころか、セカンド・マシン・エイジにおいては、統計データを鵜呑みにすると現状を見誤る恐れがある。

たとえばスマートフォンを持っている子供は、音楽やゲームをダウンロードするだけでなく、リアルタイムの情報にアクセスできる。これは、ほんの二〇年前まではアメリカの大統領にもできなかったことだ。ウィキペディア一つとっても、英語の百科事典としては最も古い歴史を持つエンサイクロペディア・ブリタニカの五〇倍の情報量を誇っている。[*3] しかもエンサイクロペディア・ブリタニカとは異なり、ウィキペディアもその他の情報源の大半もただで利用できる。スマートフォン用のアプリ（一〇〇万種類以上ある）の多くもそうだ。[*4]

値段がゼロだということは、公式の統計にはまず表れないということである。無料のモノやサービスも経済に価値を加えてはいるが、GDPには一ドルも加えない。そして生産性はGDPに基づいて算出されるため、無料のモノやサービスがいくら増えても、生産性の数値はいっこうに上がらないことになる。だが無料であっても無価値でないことははっきりしている。映画に行く代わりにユーチューブを見た女の子は「映画よりずっとおもしろかったわ」と言うかもしれない。その子のお兄ちゃんはゲームを買わずにiPadでアプリをダウンロードして、「こっちのほうがずっといいや」と言うかもしれない。こんなとき、価値がないとは言えないだろう。

無料はありがたいが、GDPにはありがたくない

無料のモノやサービスの氾濫は、GDPを押し下げることさえある。百科事典を製作して送り届けるのに従来は数千ドルかかっていたのが数ペニーで済むようになったら、ユーザーにと

ってはじつにありがたいが、その分だけＧＤＰは減ることになる。受け手の満足度は高まっているのに、ＧＤＰは逆向きになってしまうわけだ。ショートメッセージ・サービスの利用をやめてアップルのiChatといったインスタント・メッセージ・アプリに切り替える、不動産情報誌や求人誌を買わずにクレイグズリストを利用する、電話でなくスカイプを使うといった行動をとるだけで、企業の売上高から数十億ドルが吹き飛び、従ってＧＤＰは縮小する。[*5]

こうした例からもわかるように、経済的満足がＧＤＰに反映されるとは言いがたい。残念ながら経済学者やジャーナリストの多くも、世間一般も、ＧＤＰが増えることは経済が成長することだと信じている。たしかに二〇世紀には、だいたいにおいてそう考えて差し支えなかった。生産が一単位増えるごとに生活満足度はその分だけ高まり、従って生産された数量を集計すれば（ＧＤＰはまさにそうしている）幸福や満足のよい指標となる。車が、小麦が、鉄鋼が売れれば売れるほど人々の生活は幸福になる、というわけである。

だが値段の付かないデジタルのモノやサービスが経済に流れ込むにつれ、この見方は成り立たなくなる。第４章でも触れたが、セカンド・マシン・エイジは「情報経済」と呼ばれることが多い。ウィキペディア、フェイスブック、クレイグズリスト、インターネット放送局のパンドラ（Pandora）、動画配信サービスのフールー（Hulu）等々、毎年何千何万と登場する新しいデジタル・サービスを世界中の人々が利用している状況を考えれば、これはまことに的確な名称と言える。

公式統計によると、今日のＧＤＰに情報産業が占める割合はたった四％だ。米商務省経済分析局（ＢＥＡ）は情報産業の経済寄与度を、ソフトウェア、電子書籍、動画、楽曲、放送、通信、情報処理サービスの売上高合計であると定義している。もっともらしい定義だが、しかし四％という比率は、一九八〇年代後半からまったく変わっていない。だが八〇年代後半と言えば、まだワールド・ワイド・ウェブが出現していない時期である。これはどう考えてもおかしい。公式統計からは、今日の経済で現に生み出されている多くの価値がすっぽり抜け落ちていると言わざるを得ない。

ねえ、どっちがいい？

ＧＤＰを、幸福や満足をよりよく表す指標にすることは可能だろうか。経済学者が使うアプローチの一つは、ジョン・バーニンガムの絵本『ねえ、どっちがいい？』に似ている。たとえばシアーズの通販カタログ一九一二年版には、シアーズ特製電動バギー（馬車風の乗り物）三三五ドル（一二三ページ）から女性用の靴一ダース一足当たり一・五ドル（三七一〜七九ページ）にいたるまで、数千品目が掲載されている。ここで私が、シアーズだけでなくあらゆる店で一九一二年に販売されていたすべての商品を網羅したカタログを用意したとしよう。もちろんどれにも一九一二年の値札がついている。[*6] 読者は、この「一九一二年全商品カタログ」から選んで当時の値段を払うのと、今日販売されている品物から自由に選んで現在の値段を払うのと、どちらがお好きだろうか。

いや、いくらなんでも一九一二年の品物は古すぎるかもしれない。では一九九三年のカタログなら、どうだろう。自由に使えるお金が五〇〇〇ドルあるとしたら、一九九三年モデルの車を当時の値段で買うのと、今年のモデルを今年の値段で買うのと、どちらにするだろうか。もちろん車でなくてもよい。バナナ、コンタクトレンズ、フライドチキン、シャツ、椅子、銀行サービス、航空券、映画、電話、診療、不動産仲介、電球、コンピュータ、ガソリン等々、一九九三年のモノやサービスを当時の値段で買いたいか、それとも今年のモノやサービスを今年の値段で買いたいだろうか。

バナナやガソリンは、たぶん一九九三年から質的にはたいして変わっていないだろう。だから、考慮すべき唯一の点は値段ということになる。インフレ率から両者の価格差は一目瞭然だから、どちらを選ぶかはすぐに決まるはずだ。だがそれ以外のものとなると、そう簡単ではない。とりわけ、オンライン上の情報や移動中の通信機能といったいまどきのモノやサービスは、質的に大幅に向上しているので、たとえ名目価格は上がっていても、その分を調整した実質価格は大幅に下がっているはずだ。とくに、デジタルのモノやサービスは一九九三年には存在すらしていなかったし、存在していたとしてもいまでは打ち捨てられ、あるいは骨董と化しているものも少なくない。使用可能な剃刀用の革砥を今日見つけるのがむずかしいように[*7]、一九九三年モデルのパソコンはもはや骨董品だ。黙っていてもただで窓を拭いてくれる店員のいたガソリンスタンドも、いまとなっては昔話である。

さて、以上の点を勘案した末にお好きなカタログを選んだら、次の質問に移ろう。読者はいくらもらえば、選ばなかったほうのカタログから買ってもいいと思うだろうか。古いカタログの値段に二〇％上乗せしてくれればいいと思うなら、物価は二〇％上昇したことになる。となれば、所得が同じであれば、購買力が目減りした分だけ生活水準は低下したことになる。逆に所得が物価以上に上昇していれば、生活水準は向上したことになる。

このアプローチは、理論的には納得がいく。そして今日の大方の政府は、生活水準の変動をこのやり方で計算している。たとえば、社会保障給付の算定に使われる生計費調整は、この種の分析に基づいている。[*8] だが計算に使われるデータは、当然のことながら金銭を伴う市場での取引が対象になっており、無料のモノやサービス、つまりフリー・エコノミーはカウントされていない。

いくらなら払ってもいい？

もう一つのアプローチとして、モノやサービスが生む消費者余剰を計測するやり方もある。消費者余剰とは、消費者が「〇〇ドルなら払ってもいい」と考えている価格と、実際に払わなければならない価格との差を意味する。たとえばニューススタンドで買う新聞に一ドル払ってもいいと考えている場合、それがただで手に入ったら、一ドルの消費者余剰が得られたことになる。だが、値段のついている商品を消費せずに無料の商品に切り替えたら、消費者余剰は増えてもＧＤＰは減ってしまう。[*9] よってこの場合、消費者余剰のほうが経済的満足度を表す指標としてすぐれていると言えよう。このように、消費者余剰はなかなか魅力的な概念だ。しかし、計測がきわめてむずかしいという問題がある。

それでも多くの研究者が、消費者余剰の推定に取り組んできた。エリックも一九九三年に発表した論文で、コンピュータの値下がりに伴い消費者余剰は毎年五〇〇億ドル以上増えていると試算している。[*10※]

言うまでもなく、調査対象の品物が前からただなら、値下がり幅を調べても意味がない。エリックが最近行った研究では、別のアプローチを採用している。お金を払わなくてよい場合でも、インターネットを利用すれば必ず時間という貴重なリソースを費やしている点に注目した

※その後に類似の事実が相次いで突き止められた。二〇一二年には、経済学者のジェレミー・グリンウッドとカレン・コペッキーが同様のアプローチを採用し、ＰＣだけでも同様の経済寄与度が認められると指摘した。同じく経済学者のシェーン・グリーンスタインとリャン・マクデヴィットは、インターネット・アクセスの拡大が生み出した消費者余剰について調べた。広帯域通信の実質料金の低下に伴いサービス利用者がどれほど増えたかを調査。利用者が払ってもいいと考えた料金と実際に払った料金を比較して、消費者余剰を算出した。マッキンゼーは、より直接的な調査を行った。インターネット上で利用可能なサービス一六種類を挙げ、消費者三三六〇人にいくらなら払うかと質問したのだ。回答の平均は月五〇ドルだった。この結果に基づき、マッキンゼーの調査チームは、無料利用のインターネットからアメリカ人が受け取る消費者余剰は三五〇億ドルに達すると推定している。ちなみに最も払う人が多かったサービスはメール、次がソーシャル・ネットワークだった。

のだ。[*11] 金持ちか貧乏かを問わず、どんな人も一日二四時間しか使えない。ユーチューブ、フェイスブック、メールには必ず時間が使われるのであり、アメリカ人がインターネットで使う時間は二〇〇〇〜二〇一一年の一〇年間で二倍近くに増えている。つまりアメリカ人は、他のことよりインターネットに時間を使うほうが、価値があると考えたわけだ。そこでエリックらはユーザーにとっての時間の価値を考慮し、インターネットで費やされた余暇時間と他のことに使われた時間とを比較したうえで、インターネットはユーザー一人当たり年間約二六〇〇ドルの価値を創出したと見積もった。この数字はＧＤＰ統計にはまったく表れていない。だがもしこれを加算していたら、ＧＤＰ成長率（ひいては生産性の伸び）は毎年およそ〇・三％押し上げられていたはずだ。となれば二〇一二年の生産性の伸びは、公式統計の一・二％ではなく、一・五％だったということになる。

多いほうがうれしい余暇時間とは対照的に、労働時間は節約することに価値がある。グーグルのチーフ・エコノミストを務めるハル・バリアンは、グーグル検索によって得られる時間の節約に着目する。[*12] そしてグーグルで実際に行われた検索からサンプルをランダム抽出し、たとえば「クッキーにバターを使うのとマーガリンを使うのでは焼き上がりの大きさは変わる？」といった質問をピックアップし、グーグルを使わずに（たとえば図書館で調べるなどして）答を出す場合の時間を計測した。グーグルを使わない場合の調査時間は、平均すると二二分だった（図書館の往復時間はカウントしていない）。しかしグーグルを使えばたった七分で片付く。つまりグーグルでの検索は一件当たり一五分の時間の節約になる。これを平均的なアメリカ人が一年間に行う検索件数に適用し、アメリカ人の平均時給（二二ドル）で計算すると、労働者一人当たりで年間約五〇〇ドルの節約になっていることがわかった。

仕事中に（おそらく最初はまじめに検索していて）ネットサーフィンをしたことのある人なら、仕事と遊びの区別も、経済学者の言うインプットとアウトプットの区別も、今日ではあいまいになっていることに同意するだろう。たとえばフェイスブックに写真をアップロードしたり、タグを付けたり、コメントを書いたりすれば、家族や友人に、さらには見知らぬ人にも価値を創出したことになる。だがそのために費やした時間に報酬は払われない。従ってこの種の「仕事」をした人たちは、他のことに時間を使うより高い満足感が得られるから、しているのだと考えられる。ではいったい、どれほどの時間がソーシャル・ネットワーク・サイトで使われているのだろうか。フェイスブックだけでも、二〇一二年の利用時間の合計は毎日およそ二億時間に達している。[*13] これはなんと、パナマ運河の建設に要したマンアワーの一〇倍に相当するのである。[*14] これだけの膨大な時間が、GDP統計にはインプットとしてもアウトプットとしてもいっさいカウントされていない。だがこうした無報酬・無料の活動も、人々の生活満足度の向上には大いに貢献している。クラウド・ソーシングの発案者として名高いカーネギーメロン大学のルイス・フォン・アンらは、インターネット・ユーザーのささやかな貢献を結集して何か大きな成果を上げられないかと模索中だ。たとえば数百万の人々に外国語の学習をしてもらいながら、ウェブの翻訳を正確かつ迅速に無料でやってもらうといったプロジェクトが始動している。[*15]

アクセスの拡大が価値を生む

一九九〇年代初めのインターネット・ブームの頃、ベンチャー・キャピタリストはよくこんな冗談を言ったものだ——ニューエコノミーには二つの数字しかない、無限大とゼロだ、と。たしかにニューエコノミーでは、多くのモノやサービスの値段がゼロになったことに価値があった。だが逆の極端、つまり無限大から何らかの有限の数字になった値段もあったのではないか。たとえばワーナー・ブラザーズが新しい映画を制作し、それを九ドルで見られるとしよう。これが満足度の向上に寄与すると言ったら、おかしいだろうか。だが考えてみれば、映画が構想され、配役が決まり、撮影され、配給されるまでは、たとえ無限大にお金を出したところで見ることはできない。この意味で、たった九ドルで見られるということは、無限大からの大幅値下げと言える。これと同じように、以前は存在しなかったさまざまな新種のサービス（前章までにそのほんの一部を紹介した）に、いまでは容易にアクセスできる。このように二〇世紀における生活満足度の向上は、既存の品物が前より安くなったことのほかに、モノやサービスへのアクセスが可能になったことにも由来すると考えられる。

ソフトウェア会社の七七％は、新製品を毎年市場に投入している。またインターネット小売企業が扱う商品は増える一方である。[*16] アマゾンにアクセスすれば、数回クリックするだけで、二〇〇万冊以上の本の中から探していた本を見つけて買うことができる。一方、町の本屋が扱うのはせいぜい四万タイトル程度だ。ニューヨークでいちばん大きな書店バーンズ&ノーブルでさえ、二五万タイトルにすぎない。エリックは、マイケル・スミス、ジェフリー・フーとの共同研究で、書籍に限らず、ビデオ、音楽、電化製品、コレクター・アイテムなどに関しても、インターネットのおかげで選択の幅が大幅に拡がったと指摘した。在庫管理、サプライチェーン・マネジメント、製造管理がコンピュータを使って効率的かつ弾力的に行われるようになると、実店舗が扱う最小在庫管理単位（ＳＫＵ）は大幅に増えた（たとえばＳ・Ｍ・Ｌサイズ、赤・白・青の三色展開のＴシャツなら、ＳＫＵは９である）。こうして新たに入手可能になる商品が増えるたびに、消費者余剰は増えることになる。

モノやサービスが新たに入手可能になることによって創出される価値は、どれほどだろうか。この点を考える方法の一つは、何らかの品物がずっと前から存在してはいたが、高すぎて誰も手が出なかったと想像してみることだ。入手不可能だった品物が入手可能になることは、高価な商品が妥当な水準まで値下がりすることと似ている。経済学者のロバート・ゴードン[※]によれば、経済全体としてみると、公式のＧＤＰ統計はモノやサービスが新たに入手可能になったことの価値として、毎年約〇・四％を計測し損ねてきたという。すでに指摘したとおり、生産性

※そう、第6章でも登場した旧友ロバート・ゴードンその人である。http://faculty-web.at.northwestern.edu/economics/gordon/p376_ipm_final_060313.pdf. を参照されたい。

の伸びは二〇世紀の大半を通じて年二％程度だったのだから、〇・四％という数字はけっして無視できるほど小さいものではない。

レビューや比較も価値を生む

デジタル化は、既存のモノやサービスにも目に見えない価値をもたらしている。検索や取引のコストが下がったおかげで情報へのアクセスが高速かつ容易になり、効率性や利便性が高まったことは、その代表例だ。たとえばレビュー・サイトのイェルプ（Yelp）は、ユーザーから寄せられた数百万件に上るレビューを掲載し、お望みの値段やシーンに応じたレストランを簡単に探せるようになっている。初めてその町を訪れる旅行客にとっては、まことにありがたいサービスだ。さらに予約サイトのオープンテーブル（OpenTable）を利用すれば、ほんの数回のクリックでさっそく予約がとれる。

こうしたデジタル・ツールは、生活満足度を高めてくれる。これまでは客の無知につけ込んで、サービスの悪い店やまずい店が生き残っていた。また、地理的条件も競争を制限していた。だが今日では、比較サイト（投資顧問から犬、スマートフォンまでありとあらゆるアイテムを比較してくれる）のファインド・ザ・ベスト（FindTheBest.com）、格安フライト、ホテル、ツアー予約サイトのカヤック（Kayak）などが登場し、消費者が売り手を直接比較できるようになった結果、航空、銀行、保険、自動車販売、映画などさまざまな産業が変革を余儀なくされている。もはやおそまつな店は、無知でまぬけな客の来店に期待するわけにはいかない。裏通りにあるがサービスがよくお値段も手頃な店にあっさり客を奪われてしまう。ハーバード・ビジネススクールのマイケル・ルッカの研究によれば、透明性が増すことによって、独立系の小さなレストランが大規模チェーンに太刀打ちできるようになったという。イェルプのようなレビュー・サイトで評判のいい店を簡単に探せるようになったおかげで、高いお金を払って広告を打つ必要がなくなったことが大きい。[*17]

こうした「共有経済」がもたらす無形の便益、すなわちマッチング、タイムリー性、サービス、利便性の向上といったものこそ、まさにボスキン委員会が統計の不備を指摘した要素にほかならない。ボスキン委員会とは、消費者物価指数の見直しを目的として上院から指名され、一九九六年に報告を行った委員会の名称である。[*18] こうした無形の便益を計測できるなら、ほんとうの経済成長率が公式データより大きいことがはっきりするはずだ。

計測されない無形資本財

無料のモノやサービスが消費の中で次第に大きな割合を占めるようになってきたのとまさに同じように、資産の中でも無形の資本財の占める割合が増えている。セカンド・マシン・エイジにおける生産は、物理的な設備や組織構造よりも、次の四通りの無形資本財に依存する度合いが高い。知的財産、組織資本、ユーザー生成コンテンツ(UGC)、人的資本である。

第一の知的財産は、特許、著作権などが主なところだ。アメリカ人による特許取得件数は一九八〇年代から右肩上がりで増えており[19]、他の知的財産も同様である[20]。また、研究開発の多くは知的財産として結実しないとしても、やはり貴重であることは言うまでもない。

第二の組織資本は、知的財産よりもさらに大きいカテゴリーである。ここには、ビジネスプロセス、製造技術、組織形態、ビジネスモデルなどが含まれる。セカンド・マシン・エイジの新技術を効果的に活用するためには、まずもって仕事のやり方を変えなければならない。たとえば、数百万ドル投資してエンタープライズ・リソース・プランニング（ＥＲＰ）システムを導入したら、ビジネスプロセスの変更にはその三〜五倍のコストがかかる。それでも、システム投資は一国の資本ストックに加算されるが、ビジネスプロセスのほうは一般に資本としてはカウントされない。こちらのほうがハードウェアより長持ちするにもかかわらず、である。私たちの試算では、コンピュータ関連の無形資本財を正確に計測すれば、アメリカの公式統計に基づく資本ストックに二兆ドル以上が追加される[21]。

第三のユーザー生成コンテンツは、小さいながらも急成長中のカテゴリーである。フェイスブック、ユーチューブ、ツイッター、インスタグラムなどのユーザーは、無料のコンテンツを消費して消費者余剰を得るだけでなく、コンテンツの作成にも熱心だ。ユーチューブでは毎日四万三二〇〇時間分の動画が[22]、フェイスブックでは毎日二億五〇〇〇万枚の写真が投稿されている[23]。インターネット・ユーザーは、そのほかにも貴重なコンテンツをせっせと生成している。

アマゾン、トリップアドバイザー（TripAdvisor）、イェルプなどでのレビューがそうだ。イエスかノーで答える単純な評価も、有用なユーザー生成コンテンツである。たとえば「このレビューは参考になりましたか？」というアマゾンの質問に答えるだけで、最も参考になったレビューが先頭に表示される。こうしたレビューや評価は他のユーザーに大いに活用されているにもかかわらず、その経済効果は計測されていない。今日ではハードウェアのサプライヤーもソフトウェアのサプライヤーも、コンテンツ生成機能の効率化に力を入れている。たとえばスマートフォンにも、アプリにも、フェイスブックへの写真投稿を容易に（あるいは自動化）する機能が登場した。ユーザー生成コンテンツもまた、全体の幸福を増やしてくれる無形資本財と言ってよい。

そして第四の人的資本は、四つの中でも最大最重要の無形資本財である。私たちは学校で長い年月を過ごし、読み書き算数を学んできた。さらに職場研修、見習い、独学といった形でも学習し、生産性を高め、場合によっては学習それ自体から満足感を得ている。人的資本は、一国の資本ストックにも大きく寄与している。デール・ジョルゲンソンとバーバラ・フラウメニによれば、アメリカにおける人的資本の価値は、物的資本の価値の五〜一〇倍に達するという。[*24] もっとも人的資本は、経済にとってつねに重要だったわけではない。アダム・スミスは、労働者を反復作業に追いやったことがファースト・マシン・エイジの最大の欠陥だと考えており、『国富論』（一七七六年）で「ごく少数の単純作業だけで一生をすごし、しかも、作業の結果がいつも同じかほとんど変わらないようであれば、自分の知識を活かす機会はまったくない」と述べている。[*25] 後段で取り上げるが、定型的な業務が自動化され、人間には創造性の発揮が一段と求められるようになれば、人的資本への投資は今後ますます重要になるだろう。

これら四種類の無形資本財はどれも価値があるが、公式のGDP統計では無視されている。ユーザー生成コンテンツは、計測されない労力が計測されない資産を生み出し、その資産は計測されない方法で消費されて、計測されない消費者余剰を生み出している。それでも最近になって、いわゆる「サテライト勘定」を整備する実験的な試みが行われるようになった。サテライト勘定とは、国民経済計算（SNA）の本体を補完する目的で作成される特定分野の統計を指す。たとえば経済分析局（BEA）が新たに導入したサテライト勘定をみると、研究開発投資がGDPの約二・九％を占めており、一九九五〜二〇〇四年にGDPを毎年約〇・二％押し上げていたことがわかる。[*26]

四種類の無形資本財をそっくり見落としてきたことは、公式統計をどの程度歪めているのか――この点を正確に把握するのはむずかしい。それでも、こうした無形資本財の経済貢献度が過小評価されてきたことはたしかである。[※]

セカンド・マシン・エイジには新しい指標が必要だ

計測できるものは成し遂げられる――これは、経営の鉄則である。だから近代的な国民経済計算の整備は、国家の経済運営にとって大きな前進だった。ポール・サミュエルソンとウィリアム・ノードハウスが述べたとおり、「GDPをはじめとする国民経済計算がいかに不可解に見えるとしても、二〇世紀における偉大な発明の一つであることはまちがいない[*27]」。

だがデジタル・イノベーションの出現で、経済の計測にもイノベーションが必要になっている。まちがった数字を見ていたら、まちがった決定を下し、まちがった方向へ進むことになってしまう。有形のものだけを計測していたら、生活をよりよくしてくれる無形のものを無視することになる。環境汚染とイノベーションを計測しなかったら、汚染は増えイノベーションは不足するだろう。大切なものがすべて計測できるとは限らず、計測できるものがすべて大切とは限らない。

ノーベル賞経済学者のジョセフ・スティグリッツは、次のように述べている。

GDPが幸福の指標としては不備であること、それどころか市場での経済活動の指標と

※計測されない無形の消費財とは異なり、無形の資本財の過小評価は必ずしも公式の生産性統計を歪めるわけではない。すべての無形資産と同じく、無形の資本財はアウトプットを押し上げる。だが資本財は生産にも使われるので、インプットも押し上げる。したがって両者は相殺され、「アウトプット／インプット」として計算される生産性の数値に歪みは出ない。一部の無形資本財（たとえば教育によって創出される人的資本）についてはこれが当てはまる。だが、コンピュータ絡みの組織資本やウェブ上のユーザー生成コンテンツといった無形資本財に関しては、公式統計における過小評価が経済全体の成長率を低めに見せていると考えられる。

しても不備であることは、以前から認識されていた。社会と経済が大きく変化した現在、この問題は一段と深刻化している。その一方で、経済学と統計技術の進歩により、計測の改善も期待できる。[*28]

新しい指標は、そもそもの発想も、計測方法も異なるものとなるだろう。ここでは、すでに実用に供されている指標と計測手法の一部を挙げておくことにしよう。国連開発計画（ＵＮＤＰ）が発表する人間開発指数は、健康や教育などの指数を用いて社会のゆたかさや進歩の度合いを計測する包括的な経済社会指標である。[*29] 同じくＵＮＤＰが二〇一〇年に導入した多次元貧困指数（ＭＰＩ）は、栄養、衛生、安全な飲料水など一〇の指標から開発途上国の貧困の状況を評価する複合指数である。[*30] この指数で使われる幼児死亡率その他の保健指標には、人口保健調査（ＤＨＳ）など各国が定期的に実施している調査のデータが使われている。[*31]

この方面では、有望なプロジェクトも進行中だ。経済協力開発機構（ＯＥＣＤ）は「経済状況と社会進歩の計測に関する委員会」を設置し、経済・社会指標としてのＧＤＰには限界があるとの認識の下、必要な追加的情報の検討を行った。同委員会はジョセフ・スティグリッツを委員長とし、アマルティア・セン、ジャン＝ポール・フィトゥシが参加した。[*32] またマイケル・ポーター、スコット・スターン、ロベルト・ローリアらは、基本的欲求の充足度や社会福祉の充実度に加え、自殺、財産権、学校の出席率、移民の待遇、女性の地位などさまざまな項目を調査し、社会進歩指標を発表している。[*33] またブータンは「国民総幸福量（GNH）」という独自の指標を打ち出し、世界的に注目されている。このほか世論調査企業ギャラップも、長年にわたり幸福度調査を行ってきた。[*34]

こうした指標が計測・発表されるようになったのは大きな前進であり、私たちとしても心から支援したい。だが、もっと大幅な改善のチャンスが目の前にあることを忘れてはいけない。セカンド・マシン・エイジそのものをツールとして使うことだ。入手が容易になった大量・多様かつタイムリーなデジタル・データを、まるごと活用するのである。たとえば、マサチューセッツ工科大学スローン経営大学院のロベルト・リゴボンとアルベルト・カバッロは、インターネットで数百万品目のオンライン価格を調べ、日々の物価上昇率を算出する方法を編み出した。彼らが発表する「物価指数」は、数カ月かけて小さな標本から計算される公式指数よりはるかにタイムリーで、場合によっては信頼性も高い。[*35] このほか、衛星マッピング技術を使って夜間の人工光源から各地の経済成長を推定する、グーグル検索の頻度から失業率や住宅市場の変化を把握する、といった試みも行われている。[*36] 膨大な情報をつなぎ合わせて活用できるなら、経済の現状の理解度は飛躍的に高まるにちがいない。すでにマーケティング、製造、金融、小売業界などで、データの活用によって意思決定に大きな質的変化が見られることからも、そう断言できる。

入手可能なデータが増えるにつれ、また経済の変化が加速するにつれて、正しい問いを発することがますます重要になっていく。街灯がどれほど明るくても、真下は暗いものだ。何を計測すべきか、もっとほしいものは何で、もっと減らしたいものは何なのか、真剣に考えるべきときが来ている。ＧＤＰも生産性も重要ではあるが、どちらもそれ自体を増やすことが目的ではない。消費者余剰を増やしたいなら物価を下げるか余暇を増やせばよいが、そうなればＧＤＰは縮小する。それに言うまでもなく、人々が心から願うものの多くは金銭以外の範疇にある。だからと言って経済指標を無視してよいわけではもちろんないが、さりとて計測困難だからという理由で他の価値を締め出してよいわけでもない。

しかも狭く経済に限ったとしても、現在のＧＤＰおよび生産性統計は多くの価値を見落としていることを忘れてはならない。そのうえ、私たちが価値を認めているものは、現在計測されているものから乖離する一方だ。かつて存在していなかったモノやサービスが入手可能になるたびに、あるいはデジタルの世界ではよくあることだが、既存のモノやサービスが無料になるたびに、両者の乖離は大きくなっていく。

第8章 原注

＊1 Joel Waldfogel, "Copyright Protection, Technological Change, and the Quality of New Products: Evidence from Recorded Music Since Napster," Working Paper (National Bureau of Economic Research, October 2011), http://www.nber.org/papers/w17503.

＊2 Albert Gore, *The Future: Six Drivers of Global Change* (New York: Random House, 2013), p. 45.（アル・ゴア『アル・ゴア未来を語る——世界を動かす6つの要因』枝廣淳子、中小路佳代子訳、KADOKAWA）

＊3 ウィキペディアの英語版はすでに二五億ワードを超えており、エンサイクロペディア・ブリタニカの五〇倍に達している。"Wikipedia: Size Comparisons," *Wikipedia, the Free Encyclopedia*, July 4, 2013, http://en.wikipedia.org/w/index.php?title=Wikipedia:Size_comparisons&oldid=562880212 (accessed August 17, 2013).

＊4 現時点では、スマートフォン用アプリの九〇%は無料である。Alex Cocotas, "Nine Out Of Ten Apps On Appl's App Store Are Free," *Business Insider*, July 19, 2013, http://www.businessinsider.com/nine-out-of-10-apps-are-free-2013-7#ixzz2cojAAOC y (accessed August 17, 2013).

＊5 ショート・メッセージ・サービスが無料サービスに喰われた結果、電話会社は二〇一二年に三〇〇億ドル以上の損失を被ったと推定される。Graeme Philipson, "Social Messaging to Cost Telcos $30 Billion in Lost SMS Revenues," *IT Wire*, May 2, 2013, http://www.itwire.com/it-industry-news/strategy/59676-social-messaging-to-cost-telcos-$30-billion-in-lost-sms-revenues (accessed August 17, 2013). 経済分析局（ＢＥＡ）の勤勉な統計担当者たちは、価格の変化は品質によるものだと証明しようとした。しかし実際には、それは小幅の変動には当てはまっても、新製品やサービスの破壊的な投入には当てはまらない。しかも、ＧＤＰが拡大しても国民の幸福が増えるとは限らない。たとえば、犯罪が増えれば侵入警報装置の購入、警察官の増強、刑務所の建設などが行われる。これらはＧＤＰを押し上げるが、言うまでもなくこの種の支出が少ないほうが国民は幸福である。

＊6 以下を参照されたい。http://archive.org/stream/catalogno12400sear#page/370/mode/2up (accessed September 15, 2013).

＊7　一九一二年のシアーズのカタログ（八七三ページ）では、この品物の値段は七二セントである。以下を参照されたい。http://archive.org/stream/catalogno12400sear#page/872/mode/2up.

＊8　二〇一三年のカタログを使って一九九三年の「幸福」を再現しようとするか、一九九三年のカタログを使って二〇一三年の幸福を再現するかによって、結果はだいぶちがってくる。専門的に言うと、両者の差は経済学者がパーシェ指数、ラスパイレス指数と呼ぶ物価指数のちがいに起因する。このほかに、連鎖指数と呼ばれる物価指数もある。どの指数を選択するかによって、長い間には大きな差が出る。社会保障給付の計算式などはその一例である。

＊9　理論上は、まったく同じ商品が安い価格で手に入る場合、名目GDPは縮小しても実質GDPは縮小しない。両者の差は物価指数に反映される。実際には、このような消費の変化は物価指数の変化には現れないため、GDPは名目・実質ともに縮小することになる。

＊10　Erik Brynjolfsson, "The Contribution of Information Technology to Consumer Welfare," *Information Systems Research* 7, no. 3 (1996): 281–300, doi:10.1287/isre.7.3.281.

＊11　Erik Brynjolfsson and Joo Hee Oh, "The Attention Economy: Measuring the Value of Free Goods on the Internet," in NBER Conference on the Economics of Digitization, Stanford, 2012, http://conference.nber.org/confer//2012/EoDs12/Brynjolfsson_Oh.pdf.

＊12　Hal Varian, "Economic Value of Google," March 29, 2011, http://cdn.oreillystatic.com/en/assets/1/event/57/The%20Economic%20Impact%20of%20Google%20Presentation.pdf (accessed August 23, 2013). Yan Chen, Grace YoungJoo Jeon, and Yong-Mi Kim, "A Day without a Search Engine: An Experimental Study of Online andOffline Search," http://yanchen.people.si.umich.edu/.

＊13　Emil Protalinski, "10.5 Billion Minutes Spent on Facebook Daily, Excluding Mobile," *ZDNet*, http://www.zdnet.com/blog/facebook/10-5-billion-minutes-spent-on-facebook-daily-excluding-mobile/11034 (accessed July 23, 2013).

＊14　Daniel Weld, "Internet Enabled Human Computation," July 22, 2013, Slide 49, https://docs.google.com/viewer?a=v&q=cache:HK a8bKF JkRQJ:www.cs.washington.edu/education/courses/cse454/10au/

slides/13-hcomp.ppt+facebook+hours+pana
ma+canal+ahn&hl=en&gl=us&pid=bl&srcid=ADGEE SjO16Vz-Mrtg5P2gFvRC 82qOoJvsHNVmr56N1XbswDpmqoxb1pUML oJacAgvNdPRk5OC U0gPCjLbf_3SIvu4oiqCYAqywUkC18VL BdwiE2SwTQrGJXOxuxZFpu_gy6JrmzAtri0&sig=AHIE tbQnKVD d9ybDuAJQJMIM hD8R_oNt8Q.

＊15 以下を参照されたい。Clive Thompson, “For Certain Tasks, the Cortex Still Beats the CPU,” *Wired*, June 25, 2007.

＊16 National Science Foundation, “Industry, Technology, and the Global Marketplace,”*Science and Engineering Indicators 2012*, 2012, http://www.nsf.gov/statistics/seind12/c6/c6h.htm#s2 (accessed July 27, 2013).

＊17 Michael Luca, “Reviews, Reputation, and Revenue: The Case of Yelp.com,” Harvard Business School Working Paper (Harvard Business School, 2011), http://ideas.repec.org/p/hbs/wpaper/12-016.html (accessed September 12, 2013).

＊18 Ralph Turvey,“Review of: Toward a More Accurate Measure of the Cost of Living: Final Report to the Senate Finance Committee from the Advisory Committee to Study the Consumer Price Index. by Michael J. Boskin; Ellen R. Dullberger; Robert J. Gordon,” *Economic Journal* 107, no. 445 (1997): 1913–15, doi:10.2307/2957930.

＊19 Jonathan Rothwell et al., “Patenting Prosperity: Invention and Economic Performance in the United States and Its Metropolitan Areas,” February 2013, http://www.brookings.edu/research/reports/2013/02/patenting-prosperity-rothwell (accessed September 12, 2013).

＊20 以下を参照されたい。Carol Corrado, Chuck Hulten, and Dan Sichel, “Intangible Capital and Economic Growth,” NBER Working Paper No. 11948, 2006, http://www.nber.org/papers/w11948.

＊21 Erik Brynjolfsson, Lorin Hitt, and Shinkyu Yang, “Intangible Assets: Computers and Organizational Capital,” Brookings Papers on Economic Activity, 2002, http://ebusiness.mit.edu/research/papers/138_Erik_Intangible_Assets.pdf (accessed August 18, 2013); Erik Brynjolfsson and Lorin M. Hitt, “Computing Productivity: Firm-Level Evidence,”SSRN Scholarly Paper (Rochester, NY: Social Science Research Network, 2003), http://papers.ssrn.com/abstract=290325.

＊22 Rick Burgess, “One Minute on the Internet: 640TB Data Transferred, 100k Tweets, 204 Million E-mails Sent,” *TechSpot*, http://

www.techspot.com/news/52011-one-minute-on-the-internet-640tb-data-transferred-100k-tweets-204-million-e-mails-sent.html (accessed July 23, 2013).

*23 "Facebook Newsroom," http://newsroom.fb.com/content/default.aspx?NewsAreaId=21 (accessed July 23, 2013).

*24 Dale Jorgenson and Barbara Fraumeni, "The Accumulation of Human and Nonhuman Capital, 1948–84," in *The Measurement of Saving, Investment, and Wealth* (Chicago, IL : University of Chicago Press for National Bureau of Economic Research, 1989), p. 230, http://www.nber.org/chapters/c8121.pdf.

*25 Adam Smith, *An Inquiry into the Nature and Causes of the Wealth of Nations*, ed.Edwin Cannan (Library of Economics and Liberty, 1904), http://www.econlib.org/library/Smith/smWN20.html (accessed September 23, 2013)（アダム・スミス『国富論』山岡洋一訳、日本経済新聞出版社）

*26 Ana Aizcorbe, Moylan Carol, and Robbins Carol, "Toward Better Measurement of Innovation and Intangibles," BEA Briefing, January 2009, http://www.bea.gov/scb/pdf/2009/01%20January/0109_innovation.pdf.

*27 引用元は"GDP: One of the Great Inventions of the 20th Century," January 2000 Survey of Current Business, http://www.bea.gov/scb/account_articles/general/0100od/maintext.htm.

*28 Joseph E. Stiglitz, "GDP Fetishism," *Project Syndicate*, http://www.project-syndicate.org/commentary/gdp-fetishism (accessed July 23, 2013).

*29 "Human Development Index (HDI)," *Human Development Reports*, 2012, http://hdr.undp.org/en/statistics/hdi/ (accessed July 23, 2013).

*30 "Policy—A Multidimensional Approach," *Oxford Poverty & Human Development Initiative*, 2013, http://www.ophi.org.uk/policy/multidimensional-poverty-index/.

*31 "DHS Overview," *Measure DHS: Demographic and Health Surveys*, 2013, http://www.measuredhs.com/What-We-Do/Survey-Types/DH S.cfm (accessed September 11, 2013).

*32 Joseph Stiglitz, Amartya Sen, and Jean-Paul Fitoussi, "Report by the Commission on the Measurement of Economic Performance and Social Progress," *Council on Foreign Relations*, August 25, 2010, http://www.cfr.org/world/report-commission-measurement-economic-performance-social-progress/p22847 (accessed August 9, 2013).

＊33 社会進歩指数は、以下を参照されたい。http://www.socialprogressimperative.org/data/spi.

＊34 幸福指数については、以下を参照されたい。http://www.well-beingindex.com/.

＊35 このプロジェクトについては、以下を参照されたい。http://bpp.mit.edu.

＊36 たとえば、以下を参照されたい。Hyunyoung Choi and Hal Varian, "Predicting the Present with Google Trends," Google Inc., April 10, 2009, http://static.googleusercontent.com/external_content/untrusted_dlcp/www.google.com/en/us/googleblogs/pdfs/google_predicting_the_present.pdf (accessed September 11, 2013); Lynn Wu and Erik Brynjolfsson, "The Future of Prediction: How Google Searches Foreshadow Housing Prices and Sales," SSRN Scholarly Paper (Rochester, NY : Social Science Research Network, 2013), http://papers.ssrn.com/abstract=2022293.

第9章

セカンド・マシン・エイジの格差

貧富の不平等は、
あらゆる共和国に
最も古くからある致命的な病である。
——プルタルコス

　最初の写真が一八三八年にパリの混雑した通りで撮影されて以来、人類が撮ってきた写真の数は三・五兆枚に上る。そのうちまるまる一〇％は、二〇一二年の一年間だけで撮影されたものだ。[*1]ごく最近まで写真の大半はアナログで、感光剤が塗られたフィルムを露光させる方式で撮影されていた。しかし二〇〇〇年をピークにアナログ写真の時代は過ぎ去った。[*2]今日では二五億人以上がデジタルカメラを持っており、撮影される写真の大半がデジタルである。[*3]写真のデジタル化の影響はすさまじく、一九世紀に撮影されたすべての写真を上回る数が一分おきに撮影されているという。[*4]今日では出会った人や日々のささやかな出来事がくっきりと鮮明な形で記録に残され、大勢の人と簡単に共有できるようになっている。

　デジタル化によって撮影が簡便になり、のべつ写真が撮られるようになっただけでなく、写真の生産と流通にも大きな変化が起きた。画像共有ソフトの登場である。たった一五人のチームが開発したインスタグラム（Instagram）を介して、一億三〇〇〇万人が一六〇億枚もの写真を共有した。[*5]そして創業から一五カ月で、インスタグラムはフェイスブックに一〇億ドルで買収されている。そのフェイスブックは、二〇一二年の時点でユーザー数が一〇億人に達したが、従業員数は四六〇〇人、[*6]エンジニアは一〇〇〇人に過ぎない。[*7]

この数字をかつての写真の雄コダックと比べてみよう。考えてみればコダックも、写真の共有を可能にした企業だった。コダックは、一時期は一四万五三〇〇人を雇用（その三分の一がニューヨーク州ロチェスターの本社に勤務していた）し、さらにサプライチェーンや小売店網でも大勢が働いていた。ファースト・マシン・エイジには、それだけの人手が必要だったのである。コダックを興したジョージ・イーストマンは大金持ちになったが、同時に何世代にもわたって雇用を創出し中流層を育てたほか、ロチェスターの町の発展にも寄与している。同社の創業は一八八〇年である。しかしそれから一三二年後、コダックは破産申請に追い込まれる。[*8]シャッターチャンスを意味する言葉が「コダックの瞬間」と名づけられていたほどの写真の巨人が倒れたのだ。このときほど写真業界が話題になったことはない。今日では、年間七〇〇億枚の写真がフェイスブックに、その何倍もの写真がフリッカーなど他の写真共有サイトに投稿される。そのためのコストはほとんどかからない。これらの写真はすべてデジタルだから、感光剤や現像液やら印画紙などを扱っていた人たちは、皆お払い箱になってしまった。このようにデジタル時代は、生計の道を新たに探さなければならない人を大量に生み出している。

大量に撮影され共有される写真の変遷は、一面ではセカンド・マシン・エイジの恩恵を雄弁に物語ると言えよう。このゆたかさは、指数関数的な高性能化、デジタル化、組み合わせ型イノベーションが経済にもたらすプラスの結果である。しかしセカンド・マシン・エイジは、もう一つの結果も引き起こす。それは、格差だ。所得と資産のみならず人生のさまざまなシーンでも大きな格差が生まれ、しかも拡大の一途をたどっている。セカンド・マシン・エイジはなるほど写真の宝庫を出現させ、毎年四〇〇〇億枚近い写真が共有されるようになったが、インスタグラムやフェイスブックなどが雇う人間の数は、かつてのコダックの十分の一以下だ。にもかかわらず、フェイスブックの時価総額はピーク時のコダックの七倍を上回っており、結果的に少なくとも七人の億万長者（ビリオネア）（純資産が一〇億ドル以上）を誕生させた。この七人は一人ひとりが、ジョージ・イーストマンの一〇倍以上の純資産を保有している。アナログからデジタルへの移行はデジタル写真天国を演出すると同時に、所得分布の範囲を大幅に押し広げた。

こうした変化が起きたのは、写真産業だけではない。音楽、メディア、金融、出版、小売り、流通、サービス、製造業等々、多くの産業で同じような展開になっており、この流れは今後も続くと見込まれる。乱暴に言えばほぼすべての産業で、技術の進歩は前例のないゆたかさをもたらし、より多くの富がより少ない労働から生み出されている。だが、少なくとも現行の経済システムの下では、この傾向は所得と富の分布にも重大な影響をおよぼさずにはおかない。労働者一人が一時間かかる仕事を機械が一ドルでやってのけるとしたら、利益の最大化をめざす雇用主は、その仕事をする労働者に時給一ドル以上は払おうとはしないだろう。自由市場経済においては、労働者は時給一ドルに甘んじるか、他の生計の道を探すしかない。逆に、デジタル技術を活用して一〇〇万人から新たなアイデアやスキルを引き出す方法を発見した人は、従来通りのやり方を続ける事業者の一〇〇万倍の収入を得られるかもしれない。

ゆたかさと格差が同時に出現したのは、けっして偶然ではない。デジタル技術をはじめとする技術の進歩は、所得と富の再配分を強力に促す。ほとんどコストをかけずにアイデアやイノベーションを複製できるデジタル技術は、社会にゆたかさを、発明家や起業家には巨万の富をもたらす可能性を秘めているが、従来のような労働を必要としないため、多くの人の所得を減らす危険性も孕んでいる。

世の中には、技術の発展は所得を増やすという見方と、自動化は所得を減らすという見方が存在する。真っ向から対立するこの二つの見方は、どちらも問題の核心を突いてはいるが、現実はそれほど単純ではない。デジタル技術の高度化は途方もない富を生み出すとしても、すべての（あるいは大多数の）労働者がその恩恵を受けるという法則があるわけではない。ゆたかさと格差の同時進行は、その端的な表れと言えよう。

およそ二〇〇年にわたり、賃金は生産性と歩調をそろえて上昇してきた。となれば、技術は万人を救うと考えたくなる。だがここに来て、生産性は上昇しても賃金の中央値は上がっていない。両者は連動しなくなったのである。この事実は理論によって裏づけることができるし、データや人々の実感とも一致している。

中央値はどうなった?

まずは、基本を押さえておこう。

所得分布を考えるときは、中央値（＝五〇パーセンタイル）に注目するとよい。一〇〇個のデータがある場合、いちばん小さいほうから五〇番目のデータのことである。アメリカの実質世帯所得の中央値は一九九九年に五万四九三二ドルでピークを打ち、その後は減少に転じた。二〇一一年には、ＧＤＰが史上最高の水準に達したというのに、実質世帯所得の中央値は一〇％近く落ち込み、五万五四ドルにとどまっている。アメリカでも他の先進国でも、未熟練労働者の賃金の落ち込みが甚だしかった。

その一方で、二〇一二年にはアメリカの全所得の半分以上を上位一〇％の所得層が占めている。これは、大恐慌前の時代も含めてアメリカ史上初めてのことだ。また上位一％は二二％を占め、一九八〇年代前半の比率の二倍を上回った。さらに上位〇・〇一％になると、これはもう年間所得が一一〇〇万ドルを上回る数千人にすぎないのだが、この人たちが全所得に占める比率が五・五％に達している。この層の所得は、一九二七〜二八年以降では二〇一一〜一二年の伸びが最も大きかった。[*9]

他の指標からも、不平等の拡大を読み取ることができる。たとえば、平均寿命は全体としては伸びているものの、一部のグループでは減りはじめた。ジェイ・オルシャンスキーらがヘルス・アフェア誌に発表した論文によれば、高校を出ていないアメリカの白人女性の平均寿命は、一九九〇年には七八・五歳だったのが、二〇〇八年には七三・五歳になっている。高校を出ていない白人男性の平均寿命も、同時期に三年短くなった。[*10]

これでは、大不況から立ち直っても、アメリカ全土で抗議運動が起きるのは無理もない。右のティーパーティーから左の「ウォール街を占拠せよ」にいたるまで、数百万の怒れるアメリカ人が経済の不条理に抗議の声を上げ、あるいは政府の経済運営の失敗を非難し、あるいは金融部門に罵声を浴びせている。

機械との競争にさらされる人々

不平等の拡大は、言うまでもなく重大な問題である。しかしより本質的な問題は、デジタル技術の普及が不可避的に伴う構造的な変化だ。

最近私たちは、とあるビジネスマンが携帯電話で声高に話しているのを耳にした。「いや、もうH&Rブロック（確定申告作成サービスを提供する企業）を使うのはやめた。ターボタックス（TurboTax）に切り替えたんだ。ソフトウェアだよ。こっちはたったの四九ドルで、ずっと速いし正確だ。すっかり気に入っているよ」。よりよいサービスをお買い得に手に入れたビジネスマン氏はご満悦だ。ターボタックスのユーザーは数百万人に達しており、彼らの満足度がGDP統計には反映されないにしても、このソフトウェアが大きな価値を創出したことはまちがいない。それに、ターボタックスの開発チームもハッピーになった（うち一人は億万長者になった）。

だが確定申告作成サービスに従事してきた数千人にとっては、職も所得も危うくなっている。

このビジネスマン氏の経験は、まさに経済に起きている大きな変化を映し出している。消費者は満足し、巨万の富も築かれるが、新しいモノやサービスが生み出す所得の大半は一握りの人間の懐に入る、ということだ。と同時に、一九九〇年代に感光剤や現像液や印画紙を作っていた技術者同様、人間の確定申告作成者は機械との競争にさらされる。技術の進歩で割を食うのはこうした人たちだ。

経済学の観点からみて重大な事実は、ターボタックスのようなプログラムの制作・更新には、少数のデザイナーやエンジニアしか必要としないことである。第4章で述べたとおり、アルゴリズムがいったん出来上がってしまえば、数百万のユーザーのために複製して供給するコストはほとんどかからない。あらゆる産業でソフトウェアが中心的な役割を果たすようになった現在、このタイプの製造プロセスやこのタイプの企業が次第に増えていくことは確実である。

大きなパイの小さな一切れ

ターボタックスのような例が経済全体に拡がるとしたら、どうなるのだろうか。もうすでに、何かとてつもないことが始まっているのだろうか。データを見る限り、答はイエスだ。

一九八三〜二〇〇九年にアメリカ人の保有資産の価値はあきらかに増えており、全体として大幅に裕福になったと言える。だが経済学者のエドワード・ウルフとシルビア・アレグレットが指摘するとおり、所得分布の下位八〇％では資産が純減となっているのだ。[11] その一方で上位二〇％では、資産は二倍以上に増えている。この増えた分には、アメリカ経済で新たに創出された数兆ドルの富だけでなく、下位八〇％から移転した富も含まれる点に注意してほしい。富の分布は、富裕層の間でもひどく偏っている。上位五％の富裕層が富の増分の八〇％を、さらに上位一％がその半分以上を吸い上げる……という具合に、細かく区分してみていくほど偏りが大きくなることがわかる。有名な話だが、ウォルマートを創設したサム・ウォルトン（一九九二年に死去）の六人の相続人は、二〇一〇年には、アメリカの下位四〇％の所得層を上回る富を所有するにいたった。[12] こうした富の偏在が、一三〇〇万世帯の純資産がマイナス（借金のほうが資産より多い）に陥った原因の一つとなっている。

資産だけでなく、所得の分布にも同様の変化が見られる。一九七九～二〇〇七年に上位一％の所得は二七八％増えたのに対し、中間層の所得は三五％しか増えていない。また上位一％の所得は、二〇〇二～〇七年にアメリカの全所得の六五％を占めた。フォーブス誌によれば、最も裕福なアメリカ人四〇〇人の純資産合計は二〇一三年に二兆ドルに達し、二〇〇三年の二倍以上に増えたという。[13]

要するに、所得の中央値は一九七九年以降ほとんど増えていない。それどころか、一九九九年以降は減っている。だがその原因は、アメリカの所得や生産性が全体として停滞していたか

●図 9.1　一人当たり実質 GDP と所得中央値の推移

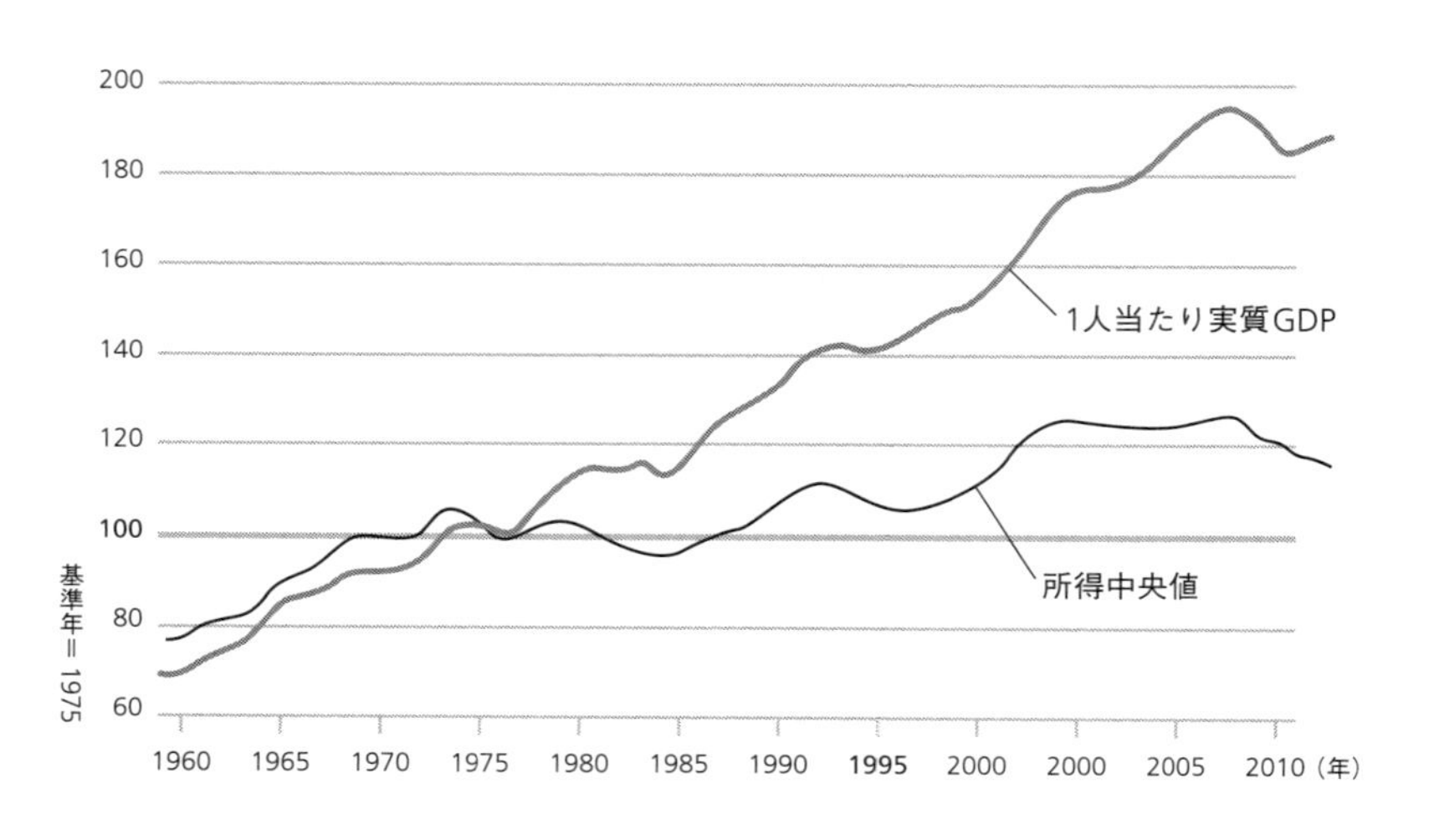

らではない。第7章で指摘したとおり、所得も生産性もめざましい伸びを記録している。従って中央値の伸び悩み、さらには減少は、大幅な所得の再配分が起きたことを意味する。平たく言えば、成長の恩恵を受けた人と受けなかった人がいるということだ。この点を理解するには、所得の平均値と中央値を比べてみるとよいだろう。ふつうは、平均所得（全所得を人数で割った数字）は、中央値（所得分布のちょうど中央に位置する人の所得）とあまりちがわないものだ。だが近年では、図9・1に示すように、両者の乖離が大きくなっている。

なぜこんなことになるのだろうか。簡単な例で考えてみよう。銀行の窓口係が一〇人、バーでビールを飲んでいるとしよう。窓口係の年間所得はみな三万ドルだとすれば、平均値も中央値も三万ドルである。さて、ここに銀行の頭取が来て仲間入りする。すると、このグループの平均所得は一気に跳ね上がるが、中央値はまったく変わらない。一般に、所得分布が偏っているほど、平均値は中央値から乖離しやすい。このバーのようなことが、アメリカ全体で起きているのである。

一九七三〜二〇一一年に時間給の中央値は年〇・一%しか伸びておらず、つまるところほとんど変わっていない。対照的に第7章で述べたとおり、生産性のほうは同時期に年平均一・五六%伸びている。とくに二〇〇〇〜〇一一年には、一・八八%へと伸びが加速した。この生産性の伸びの大半は、平均所得の伸びに現れている。中央値の伸びが平均値を大幅に下回るのは、不平等が拡大していることが最大の原因である。[*14]

勝ち組は誰か?

この二〇年間に税制は何度か変更され、海外との競争は激化し、政府の浪費やウォール街のインチキが目に余るようになった。だがさまざまなデータや研究を見る限り、これらは不平等拡大の主因ではない。重大な原因は、経済を支えるテクノロジーの変化である。具体的には、指数関数的な高性能化、デジタル化、組み合わせ型イノベーションの出現が不平等の拡大を助長した。最先進国で軒並み同じ傾向が認められることからも、この結論は裏づけられる。たとえばスウェーデン、フィンランド、ドイツでは、所得格差が過去二〇〜三〇年にわたりアメリカ以上のペースで拡大している。[*15] これらの国はもともと所得の不平等がアメリカより小さかったので、現在でもアメリカほど不平等ではないが、基調的な傾向はどの国でも共通する。制度や政策や文化が大きく異なる国であっても、だ。

前著『機械との競争』（邦訳日経BP社刊）で論じたとおり、こうした経済の構造変化は、互いに重なり合う三通りの勝ち組と負け組を出現させる。だからパイが大きくなっても、必ずしも全員の分け前が大きくなるわけではない。最初の二つの勝ち組は、広い意味での資本を蓄積してきた人たちである。物的資本（機械設備、知的財産、金融資産）を蓄積してきたいわゆる資本家と、人的資本（教育、経験、スキル）を蓄積してきた高スキル労働者だ。物的資本と同じく、人的資本も所得を生み出す大切な資産である。たとえば熟練した配管工は、未熟練の配管工と比べ、同じ労働時間でより多くの収入を得ることができる。そして三つめの勝ち組は、スーパースターだ。特別な才能（あるいはとてつもない幸運）に恵まれた人たちである。

どのペアでも、デジタル技術は勝ち組に大きく報いる一方で、負け組の経済的な存在意義を低下させ、退場に追いやることとさえある。勝ち組の得るものは、負け組の失うものよりも大きい。そんなことが起こりうるのは、経済全体としては生産性も総所得も伸びているからだ。このこと自体はよろこばしいことだが、取り残される人々にとっては何の慰めにもなるまい。プラスがいかに大きくとも、一握りの勝ち組に集中してしまえば、それ以外の大多数にしわ寄せが行くことになる。

第一の勝ち組――高スキル労働者

経済学者が技術の影響を説明するために使う最も基本的なモデルでは、技術を単純乗数として扱い、生産性の伸びはすべての人に均等に当てはまると考える。[*16] このモデルは、等式で表すことが可能だ。「技術の進歩という上げ潮は、すべての船を浮かばせる」という見方は、このモデルに基づいている。つまり新しい技術が導入されればあらゆる労働者の生産性が高まるので、どの労働者の価値も高まるという。この見方は直観的に理解できるし、ごく最近までは当たっていた。技術が乗数として機能するなら、労働を含むインプットが同じままでも、アウトプットは増えると期待できる。そしてすべての労働者が等しく技術の影響を受けるなら（このモデルではそうなっている）、どの労働者も労働時間一単位につきより多くの価値を生み出すはずだ。

もうすこし複雑なモデルでは、技術がすべてのインプットに等しく作用するとは考えず、仕事によるちがいを考慮する。近年では、給与処理ソフトなどの業務処理ソフト、ファクトリー・オートメーション、コンピュータ制御による機械・設備、自動在庫管理、文書処理ツール等々が定型的な作業に幅広く導入され、事務や製造現場などで人間にとって代わっている。このようにある種の仕事では人間が駆逐される一方で、ビッグデータの処理・分析、高速コミュニケーション、簡便なプロトタイプ制作といった技術はますます重用されるようになった。こうした技術に必要とされるのはより抽象的な思考やデータに基づく推論であり、工学的な知識、創造性、デザイン力などを備えた人材の価値が高まっている。

一言で言えば、しかるべきスキルを持たない労働者の需要は減少し、高度なスキルを持つ労働者の需要は増加している。デービッド・オーター、ローレンス・カッツとアラン・クルーガー、フランク・レビーとリチャード・マーネイン、ダロン・アセモグルをはじめ、多くの経済学者がこうした傾向をくわしく調査して報告した。[*17] この傾向は「スキル偏重型の技術変化」と名づけられており、名前のとおりスキルのある人ほど有利になる。

スキル偏重型の変化の影響は、図9・2のグラフにもはっきりと表れている。このグラフは、MITのアセモグルとオーターのデータに基づいて作成した。[*18] グラフを見ると、この三〇年ほどの間に数百万人の労働者のたどった運命がよくわかる。一九七三年までアメリカの労働市場は活況を呈し、スキルとは無関係にすべての労働者の賃金が急上昇していた。だが七三年の第四次中東戦争を契機に石油ショックが始まると、景気後退も相俟って、どのグループでも賃金は急降下に転じる。そして景気後退局面を脱した後は、賃金格差が拡大しはじめた。一九八〇年代前半に大学・大学院卒業者の賃金が再び上昇基調に転じる傍らで、大学を出ていない労働者の雇用状況はきびしく、賃金は伸び悩み、高校中退者にいたっては一九六三年の水準を割り込んでしまう。こうした賃金動向は、一九八〇年代前半に始まったPC革命とけっして無関係ではない（タイム誌が一九八二年にパーソナル・コンピュータを「マシン・オブ・ザ・イヤー」に選んだことを思い出してほしい）。

大学卒業者の数が同時期に急増していることを考え合わせると、この展開は一段と衝撃的だ。

●図9.2　アメリカ人男性労働者（フルタイム、通年雇用）の賃金の推移

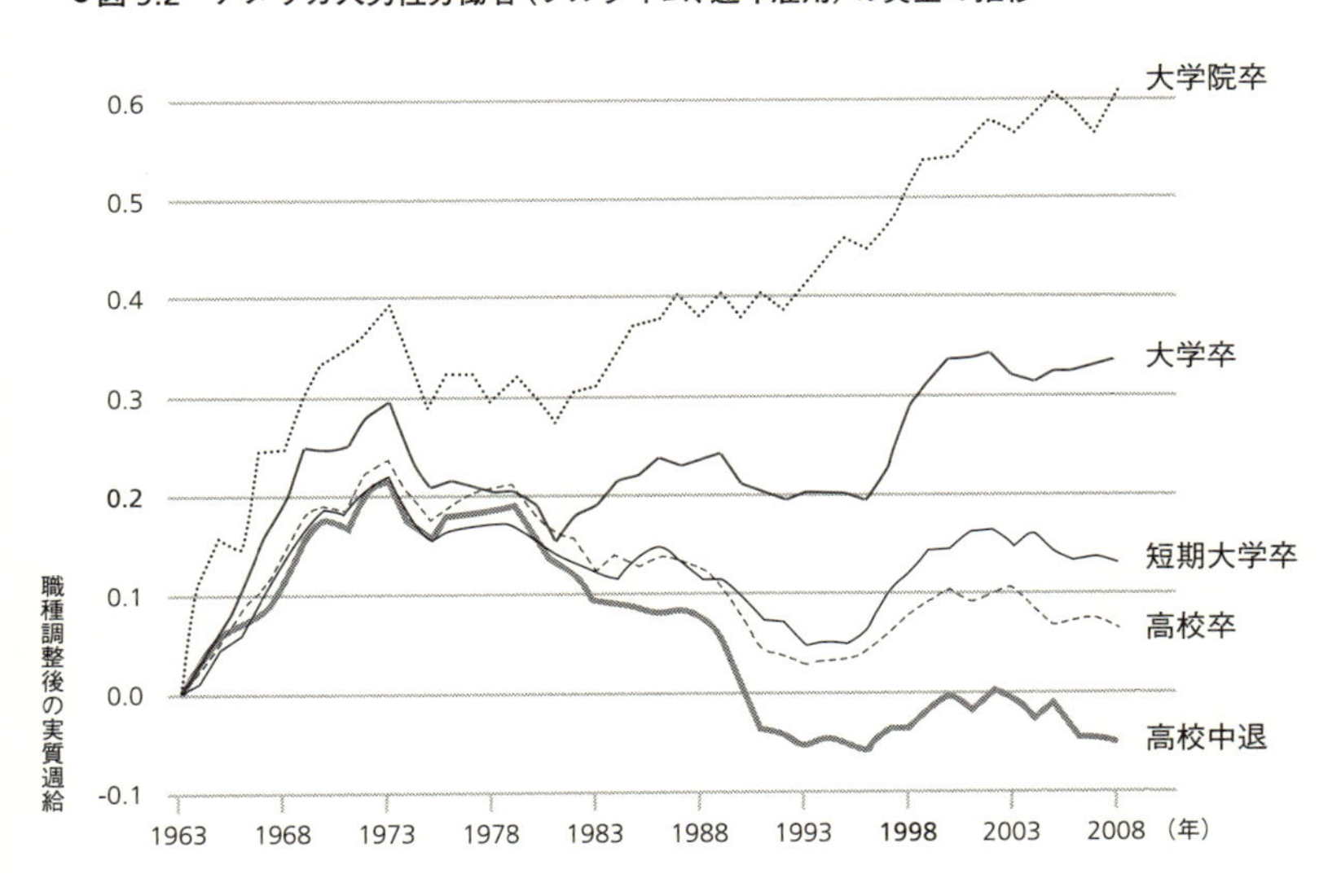

大学入学者数は一九六〇～八〇年に七五万八〇〇〇人から一五八万九〇〇〇人へ、倍増しているのである。[*19] つまり高学歴労働者の供給は大幅に増えた。通常であれば、供給の拡大は価格の下落を招く。だから大学・大学院卒業者の供給が増えたら、賃金水準は相対的に下がっておかしくない。だが、そうはならなかった。

供給が増えたのに賃金が上がったとなれば、説明は一つしかない。高スキル労働者の需要が供給を上回るペースで拡大した、ということである。同時に、高校中退者でもこなせるような仕事の求人は急減し、突如としてこの種の労働者は、絶対数が減っているにもかかわらず供給過剰になった。高度なスキルを持たない労働者に対する需要の激減は、賃金の低下に直結する。低スキル労働者の賃金水準

はもともと低かったため、この変化によって賃金格差はますます拡大することになった。

スキル偏重型技術変化と組織変革

スキル偏重型へと変化する過程で重要な役割を果たすのは、単なる機械の導入よりも、企業文化や組織構造の幅広い変革や再設計である。エリック、スタンフォードのティム・ブレスナハン、ウォートンスクールのロリン・ヒット、MITのシンキュウ・ヤンによる共同研究から、企業がデジタル技術を活用して、意思決定、報奨制度、情報フロー、採用システムなど経営や組織の重要部分を改革していることがわかった。技術と密接に結びついた組織変革は、生産性を大幅に向上させると同時に、高スキル労働者の需要を押し上げ、低スキル労働者の需要を押し下げる方向に作用する。その影響は、コンピュータを使う仕事にとどまらず、一見するとテクノロジーとは無縁の職業にもおよぶ。たとえばアパレル企業がデジタル技術を導入して、最新のトレンドに即応できる多品種少ロット生産方式を確立した場合には、トレンドを巧みに取り入れられる器用なタイプのデザイナーの需要が高まるだろう。一方、空港のチケット販売窓口の係員は、存在すら知らなかったインターネットのウェブサイトに駆逐される羽目になる。

さきほどの研究では、IT投資一ドルにつき、補完的な投資（組織資本、教育・研修、雇用、業務プロセスの再設計など）一〇ドルが誘発されることもわかった。[*21] この過程で注文入力など多くの定型作業が自動化され、判断やスキルや訓練を要する高度な仕事だけが残る。

一般に、多額のIT投資を行った企業ほど大規模な組織変革を実行している。しかしその効果が最大限に現れるまでには、通常五年から七年を要する。[*22] 高スキル労働者の需要を押し上げるのは、こうした企業だ。[*23] 投資効果が表れるまでにタイムラグがあるのは、システムの使い方に習熟するまでに時間を要するからである。動力源としての電気の導入と工場レイアウトの項で論じたように、単にシステムを導入しただけでは生産性は上がらない。新技術を活かすために組織や経営のあり方を見直すことが必要になる。[*24] IT投資には、創造性と組織変革・再設計が欠かせないのである。[※]

このように、新技術を活用する最善の方法は、文字通り人間を機械で置き換えることではなく、組織やプロセスを見直し、再編し、再設計することにある。そうは言っても、不要になる労働者（多くは低スキル労働者）と求められる労働者（多くは高スキル労働者）があり、その結果は否応なく賃金構造に反映されることになる。単純に既存業務を自動化する場合とは異なり、組織そのものが変わっていく過程では、経営者にも管理職にも労働者にも創造性が求められる。だから変化が完了するまでに時間がかかるが、いったん完了すればめざましい生産性の伸びを謳歌することができる。経済における生産性の伸びの大半は、こうした企業が担っているのである。

※ここではまさに、電化と生産性の関係性が再現されたと言える。デジタル技術の場合と同じく、工場の再設計が完了し、新しい機械を直接は扱わない労働者にまで影響が波及してようやく、生産性はハイペースで伸び始めた。

最も影響を被るスキルは

組織の再設計に伴い排除されやすい仕事は何か——この点をくわしく見ていくと、「スキル偏重型の技術変化」という表現はあまり正確ではないことに気づく。とくに「大卒社員の仕事は自動化されにくいが、高卒以下の仕事は容易に自動化される」と考えるのは大きなまちがいだ。近年では、スキルの低い仕事が必ずしも自動化されるわけではないことがわかってきた。自動化されやすいのは、「機械のほうが人間よりうまくできる仕事」である。これが同語反復(トートロジー)めいていることは承知しているが、それでも考える手がかりにはなる。たとえば組み立てラインでの反復作業は、アパートやビルの管理人の仕事よりも自動化が容易である。定型的な事務作業は、顧客からの問い合わせに応答する仕事よりも自動化が容易である。現時点では、階段を上ったり、床からクリップを拾い上げたり、苛立った顧客の感情を推し量ったりすることは、機械は苦手である。ではいったい、機械にとっての得手不得手を分ける一線はどこにあるのか。

この点を研究したMITのアセモグルとオーターは、仕事は2x2のマトリクスに分割できると述べている。(非肉体的vs肉体的)×(定型vs非定型)である。[*25] そして、定型的な仕事の需要は、肉体労働であれ、非肉体労働であれ、激減しているという。従って、仕事は二極化していると言える。中程度の報酬の仕事が減る一方で、非定型・非肉体労働(金融アナリストなど)と非定型・肉体労働(美容師など)の需要は堅調である。

デューク大学のニール・ジェモビッチとブリティッシュコロンビア大学のヘンリー・シュー

は、アセモグルとオーターの研究を援用して、仕事の二極化と「雇用なき景気回復」の関連性を突き止めた。雇用なき回復とは、直近三回の景気後退期に特徴的な現象である。一九世紀と二〇世紀の大半を通じて、不況が終われば雇用は力強く持ち直すのがふつうだった。だが一九九〇年代以降、雇用が急回復を示さなくなっている。ここでもまた、コンピュータ技術の浸透と不況後の雇用パターンの変化が同時に出現したのは偶然ではない。ジェモビッチとシューが一九八〇年代、九〇年代、二〇〇〇年代を比較したところ、定型的な非肉体労働（現金出納係、郵便係、銀行の窓口係など）と定型的な肉体労働（機械の操作員、セメント作業員、縫製工など）の需要が減少傾向にあること、しかも減少ペースが加速していることがわかった。この種の仕事は、一九八一～九一年に五・六％減、一九九一～二〇〇一年に六・六％減、二〇〇一～一一年に一一％減となっている。[*26] 対照的に、非定型的な仕事は、肉体労働であれ、非肉体労働であれ、どの時期にも増加を記録した。

どうしてこのようなことになるのだろうか。数年前、あるCEOから本音の話を聞いた中から、答のヒントが浮かび上がってきた。このCEOによれば、ここ一〇年ほどの情報技術の進歩のおかげで定型的な情報処理業務に人間が不要になったことは、だいぶ前からわかっていたという。とはいえ、高業績のときに解雇しようものなら、面倒なことになりかねない。景気が後退すれば、何か手を打たなければならないことが誰の目にもあきらかになるので、贅肉を削ぎ落とすことが容易になる。景気後退局面が終わって収益が上向き需要が回復しても、定型的な業務については、人員を補充しない。彼らがいなくても、デジタル技術で代用できるからだ。近年では多くの企業がそうしているという。

第2章で取り上げた「モラベックのパラドックス」がここに見え隠れする。もう一度おさらいしておくと、人間が日頃あたりまえに使っている知覚・運動スキルの習得は、コンピュータにとっては非常に困難なのである。[*27] 数百万年にわたる進化の歴史の中で、人類は何十億ものニューロンを身につけてきた。友人の顔を見分けるとか、音を聞き分ける、細かい手先の作業をするといった繊細で微妙なことができるのは、そのおかげである。一方、「高度な思考」とされている抽象的な推論、たとえば数学的思考や論理的思考といったものは、人類が比較的最近になってから身につけたスキルで、数千年程度しか経っていない。こちらは比較的単純なソフトウェアで十分にこなすことができ、さしてコンピュータの演算能力を使わない。だから人間の能力と肩を並べ、さらには上回ることができてしまう。

とはいえ、機械にこなせる仕事の限界を決めつけるのは危険である。機械にできることはどんどん増えている。前にも述べたように「コンピュータ」という言葉にしても、もともとは「計算人」という職業を指していたのが、いまではおなじみのあのマシンを指すようになっている。

一九五〇年代前半にコンピュータはチェッカーを学習し、すぐに相当な腕前のアマチュアを負かすようになった。[28] 一九五六年一月、コンピュータ・サイエンスの教授になったハーバート・サイモンは、「クリスマスまでには、考えるマシンをアル・ニューウェルと一緒に作るつもりだ」と学生に話した。それから三年後に二人は、「汎用問題解法（General Problem Solver）」というう地味な名前をつけたコンピュータ・プログラムを発表する。このプログラムは、正しく形式化された論理問題を解くことができ、三目並べのような単純な問題や、もうすこし複雑な「ハノイの塔」も解ける。ちなみにハノイの塔とは、三本の杭のうち左の杭に円錐状に大～小の円盤が積まれている状態からスタートし、円盤を一度に一個ずつ動かして右の杭にそのままの順序で積み上げる（ただし小さい円盤の上に大きい円盤を置いてはならない）という有名なパズルである。しかしサイモンとニューウェルのプログラムには、現実の世界の問題はほとんど解けない。考慮すべき選択肢が多すぎるからだ。

サイモンとニューウェルは「汎用問題解法」の成功で大いに気をよくした。当時は、マービン・ミンスキー、ジョン・マッカーシー、クロード・シャノンといった人工知能のパイオニアたちがみごとな成果を上げている時期でもある。だから二人が、コンピュータが人間的スキルを習得する見通しについてひどく楽観的だったのも、当然と言えよう。二人は一九五八年に、コンピュータは一〇年以内にチェスの世界王者になると予言した。[29] さらに一九六五年には、「二〇年以内に、機械は人間にできることを何でもできるようになる」とまで述べている。[30]

サイモンは一九七八年にノーベル経済学賞を受賞したが、チェスに関する予言は当たらなかった。まして「二〇年以内に人間にできることを何でも」という予言が当たらなかったのは言うまでもない。とはいえチェスに関する限り、サイモンの誤りは単に時期だけの問題だった。サイモンの発言後、コンピュータのチェス・プログラムは公式のイロ（Elo）・レーティング・システムで毎年およそ四〇ポイントずつ成績を上げ、ついに予言から四〇年後の一九九七年五月一一日、ＩＢＭのスーパーコンピュータ、ディープブルーが、六局先勝試合でチェスの世界王者ガルリ・カスパロフを打ち負かす。今日では、中程度のコンピュータ・チェス・プログラムにすら、人間は勝てない。ソフトウェアとハードウェアの高度化はめざましく、二〇〇九年にはごくふつうのパーソナル・コンピュータでも、それどころか携帯電話でさえ、グランドマスター・レベルのチェス・プログラムを動かせるようになった。グランドマスター・レベルというのはイロ・レーティングで二八九八ポイントであり、人間のトップクラスのプレーヤーに楽々と勝つことができる。[*31]

第二の勝ち組——資本家

テクノロジーは、人的資本の蓄積度の差によって勝ち組と負け組を作り出すだけでなく、古典的な生産のインプットである物的資本の所有者と労働の提供者（たとえば工場経営者と工場労働者）の間でも所得の分配を変化させる。

電子機器受託生産のフォックスコン（鴻海科技集團）を創立したテリー・ゴウ（郭台銘）は、

中国の工場に三万台のロボットを導入した。このとき彼は、労働者を資本財で置き換えたと言える。[*32] 音声自動応答システムの導入により人間のコールセンター・オペレーターが不要になった場合にも、労働者は資本財に駆逐されたことになる。起業家や経営者は、インプットの相対コストを天秤にかけるとともに、品質や信頼性などアウトプットへの影響を勘案したうえで、この種の決断をひんぱんに下している。

ロボット工学の権威であるロドニー・ブルックスによれば、第2章で取り上げた愛すべきヒューマノイド型ロボット、バクスター、バクスターのコストは、すべて込みで一時間約四ドルだという。[*33] となれば、工場経営者がバクスターでこなせる仕事に人間を雇っていて、その人間に一時間四ドル以上を払っていた場合には、この労働者を資本財（バクスター）に置き換える経済的誘因が存在する。この場合、バクスターに置き換えてもアウトプットが同じであって、製造、管理、営業などに新たな雇用を必要としないのであれば、インプットにおける資本労働比率（資本ストックを労働者数で除した比率）すなわち資本集約度は高まる。[※]

バクスターが導入されてから人間の労働者の賃金が上がるか下がるかは、ケースバイケースだ。ロボットに置き換えられる仕事に従事していた労働者の賃金には下押し圧力がかかる。ム

※経済全体における資本労働比率への影響は、他産業・他企業の反応次第である。ロボット製造・導入企業のアウトプットは増えると考えられ、これらの企業の資本集約度に応じて経済全体の資本集約度の動向が決まる。くわしくは第12章で扱う。

ーアの法則が働いて未来のバクスターのコストが一時間二ドルさらには一ドルに下がり、こなせる仕事も増え、かつ手際もよくなるようなら、労働者の賃金は悲惨なことになるだろう。だが、経済学の理論からすれば、労働者の賃金が上がる可能性も十分にある。とくに、ロボットの作業を人間が補ってやる必要がある場合には、その仕事をする労働者の需要は高まるだろう。加えて技術の進歩によって労働生産性が向上すれば、雇用主には賃金を引き上げる余地が生まれるはずだ。その分は賃金や福利厚生に直接反映されることもあるだろうし、モノやサービスの値段が下がって結果的に実質賃金が上がることもあるだろう。このように、生産性が向上し労働者一人当たりのアウトプットが増えても、労働者の所得は増える場合と減る場合がある。いずれにせよ、残りは資本家の懐に入る。

改めて言うまでもなく、多くの国が技術革新を通じて労働を資本財で置き換えてきた。たとえば一九世紀半ばには、農業労働力人口のまるまる三〇%が自動脱穀機に置き換えられている。カール・マルクスやデービッド・リカードをはじめとする一九世紀の経済学者は、機械化によって労働者の生活は苦しくなり、最終的には最低生活賃金しか得られなくなるだろうと予想した。[*34] たしかに二〇世紀を通じて、工業化はすさまじいペースで進行している。

では機械化とともに、資本家と労働者の利益の取り合いはどうなったのだろうか。歴史を振り返ると、生産技術が大幅に変化したにもかかわらず、GDP合計に占める労働者の取り分は意外なほど安定していた――すくなくとも、ごく最近までは。その結果、賃金と生活水準は、生産性のめざましい改善とほぼ同じペースで押し上げられた。この伸びの一部は、人的資本（教育、経験、スキル）の増加によるものだ。機械設備の増強は目につきやすいが、じつは人的資本も並行して増えている。デール・ジョルゲンソンらの推定によると、アメリカ経済における人的資本の経済価値は、物的資本の価値の一〇倍になるという。[*35] その結果、利益、配当、キャピタルゲインを介して労働に払われる報酬は、資本家への報酬と歩調をそろえて増加した。

GDPに占める労働（賃金）と物的資本（企業利益）の比率を図9・3に示す。このグラフを見ると、労働者と資本家の取り分は長い間まずまず一定だったが、この一〇年間で様相が変わってきたことがわかる。スーザン・フレック、ジョン・グレーザー、ショーン・スプラーグがマンスリー・レイバー・レビュー誌で指摘したとおり、「一九四七〜二〇〇〇年には賃金が平均して六四・三%を占めていた。アメリカでは、過去一〇年間でこの比率が下がり、二〇一〇年には五七・八%まで落ち込んでいる[*36]」。この現象はひとりアメリカにとどまらず、世界的に見られる。シカゴ大学の経済学者ルーカス・カラバルブーニスとブレント・ニーマンは、「一九八〇年代前半以降、大多数の国や産業で労働者の取り分が大幅に減った」と述べている。[*37] その主因は情報化時代のテクノロジーにあるという。

労働者の取り分が減ったのは、すでに指摘した二つのトレンドの結果である。一つは実際に就労している人の数が減ったこと、もう一つはその人たちの賃金が下がったことだ。その結果、賃金水準と生産性がともに上昇したにもかかわらず、格差は拡大している。

●図 9.3　GDPに占める賃金の比率と企業収益の比率

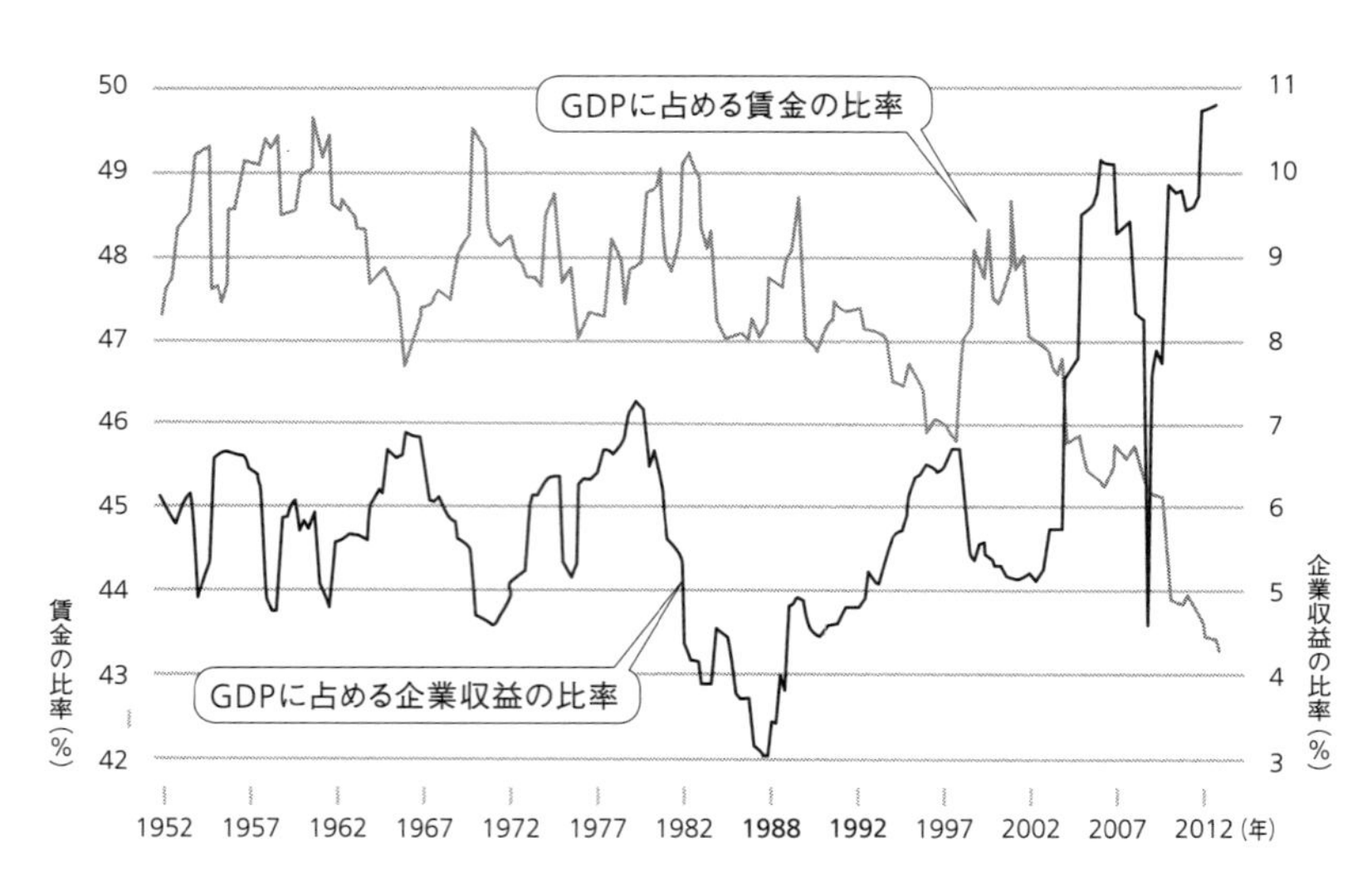

生産性が伸びたのに労働者の取り分が全体としては減っているとしたら、いったい誰のものになったのだろうか。かなりの部分は物的資本の所有者の懐に入っている。二〇一〇年には、景気低迷が続く中、企業収益は絶対額（一兆六〇〇〇億ドル）でもGDP比（二六・二%）でも史上最高に近い水準に達した。ちなみに一九六〇〜二〇〇七年の平均GDP比は二〇・五%である。[*38] 一方、キャサリン・マディガンが指摘するとおり、この時期の機械設備およびソフトウェアへの実質支出は二六%の大幅増を記録する一方で、賃金はおおむね横這いにとどまった。[*39]

しかし、GDPに占める労働者の取り分が減ったという表現は控えめすぎる。これでは、標準的な労働者がどれほどの打撃を被ったかはとうてい把握できない。と言うのも、賃金の公式統計には、エンターテイメント、金融、スポーツ界のスーパースターや花形経営者など、ごく一握りの人々の並外れて高額の報酬も含まれているからだ。ついでに言えば、CEOをはじめとする経営幹部の懐に入った報酬が、すべて彼らの「労働」の対価と言えるかどうかは大いに疑わしい。ハーバード大学法学教授のルシアン・ベブチャックらが示唆するように、高額の報酬は、おそらくは彼らの交渉力の賜物なのだ。[*40] この意味で、CEOの所得の少なくとも一部は、資本の支配権の掌握に由来すると言ってよい。

GDPに占める資本の比率が高まった分、労働の比率は下がっているが、理論的には必ずしもこの傾向が続くとは言い切れない。たとえロボットその他の機械に置き換えられる仕事が増えるとしても、である。資本家の取り分を脅かす要因としてすぐに思いつくのは、役員から労働組合まで人間の労働者の交渉力だが、そのほかに、資本財の価値低下という事態もありうる。自由市場で最も大きなプレミアムがつくのは、最も稀少なインプットである。資本財がローコストで容易に複製できる場合（コンピュータ・チップやソフトウェアがそうだ）、使われる資本財が全体として増えても、その限界価値は下がることになる。追加的な資本が安価であれば、既存資本の価値は下がる。従って、資本家の得る報酬が労働者に比して自動的に増えるとは限らない。両者の取り合いは、生産と分配のしくみに左右される。

中でも決定的な要因となるのは、最も稀少性の高いインプットだ。デジタル技術が労働者の安価な代用になれば、労働者は窮地に陥る。だがデジタル技術が次第に資本財の代用にもなるなら、資本家ももはやハイリターンは期待できない。セカンド・マシン・エイジに最も稀少で、従って最も価値の高いリソースは何だろうか。この質問の答は第三の勝ち組、すなわちスーパースターである。

第9章 原注

＊1 Jonathan Good, "How Many Photos Have Ever Been Taken?," *1000memories*, September 15, 2011, http://blog.1000memories.com/94-number-of-photos-ever-takendigital-and-analog-in-shoebox (accessed August 10, 2013).

＊2 Ibid.

＊3 Tomi Ahonen, "Celebrating 30 Years of Mobile Phones, Thank You NTT of Japan," *Communities Dominate Brands*, November 13, 2009, http://communities-dominate.blogs.com/brands/2009/11/celebrating-30-years-of-mobile-phones-thank-you-nttof-japan.html (accessed September 11, 2013).

＊4 Good, "How Many Photos Have Ever Been Taken?"

＊5 Craig Smith, "By the Numbers: 12 Interesting Instagram Stats," *Digital Marketing Ramblings* . . . , June 23, 2013, http://expandedramblings.com/index.php/important-instagram-stats/ (accessed August 10, 2013).

＊6 Leena Rao, "Facebook Will Grow Headcount Quickly In 2013 To Develop Money-Making Products, Total Expenses Will Jump By 50 Percent," *TechCrunch*, January 30, 2013, http://techcrunch.com/2013/01/30/zuck-facebook-will-grow-headcountquickly-in-2013-to-develop-future-money-making-products/ (accessed August 10, 2013).

＊7 Brad Stone and Ashlee Vance, "Facebook's 'Next Billion': A Q&A With Mark Zuckerberg," *Bloomberg Businessweek*, October 4, 2012, http://www.businessweek.com/articles/2012-10-04/facebooks-next-billion-a-q-and-a-with-mark-zuckerberg (accessed September 11, 2013).

＊8 "Kodak's Growth and Decline: A Timeline," *Rochester Business Journal*, January 19, 2012, http://www.rbj.net/print_article.asp?aID=190078.

＊9 カリフォルニア大学バークレー校のエマニュエル・サエズが行った二〇〇六年度のアメリカの税還付調査に拠る。

＊10 対照的に、高卒以上の学歴を持つ男女の寿命は、同期間中に延びている。

＊11　Sylvia Allegretto, "The State of Working America's Wealth, 2011," Briefing Paper No. 292, Economic Policy Institute, Washington, D.C.

＊12　たとえば以下を参照されたい。Josh Bivens, "Inequality, Exhibit A: Walmart and the Wealth of American Families," *Working Economics*, Economic Policy Institute blog, http://www.epi.org/blog/inequality-exhibit-wal-mart-wealth-american/ (accessed September 17, 2013).

＊13　Luisa Kroll, "Inside the 2013 Forbes 400: Facts and Figures On America's Richest," *Forbes*, September 16, 2013, http://www.forbes.com/sites/luisakroll/2013/09/16/inside-the-2013-forbes-400-facts-and-figures-on-americas-richest/ (accessed September 16, 2013).

＊14　両者の伸びのちがいの約三分の一は、生産性の計算で使われる価格と所得の計算で使われる消費者価格の差に起因する。また約一二%は、医療費など賃金以外の給付の伸びに起因する。くわしくは以下を参照されたい。Lawrence Mishel, "The Wedges between Productivity and Median Compensation Growth," Economic Policy Institute, April 26, 2012, http://www.epi.org/publication/ib330-productivity-vs-compensation/. なお世帯所得の場合、減少の約二〇%は世帯の人数が三〇前よりも少なくなったことに起因する。

＊15　OECDの資料によると、所得の不平等は加盟三二カ国中一七カ国（メキシコ、アメリカ、イスラエル、イギリス、イタリア、オーストラリア、ニュージーランド、日本、カナダ、ドイツ、オランダ、ルクセンブルグ、フィンランド、スウェーデン、チェコ、ノルウェー、デンマーク）で増大している。以下を参照されたい。"An Overview of Growing Income Inequalities in the OECD Countries: Main Findings," from the OECD , 2011, http://www.oecd.org/social/soc/49499779.pdf.

＊16　たとえば以下を参照されたい。Robert M. Solow, "Technical Change and the Aggregate Production Function," *Review of Economics and Statistics* 39, no. 3 (1957): 312–20, doi:10.2307/1926047.

＊17　以下を参照されたい。David H. Autor, Lawrence F. Katz, and Alan B. Krueger, "Computing Inequality: Have Computers Changed the Labor Market?," Working Paper (National Bureau of Economic Research, March 1997), http://www.nber.org/papers/w5956; F. Levy and R. J. Murnane, *The New Division of Labor: How Computers Are Creating the Next Job Market* (Princeton,

NJ: Princeton University Press, 2012); D. Autor, "The Polarization of Job Opportunities in the U.S. Labor Market," The Brookings Institution, http://www.brookings.edu/research/papers/2010/04/jobs-autor (accessed August 10, 2013); and Daron Acemoglu and David Autor, "Skills, Tasks and Technologies: Implications for Employment and Earnings," Working Paper (National Bureau of Economic Research, June 2010), http://www.nber.org/papers/w16082.

＊18 Daron Acemoglu and David Autor, "Skills, Tasks and Technologies: Implications for Employment and Earnings," *Handbook of Labor Economics* 4 (2011): 1043–1171.

＊19 以下を参照されたい。"Digest of Education Statistics, 1999," National Center for Education Statistics, http://nces.ed.gov/programs/digest/d99/d99t187.asp (accessed August 10, 2013).

＊20 以下を参照されたい。T. F. Bresnahan, E. Brynjolfsson, and L. M. Hitt, "Information Technology, Workplace Organization, and the Demand for Skilled Labor: Firm-level Evidence," *Quarterly Journal of Economics*, 117, no. 1 (2002): 339–76. E. Brynjolfsson, L. M. Hitt, and S. Yang, "Intangible Assets: Computers and Organizational Capital," Brookings Papers on Economic Activity, 2002, pp. 137–98.

＊21 以下を参照されたい。Brynjolfsson, Hitt, and Yang, "Intangible Assets: Computers and Organizational Capital," and Erik Brynjolfsson, David Fitoussi, and Lorin Hitt, "The IT Iceberg: Measuring the Tangible and Intangible Computing Assets," Working Paper (October 2004).

＊22 E. Brynjolfsson and L. M. Hitt, "Computing Productivity: Firm-level Evidence," *Review of Economics and Statistics* 8, no. 4 (2003): 793–808.

＊23 Timothy F. Bresnahan, Erik Brynjolfsson, and Lorin M. Hitt, "Information Technology, Workplace Organization, and the Demand for Skilled Labor: Firm-Level Evidence," *Quarterly Journal of Economics* 117, no. 1 (2002): 339–76,doi:10.1162/003355302753399526.

＊24 経営コンサルタントはよく次のような話をする。一七世紀には、ボストン共有地やその周辺を牛がうろついていた。年月とともに牛たちの通り道は踏み固められ、店や住宅が建ち並ぶようになり、人々は、かつては牛の通り道だったところを

荷車や馬車で通るようになった。やがて敷石が敷き詰められ、二〇世紀になる頃にはほとんどの道はアスファルトで舗装された。牛はもう影も形も見えない。だがボストンで運転をしたことのある人なら誰でも、牛が設計した交通の流れは、現代の都市に最適のレイアウトではないと気づくだろう。

*25 以下を参照されたい。David Autor, "The Polarization of Job Opportunities in the U.S. Labor Market," Brookings Institution (April 2010), http://www.brookings.edu/research/papers/2010/04/jobs-autor (accessed August 10, 2013); and Daron Acemoglu and David Autor, "Skills, Tasks and Technologies: Implications for Employment and Earnings," Working Paper (National Bureau of Economic Research, June 2010), http://www.nber.org/papers/w16082.

*26 以下を参照されたい。N. Jaimovich and H. E. Siu, "The Trend is the Cycle: Job Polarization and Jobless Recoveries (No. w18334)," National Bureau of Economic Research, 2012. 27. ハンス・モラベックの言葉は次のとおり。「知能テストで大人を負かすとか、チェッカーをするといったことは、コンピュータにとってさほどむずかしくはない。だが認知能力や移動能力といったことになると、一歳児のスキルを身につけることさえむずかしく、場合によっては不可能だ」。Hans Moravec, *Mind Children: The Future of Robot and Human Intelligence* (Cambridge, MA : Harvard University Press, 1988).

*28 以下を参照されたい。chapter 6 in Jonathan Schaeffer, *One Jump Ahead: Computer Perfection at Checkers* (New York: Springer, 2009), http://public.eblib.com/EBLPublic/PublicView.do?ptiID=418209.

*29 引用元は、Daniel Crevier, *AI: The Tumultuous History of the Search for Artificial Intelligence* (New York: Basic Books, 1993), p. 108.

*30 Jack Copeland, "A Brief History of Computing," June 2000, http://www.alanturing.net/turing_archive/pages/Reference%20Articles/BriefHistofComp.html.

*31 携帯電話用のチェス・ゲーム・ソフトPocket Fritzは、二〇〇九年にアルゼンチンで開催されたコパ・メルコスール・トーナメントで優勝した。"Breakthrough Performance by Pocket Fritz 4 in Buenos Aires," *Chess News*, http://en.chessbase.com/Home/TabId/211/PostId/4005719/breakthrough-performance-by-pocket-fritz-4-in-buenos-aires.aspx (accessed August 10, 2013).

*32 Steve Musil, "Foxconn Reportedly Installing Robots to Replace Workers," *CNET*, November 13, 2012, http://news.cnet.

com/8301-1001_3-57549450-92/foxconn-reportedly-installing-robots-to-replace-workers/ (accessed November 13, 2012).

＊33 ロッド・ブルックスは、二〇一二年にアリゾナ州ツーソンで開かれたテクノロジー・カンファレンスで、アンドリュー・マカフィーとのパネル・ディスカッション中に受けた質問に対して、こう答えた。

＊34 Karl Marx, *Capital: A Critique of Political Economy* (New York: Modern Library, 1906), pp. 708–9.（カール・マルクス『資本論――経済学批判　第1巻』中山元訳、日経ＢＰクラシックス）

＊35 以下を参照されたい。Dale Jorgenson, *A New Architecture for the U.S. National Accounts* (Chicago, IL: University of Chicago Press, 2006).

＊36 Susan Fleck, John Glaser, and Shawn Sprague, "The Compensation-Productivity Gap: A Visual Essay," *Monthly Labor Review* (January 2011), http://www.bls.gov/opub/mlr/2011/01/art3full.pdf, p. 57-69.

＊37 L. Karabarbounis and B. Neiman, "The Global Decline of the Labor Share (No. w19136)," National Bureau of Economic Research, 2013.

＊38 以下を参照されたい。http://w3.epi-data.org/temp2011/BriefingPaper324_FINAL %283%29.pdf.

＊39 以下を参照されたい。http://blogs.wsj.com/economics/2011/09/28/its-man-vs-machine-and-manis-losing/.

＊40 以下などを参照されたい。Lucian A. Bebchuk and Yaniv Grinstein, "The Growth of Executive Pay," *Oxford Review of Economic Policy* 21 (2005): 283–303; Harvard Law and Economics Discussion Paper No. 510. 以下で閲覧可能。SSRN, http://papers.ssrn.com/abstract=648682 (accessed August 10, 2013).

第10章

最強の勝ち組はスーパースター

ふつうの人間五〇人分の仕事は、
一台のマシンでこなすことができる。
だが並外れた人間の仕事は、どんなマシンでもこなせない。
——エルバート・ハバード

前章では、スキル偏重型の技術変化と資本偏重型の技術変化を取り上げた。前者によって高スキル労働者の需要が相対的に高まる一方で、定型的な作業に従事する低スキル労働者の需要は減っていく。後者では資本家の取り分が増えて、労働者の取り分を浸食する。スキル偏重型の変化にせよ、資本偏重型にせよ、勝ち組の所得が増えて負け組は減る。中でも最大の変化が起きるのは、三通りの勝ち組と負け組のうち、三番目のペアだ。すなわち、ある分野におけるスーパースターと「その他大勢」である。

上には上が

このペアの格差を拡大させる変化を、本書では「才能偏重型の技術変化※」と呼ぶことにしたい。多くの産業で、ナンバーワンとセカンドベストの所得格差は開く一方だ。議論を巻き起こしたナイキの広告にもあるとおり、銀メダルは勝ちとるのではない、金メダルを取りそこなうのだ。[*1] 勝者総取りの傾向が強まれば、一握りの上位が中間層の所得を奪いとるため、所得格差は一段と拡大することになる。[*2]

高学歴高スキル労働者と低学歴低スキル労働者、資本家と労働者の間の格差拡大をはるかに上回る変化が、所得の最上位層で起きている。前章で指摘したとおり、二〇〇二〜〇七年には、所得上位一％がアメリカの国民所得の増加分のうち三分の二を吸い上げた。彼らはどういう人たちなのだろうか。けっして全員がウォール街に生息しているわけではない。いや実際は、シカゴ大学のスティーブ・カプランの調査によれば、その大半が金融業界とは関係がない。アメリカで所得上位一％に属すのは、メディア、エンターテイメント、スポーツ、法曹界のスターか、でなければ起業家、あるいは大企業のエグゼクティブといった人たちである。

上位一％がスターだとしたら、さらにその上にはスーパースターがいる。上位一％がアメリカの所得の約一九％を占めるのに対し、その上位一％（つまり全体からすれば最上位〇・〇一％）は、二〇〇七年に六％を占めた。一九九五年には三％だったのだから、一二年間で二倍になったわけである。さらに遡って、第二次世界大戦から一九七〇年代後半までの時期の最上位〇・〇一％と比べると、じつに六倍近い。別の言い方をするなら、最上位〇・〇一％が上位一％の所得に占める比率は、上位一％がアメリカ経済全体に占める比率よりも大きい。少人数のデータを扱う際には匿名性を保ちにくくなるため、最上位〇・〇一％以上の層の所得水準について信頼できるデータを収集することはむずかしい。ともかくも、上位一％に属す世帯は一三五万あ

※皮肉屋なら、「幸運偏重型」と名づけるところだろう。

り、平均年間所得は一一二万ドルである。最上位〇・〇一％になるとわずか一万四五八八世帯で、その平均年間所得は一一四七万七〇〇〇ドルに達するのである。[*3※] しかもデータを見る限り、最高所得層の中でもスーパースターの上には超スーパースターが、その上には超超スーパースターいるという具合に、所得格差は上へ行くほど大きくなる。[※※]

勝者総取り市場ではスーパースターが圧勝する

前章では、ターボタックス（TurboTax）という確定申告作成ソフトについて触れた。このソフトの登場で、確定申告作成サービスを提供してきた大勢の人が駆逐されたわけである。これは、技術が定型的な情報処理作業を自動化した典型的な例であると同時に、資本が労働に置き換わった例でもある。だがターボタックスの一件で何よりも注目すべきは、スーパースター経済の典型例でもあることだ。ターボタックスを提供するインテュイット（Intuit）のCEOは四〇〇万ドルの報酬を獲得し、創業者のスコット・クックは億万長者（ビリオネア）になった。[*4] またインスタグラムの創業仲間一五人は、低スキル労働者の助けも借りず、物的資本もさほど必要とせずに、自分たちの才能とタイミングとコネクションを活かして大金を手にした。

他の業界でも、ナンバーワンが手にする富はますます巨額になっている。たとえば『ハリー・ポッター』シリーズを書いたJ・K・ローリングは、これまで大金持ちとはあまり縁のなかった物書き業界で、世界初のビリオネア作家になった。ジョージ・メイソン大学のアレックス・タバロックは、ローリングの成功を次のように分析する。

ホメロス、シェークスピア、トールキンが得た収入ははるかに少なかった。なぜか。ホメロスは偉大な叙事詩を書いたけれども、その詩の吟詠を聴くことができるのは、一晩にせいぜい五〇人に限られていた。シェークスピアはこれよりましだった。おそらくグローブ座では三〇〇〇人が観劇できただろう。それに吟遊詩人ホメロスとはちがって、シェークスピアは自ら劇場に赴く必要はなかった。戯曲は、一度書き留めておけばあとから何度も活用できたからだ。[*5]

『指輪物語』の著者J・R・R・トールキンの場合には、テキストの活用が一段と進んだと言えよう。トールキンの原稿は本として出版され、数十万、数百万の人々に買われた。シェークスピアの戯曲を四〇〇年にわたって上演し続けたとしても、これほど大勢の人が観劇することはできまい。しかも本は俳優より安上がりである。だから、トールキンはシェークスピアより

※アメリカでは、二〇一一年には年間所得三六万七〇〇〇ドル以上で上位一%入りすることができた。だが言うまでもなく、平均所得はもっと高い所得も含めて計算される。くわしくは、http://elsa.berkeley.edu/~saez/saez-US-topincomes-2011.pdf を参照されたい。
※※これは、べき分布の特徴である。くわしくは本章の後段で取り上げる。

も大きな分け前を手にすることができた。

テクノロジーは、デジタル化とグローバリゼーションを通じて、ローリングのような人間の能力を最大限に発揮させる。『ハリー・ポッター』シリーズは出版されただけでなく、映画化され、ゲームにもなった。しかも本を含めてどのフォーマットでも、さほどコストをかけずに全世界に流通させることができる。いまやスーパースター小説家は、さまざまな経路を介して、さまざまなフォーマットで、世界数十億の読者や視聴者に容易にアクセスできるようになった。

しかもデジタル技術の向上に伴い、デジタル化されたコンテンツは一段と魅力的になり、ナンバーワンの収入が爆発的に拡大する一方で、セカンドベストは到底太刀打ちできなくなるという勝者総取りの傾向が強まっている。音楽であれ、スポーツであれ、他の分野であれ、スーパースターは世界中で消費される。彼らの収入は一九八〇年代から右肩上がりで増え続けているのだ。[*6]

その一方で、コンテンツ産業やエンターテイメント産業では、スーパースターになれなかった個人や企業の運命はきびしい。急成長中のアプリ業界では、一〇〇万ドル以上を売り上げるソフトウェア開発企業はわずか四％に過ぎない。[*7] 四分の三は、年間売上高がわずか三万ドル以下にとどまっている。一握りの作家、俳優、プロスポーツ選手といった人たちの年収が一〇〇万ドルを超える一方で、その他大勢は生計を立てることさえ覚束ない。オリンピックで金メダルをとった選手はその後一〇〇万ドル稼ぐ道が拓ける可能性もあるが、銀メダルでは、まして一〇位や一五位では、あっさり忘れ去られてしまう。たとえその差が十分の一秒であっても、あるいは風のいたずらやイレギュラーバウンドのせいであっても、だ。

花形経営者の報酬もうなぎ上りである。CEOの報酬と平均的従業員の報酬を比べると、一九九〇年には七〇倍だったのが、二〇〇五年には三〇〇倍に跳ね上がっている。エリックは教え子のヒーキュン・キムと行った調査で、この飛躍的な伸びはITの浸透と時を同じくしている、と指摘した。[*8] 役員報酬がこれほど急上昇した一つの理論的根拠としては、テクノロジーのおかげで最終決定者の影響力、指導力や監督範囲が大幅に拡大したことが挙げられよう。経営幹部がデジタル技術を活用して全世界に散らばる工場を居ながらにして視察し、生産プロセスの改革を直接指示し、指示が忠実に実行されるかどうかを監督できるようになったら、彼の価値は高まると言ってよいだろう。デジタル技術を駆使した直接的なマネジメントが可能になれば、何人もの部下を介して管理していた時代や、影響範囲が小さかった時代とは異なり、有能な経営者はよりよく能力を発揮できると考えられる。

デジタル技術を使った直接的な経営が可能になれば、セカンドベストを切り捨て、ベストの人材を選抜することが一段と重要になる。経営能力のわずかなちがいが株主価値に大きな差を生み出すと信じられているため、企業は最高のエグゼクティブには、よろこんでプレミアムを払う。企業の時価総額が大きくなればなるほど、ベストの経営者を据えるべき理由は強力になる。[*9] たった一つの決断が一％のちがいを生み出すだけで、時価総額一億ドルの企業が一〇〇億ドルに躍進するかもしれない……。

競争市場にあっては、CEO候補にいくらかでも能力差があると見なされたら、それが報酬を大きく左右することになる。経済学者のロバート・フランクとフィリップ・クックは、著書『ウィナー・テイク・オール』(邦訳日本経済新聞出版社刊)の中で、次のように指摘した。「軍曹が誤りを犯しても小隊が迷惑するだけだが、将軍が誤りを犯したら軍隊全体が危うくなる」[*10]。

相対優位が絶対価値に

スーパースター経済は、経済学者のシャーウィン・ローゼンが一九八一年に初めて論じた[*11]。多くの市場では、選択権を持つ買い手は最高の品質のモノやサービスを選ぶ。しかし供給面に制限があったり輸送コストがひどく高くついたりした時代には、最高の売り手といえども、グローバル市場のごく一部の買い手しか満足させることはできない(たとえば一九世紀には、最高の歌い手や最高の俳優にできるのは大きな劇場を満員にすることがせいぜいであり、これでは年間に動員できる観客の数は数千人程度に過ぎない)。すると、少々劣った売り手でもそれなりのシェアを確保することができる。だが、デジタル技術の進歩によって複製が安く容易にできるようになり、ほとんどコストをかけずにそれをグローバルに提供できるようになったらどうだろうか。突如としてベスト・パフォーマーが市場を支配し、セカンドベストはお呼びでなくなる。市場のデジタル化が進むにつれ、勝者総取り経済が幅を利かすようになる。

勝者総取り市場が目につくようになったのは、フランクとクックがまさに『ウィナー・テイク・オール』を書いた一九九〇年代のことである。同書では、主に相対評価で報酬が決まる勝者総取り市場と、絶対評価で決まる従来型の市場が比較される。両者のちがいを説明するために、レンガ職人の例で考えてみよう。最高に腕のいい仕事熱心な職人は、一日に一〇〇〇個のレンガを積めるとする。適切に機能する市場では、報酬は腕前に応じて払われるなり、労働時間に応じて払われるなり、するはずだ。従来型の市場では、一日に九〇〇個のレンガを積める職人は、最高に腕のいい職人の九〇%の価値を創出するので、九〇%の報酬をもらう。これが、絶対評価に基づく報酬である。

対照的に、他の人よりすこしでもよい（データの読み込みが速い、情報量が多い、アイコンがかわいい等々）地図作製ソフトを書けるプログラマーは、市場を独占することが可能だ。一〇番目によい地図ソフトでも性能に大差はないだろうが、まずほとんど需要がなくなってしまう。このような市場では相対評価が行われており、消費者は、一〇番目はもちろんのこと、二番目によい地図ソフトにさえ目もくれない。しかもこの種の商品には、「質より量」は通じない。不出来なソフトが一〇個あっても、最高のソフトには敵わないからだ。消費者は「他よりよいか」ということだけを気にかける。その結果、わずかなスキルの差、あるいは努力や幸運の差が、収益や報酬で大差となって表れることになる。二〇一三年の時点で、市場にはたくさんのナビゲーション・ソフトが出回っていた。だがグーグルが選んだのはウェイズ（Waze）ただ一つであり、それを手に入れるために一〇億ドル以上を払った。[*12]

勝者総取りはなぜ増える？ その1

なぜ今日では、勝者総取り市場が増えてきたのだろうか。原因は、製造・流通技術の変化にあると考えられる。とりわけ重要なのは、次の三点だ。

1　デジタル化
2　通信・輸送技術の進歩
3　ネットワーク効果と標準化

ここではまず、第一のデジタル化を取り上げよう。かつてアルバート・アインシュタインは、ブラックホールとは神がゼロで割ったところであり、そこでは不可思議な物理学が出現すると述べた。デジタル商品の限界費用はまさにゼロに近づいており、そこでは不可思議な経済学が出現する条件が整っている。第3章で論じたとおり、デジタル商品の限界生産費用は、物理的なモノの限界生産費用を大きく下回る。言うなれば、バイトは原子（アトム）より安い。まして、人間の労働者より安いことは言うまでもない。

一旦デジタル化されたモノやサービスの市場は、勝者総取りになりやすい。限界費用がほぼゼロで、複製が無制限にできるからだ。つまり、たった一人でウェブサイトを開設するだけで、数百万、いや数十億の顧客の需要に応えることが可能になる。たとえばジェナ・マーブルスは、自分の日常生活をおもしろおかしく撮影してユーチューブで大人気になった。「自分をキレイって思わせる方法」というタイトルの動画は、二〇一〇年七月に投稿され、その週のうちに五三〇万回再生された。[*13] 彼女の動画は、累計すると全世界で一〇億回をゆうに超えて再生されており、数百万ドルの広告収入をもたらしている。またデジタル・アプリの開発者は、おんぼろなオフィスにごく少人数で働いていても、かつては考えられなかったスピードで全世界に顧客を獲得することが可能だ。言うなれば、彼らは自動的に（小粒の）多国籍企業になる。

これと対極をなすのが、介護などのパーソナル・サービスや庭師などの肉体労働だ。こうしたサービスの提供者は、どれほど腕がよく、どれほどがんばって働いたところで、市場全体から見れば、需要のほんの一部しか満たすことはできない。しかし確定申告作成サービスのようにデジタル化された瞬間に、市場は勝者総取りへと移行する。それだけではない。デジタル化によって価格が大幅に下落するため、「ちょっと質は落ちるが安い」という手も、もはや使えなくなる。ベストにいくら近くても、ベストでなければ退場せざるを得ない。デジタル商品には規模の経済が働くため、市場のナンバーワンはコスト面で圧倒的な優位に立ち、悠々と利益を確保しながら、価格競争で競合を打ち負かすことができる。[*14] 固定費さえ回収してしまえば、その後はほとんどゼロに近い限界費用を活かして、いくらでも供給できるのだから。[*15]

勝者総取りはなぜ増える？ その2

勝者総取りを誘発する第二の原因は、通信・輸送技術の進歩により、個人も企業もより広い市場を相手にできるようになることだ。狭い地元市場にしか手が届かない時代には、それぞれの市場に「ベスト」の売り手がいて、それなりに商売繁盛していた。だがこうしたローカル市場が技術の力によってグローバル市場という一つの市場に統合されたら、ナンバーワンが大多数の顧客を獲得し、押しのけられたセカンドベストは不利な戦いを強いられることになる。グーグルなどの検索エンジンやアマゾンなどの推奨機能も、検索コストを大幅に押し下げ、この傾向を助長する。二流の売り手は、もはや消費者の無知を当てにするわけにはいかない。また、輸送技術が発達すれば、地理的な距離ももはやローカル事業者を守ってはくれなくなる。

これまでスーパースターとは無縁と思われていた市場でも、デジタル技術は勝者総取りへの移行を後押しする。たとえば町のカメラ屋では、カメラに順位をつけて売るわけではない。だがネットショップなら、順位をつけるのはお手のものだ。顧客のレビューや売れ筋でランキングを表示することもできるし、欲しい機能を備えた製品だけを検索表示させることもできる。順位の低い商品や消費者の欲しがる機能を備えていない商品は、たとえその差がごくわずかであっても検索にかからず、従って買い手の目に留まらないのでいっこうに売れない、という悲惨な運命に陥る。[*16]

デジタル技術によるランキングやフィルタリング機能は、労働市場でも、それもごくありきたりの仕事についてさえ、ひどく偏った結果をもたらす。企業は採用プロセスをデジタル化して自動フィルタリングを設定するだけで、たとえば大学卒業資格を持たない応募者をはじき出すという具合に、殺到する応募者を簡単に選別できる。たとえ大学教育を必要としないような職種であっても、である。[*17] このようなプロセスはスキル偏重型の技術変化を増幅し、幸運な少数を引き上げる一方で、ほんの些細なちがいでふるい落とされた応募者には面接のチャンスすら与えない。

勝者総取りはなぜ増える？　その3

勝者総取りを誘発する第三の原因は、ネットワーク（インターネット、クレジットカード・システムなど）や標準（コンピュータ部品の互換性など）の重要性が増大したことにある。限界費用の低下が供給サイドで規模の経済を出現させるのと同じく、ネットワーク化は需要サイドで規模の経済を出現させる。経済学者はこれを「ネットワーク効果」と呼ぶ。大勢の人が使っているものが優先的に好まれるようになるとき、ネットワーク効果が働いているという。たとえばある人が、フェイスブックを使えば友人仲間と連絡をとりやすいことに気づいたとしよう。すると、この人にとってフェイスブックの魅力は高まる。この人がフェイスブックに登録すれば、仲間にとってもフェイスブックの価値は高まることになる。

ネットワーク効果は、間接的に働くこともある。たとえば、スマートフォンでメールをする場合、相手の製品が何であろうと機能的に問題はない。だが個々のプラットフォームのユーザー数は、アプリ開発者にとっては重要な意味を持つ。当然ながらユーザー数が多いほど旨味があるため、大勢の開発者が群がってくる。そして、あるプラットフォームで使えるアプリが増えれば増えるほど、ユーザーにとっての魅力は増す。というわけで、どの製品を購入するかの判断は、同じ製品のユーザー数に左右されることになる。アップルのアプリは強固なエコシステム（価値創造に参加する企業群で形成される経済圏）に支えられており、ユーザー数の増加とともに多くのアプリ開発者を呼び込んできた。しかし逆方向の力が作用することも、当然あり得る。現に同じアップルのＰＣ（マッキントッシュ）プラットフォームは一九九〇年代半ばにその憂き目に遭い、ウィンドウズに追い落とされた。限界費用の低下と同じく、ネットワーク効果も勝者総取り市場を生む方向に作用する。[*18]

社会はスーパースターを受け入れる

ナンバーワンが市場を席巻する傾向を助長したのは、デジタル化、通信・輸送技術の向上、ネットワーク効果などだった。しかし、スーパースターの報酬を大幅に押し上げた要因は、ほかにもある。時と場合にもよるが、巨額の報酬に対する文化的・社会的な抵抗感が総じて薄れてきたことだ。ＣＥＯ、金融業界のトップ・エグゼクティブ、俳優、プロスポーツ選手などが、数千万ドル、どうかすると数億ドルの報酬を要求し、そうした契約が成立するようになると、あとに続く人たちは同様の要求をしやすくなる。こうして高額報酬が社会的に定着するようになるわけだ。

富の一極集中は、フランクとクックの言う「ディープポケット（潤沢な資金源）」を勝者総取り市場に出現させる。あの偉大な経済学者アルフレッド・マーシャルが「評判や大金の懸かっている富裕な依頼人は、金に糸目を付けずに最高の人間を雇おうとする」と述べたことを思い出そう。*19 名プレーヤーとして、またマスコミの寵児として数百万ドルを稼ぎ出したO・J・シンプソンは、殺人容疑で訴えられた際に、著名な弁護士アラン・ダーショウィッツを雇うことができた（ダーショウィッツは誰にでもこのようなサービスを提供するわけではない）。そしてダーショウィッツも、ある意味で代理スーパースターとなり、スーパースターである依頼人のおかげで大いに潤った。※

法律や制度すら、スーパースターの所得を押し上げる方向に改正されている。ドワイト・アイゼンハワー大統領の時代（一九五三〜六一年）には所得税の限界税率は九〇%に達していたが、ロナルド・レーガン時代（一九八一〜八九年）の初期には五〇%程度になった。そして二〇〇二年にはさらに三五%まで引き下げられ、この水準が二〇一二年まで続いている。この減税策で最高所得層の税引後利益が膨らんだのは当然だが、調査によると、税引前の申告所得も増えて

※少なくとも法廷弁護士としての彼の仕事ぶりは大いに喧伝された。勝者総取りを促す技術変化の恩恵を被ったダーショウィッツは、本を書き、テレビでも有名人となった。

いるという。税金で持って行かれる額が減るので、労働意欲が高まり、所得隠しや節税をせずに申告するようになったのだろう。

またさまざまな取引規制が緩和されたことも、スーパースターに有利に作用した。規制緩和には、通信・輸送コストの大幅低下と同じく、市場のグローバル化を促す効果がある。おかげでスーパースターは世界を舞台に活躍し、ローカルな相手を押し出せるようになる。二〇〇六年に韓国の起亜自動車がアウディからカーデザイナーのペーター・シュライヤーを引き抜いたが、これなども、スター・デザイナーの市場がグローバル化していることの証と言えよう。

上位一％や最上位〇・〇一％の所得層は我が世の春を謳歌しているが、スーパースター経済に逆風が吹いていないわけではない。中でも注目すべきは、ロングテール現象だろう。これは、需要の小さいモノやサービスへのアクセスが容易になることで、そうしたニッチ商品の売り上げが一握りのヒット商品の売り上げを凌駕する現象を指す。テクノロジーは限界費用を押し下げるだけでなく、多くのケースで固定費用、在庫費用、検索費用も圧縮した。その結果、従来は無視してきた多種多様なニーズを拾い上げ、ニッチな需要に応える商売が成り立つようになっている。

そうなれば、スーパースターに真っ向勝負を仕掛けるのではなく、自分の「売り」に特化し、ニッチ市場を拵え上げて世界のナンバーワンになってしまうという戦略が成り立つ。なるほどローリングはビリオネア作家になったが、星の数ほどいる他の作家にだって、今日ではニッチな読者と巡り会うチャンスは十分にある。町の本屋は、弱小作家の作品は売れないとして仕入れてくれないだろうが、アマゾンならきっと在庫に入れてくれるだろう。そうすれば、世界中の読者からアクセス可能になる。テクノロジーのおかげで地理的な距離を飛び越えられるようになったいまでは、ニッチを狙った極端な専門化や特化もナンバーワンになる手段の一つとなっている。

子供向けの本の書き手として世界で一〇〇一番目になるくらいなら、環境志向型起業家向けの科学技術専門アドバイザーとして第一人者になるほうがいい。あるいは、アメリカンフットボールのクロック・マネジメント（残り試合時間を巧みに管理しながら攻撃を進めること）の第一人者になるのも、悪くない。[*20] スマートフォン向けアプリの開発者たちはまさにこの戦略に則っている。七〇万を超えるアプリが提供されているのはこのためだ。アマゾンで二五〇〇万以上の楽曲が販売されているのも、同じことである。ブログやフェイスブックやユーチューブへの投稿数はさらにこれらを上回っており、「共有経済」を形成している。もっとも、これらがただちに収入に結びつくわけではない。ロングテール経済の参入障壁は低いが、まだスーパースターは見かけない。

スーパースター経済はべき乗則に従う

勝者総取り市場が支配する経済は、慣れ親しんできた産業経済とはまったくちがう力学に従う。レンガ職人の例で説明したように、職人たちは腕前に応じて賃金をもらうので、勝者総取りのアプリ開発者よりも賃金のばらつきはずっと小さい。だが、両者のちがいはこれだけではない。所得が能力や努力の差に応じて決まるなら、大幅に変動することはあまりないが、勝者総取り市場で競争している場合には、変動も偏りもきわめて大きくなる。偉大な経済学者ヨーゼフ・シュンペーターは「創造的破壊」ということを言った。これは、イノベーションは消費者にとって新たな価値を創出すると同時に、それまでの勝者を排除するというほどの意味である。新たな勝者が規模を拡大し市場を支配するが、しかしそれもまた次世代のイノベーターに駆逐される。シュンペーターの指摘は、従来の製造・サービス市場よりも、ソフトウェア、メディア、インターネット市場のほうによく当てはまっていた。しかし多くの産業でデジタル化、ネットワーク化が進めば、「創造的破壊」はどっと拡がると考えられる。[*21]

スーパースター経済においては所得分布の範囲が拡大するうえに、分布の形がまったくちがってしまう。最上位層に属す少数の所得が増えるだけでなく、分布の基本構造が変化するのである。レンガ職人の例のように賃金がおおむね絶対評価で決まるなら、所得分布は能力や努力の分布とほぼ一致することになる。そして人間の能力や特徴も含め、自然現象に見られるばらつきは、だいたいにおいて正規分布またはガウス分布に従うと見なせることが多い。正規分布は、左右対称の釣り鐘型曲線を描く。人間で言えば、身長、走る速さ、いわゆる知能指数（IQ）のほか、心の知能指数（EQ）、管理能力、勤勉さなどのばらつきも、おおむね正規分布

●図 10.1

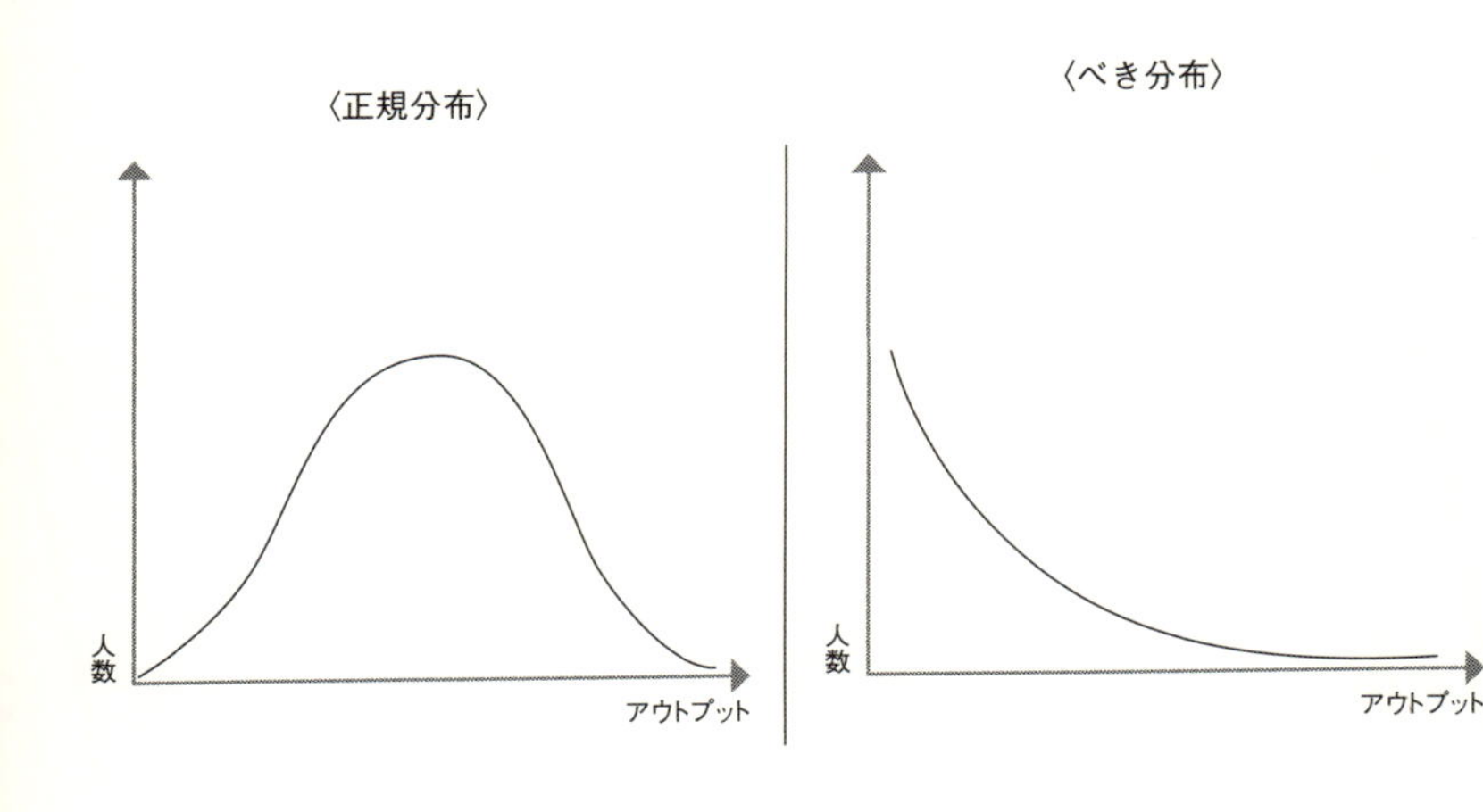

に従うとされる。

正規分布はきわめてよく見られる現象で（だから「正規」と名づけられた）、直観的にも理解しやすい。真ん中が多く、両極端に近づくほど急激に減る。しかも平均値、中央値、最頻値が一致する。すなわち「平均」が分布の中央に来るだけでなく、最も代表的で最もありふれたタイプとなる。仮にアメリカの所得分布が正規分布に従うとしたら、所得の中央値は平均値に一致する（もちろん、現実には中央値のほうがずっと小さい）。正規分布のもう一つの特徴は、平均から遠ざかるにつれて急激に数が減ることだ。具体的には、平均身長一七〇センチの国では、身長一八〇センチの人は相当数いても、二一〇センチの人はめったにいない。このように、両極端の人数はきわめて少なくなる。

対照的にスーパースター（およびロングテール）市場の分布は、べき乗則またはパレートの法則に従うと考えたほうがうまく説明できる。べき分布では、ほんの少数の上位が突出して数を稼ぎ、大多数の下位が少数を分け合う。これを八〇対二〇の法則と呼ぶこともある。つまり二〇％の人間が利益の八〇％を獲得するという意味だが、実際の偏りはもっと甚だしい。[*22]たとえばエリックらの調査によれば、アマゾンでの本の販売部数はこれに当たるという。[*23]べき分布は、裾野の広いファットテールを待つ。ファットテールとは、平均から極端に離れた事象の発生確率が正規分布から予想される確率よりも高い現象を意味する。[*24]べき分布には「スケール不変性」という興味深い性質もある。スケール不変性とは、どのスケール（尺度）で拡大あるいは縮小しても、同じような状況になっていることを意味する。つまり最上位一冊が上位一〇冊に占める割合も、上位一〇冊が上位一〇〇冊に占める割合も、上位一〇〇冊が上位一〇〇〇冊に占める割合も、変わらない。べき分布は、地震の頻度、大半の言語における単語の頻出度など、さまざまな現象に見られる。本、ＤＶＤ、アプリなどの販売数も、べき分布に従う。

これ以外の市場は、さまざまなタイプの分布が混ざり合った形になる。アメリカ経済は、全体としては対数正規分布とべき分布の合成として説明でき、最高所得層にはべき乗則が当てはまる。[*25]なぜこのような合成型になるのか、今後どのように推移するのか――これが、現在の私たちの研究テーマになっている。

所得分布がべき分布に変化した場合には、重要な波及効果があると考えられる。たとえばスティルウェル先端科学技術政策研究センターのキム・タイパレは、「中流層を育ててきた釣り鐘型分布の時代は終わった。いまやわれわれは、経済的機会がべき乗則に従って分布する時代に向かっている。そこでは、教育だけでちがいを生み出すことはできない」と指摘する。[*26]

こうした変化は、人々の世界観を混乱させる。私たちは、典型的なもの、代表的なものを基準に推論するやり方に慣れ親しんでいる。政治家は「平均的な有権者」に語りかけ、マーケティング担当者は「代表的な消費者」を想定する。こうしたやり方は、正規分布にはよく当てはまる。そこでは、最もありふれたものが平均に近い。より専門的に言えば、最頻値と平均値がほぼ同じである。だが、べき分布の平均値は、中央値あるいは最頻値よりはるかに大きい。[*27] たとえば、二〇〇九年には、メジャーリーグの野球選手の平均報酬は、年間三二四万二〇六ドルだった。中央値は一一五万ドルだから、三倍に近かったわけである。[*28]

現実的に言えば、所得がべき分布に従う場合、大半の人の所得は平均以下となる。しかも時が経つにつれて、所得の中央値は上がらないままに平均所得は上昇する。言い換えれば、大半の人の所得は増えないままに、平均所得は増える。べき分布では、直観に反するような経過をたどって所得格差が拡大するのである。

第10章 原注

＊1 *Nike—You Don't Win Silver, You Lose Gold, 2012*, http://www.youtube.com/watch?v=ZnLCeXMHzBs&feature=youtube_gdata_player.

＊2 ほとんどの場合、勝者が文字通り総取りするわけではない。おそらく「勝者ほとんど取り」が正しい表現だろう。この名称を考えた経済学者の間では、「勝者総取り」とは勝者が市場シェアのほとんど全部をとるという意味で使われているので、私たちもその意味で使うことにしたい。

＊3 Emmanuel Saez, "Striking It Richer: The Evolution of Top Incomes in the United States," January 23, 2013, http://elsa.berkeley.edu/~saez/saez-UStopincomes-2011.pdf.

＊4 "Why The Haves Have So Much : NPR," NPR.org, October 29, 2011, http://www.npr.org/2011/10/29/141816778/why-the-haves-have-so-much (accessed August 11, 2013).

＊5 Alex Tabarrok, "Winner Take-All Economics," *Marginal Revolution*, September 13, 2010, http://marginalrevolution.com/marginalrevolution/2010/09/winner-take-alleconomics.html.

＊6 Steven N. Kaplan and Joshua Rauh, "It's the Market: The Broad-Based Rise in the Return to Top Talent," *Journal of Economic Perspectives* 27, no. 3 (2013): 35–56.

＊7 David Streitfeld, "As Boom Lures App Creators, Tough Part Is Making a Living,"*New York Times*, November 17, 2012, http://www.nytimes.com/2012/11/18/business/as-boom-lures-app-creators-tough-part-is-making-a-living.html.

＊8 Heekyung Kim and Erik Brynjolfsson, "CEO Compensation and Information Technology,"*ICIS 2009 Proceedings*, January 1, 2009, http://aisel.aisnet.org/icis2009/38.

＊9 以下を参照されたい。Xavier Gabaix and Augustin Landier, "Why Has CEO Pay Increased so Much?,"SSRN Scholarly Paper (Rochester, NY : Social Science Research Network, May 8, 2006), http://papers.ssrn.com/abstract=901826.

*10 Robert H. Frank and Philip J. Cook, *The Winner-take-all Society: Why the Few at the Top Get so Much More Than the Rest of Us* (New York: Penguin Books, 1996).（ロバート・フランク、フィリップ・クック『ウィナー・テイク・オール――「ひとり勝ち」社会の到来』香西泰訳、日本経済新聞出版社）

*11 Sherwin Rosen, “The Economics of Superstars,” *American Economic Review* 71, no. 5 (1981): 845–58, doi:10.2307/1803469.

*12 D. Rush, “Google buys Waze map app for $1.3bn,” *Guardian* (UK), June 11, 2013, http://www.theguardian.com/technology/2013/jun/11/google-buys-waze-mapsbillion.

*13 動画そのものと再生回数は、以下で閲覧できる。https://www.youtube.com/watch?v=OY pwAtnywTk.

*14 この点については、以下を参照されたい。Roy Jones and Haim Mendelson “Information Goods vs. Industrial Goods: Cost Structure and Competition,” *Management Science* 57, no. 1 (2011): 164–76, doi: 10.1287/mnsc.1100.1262.

*15 限界費用がきわめて小さい場合、一括販売や抱き合わせ販売の利益が大きくなる。ケーブルテレビ会社が抱き合わせ契約を好むのも、マイクロソフト・オフィスが大きな市場シェアを獲得できたのも、このためである。抱き合わせ販売は、より完全な形で製品を提供し、さまざまな嗜好を持つ消費者を相手に売り上げを伸ばせるため、スーパースターとニッチ事業者の双方に利益をもたらす。しかし抱き合わせ販売が一般的な市場は、勝者総取りになりやすい。以下を参照されたい。Yannis Bakos and Erik Brynjolfsson, Management Science 45, no. 12 (1999); Yannis Bakos and Erik Brynjolfsson, “Bundling and Competition on the Internet,” Marketing Science 19, no. 1 (2000): 63–82, doi: 10.1287/mksc.19.1.63.15182.

*16 以下を参照されたい。Michael D. Smith and Erik Brynjolfsson, “Consumer Decision-making at an Internet Shopbot: Brand Still Matters,” *NBER* (December 1, 2001): 541–58.

*17 Catherine Rampell, “College Degree Required by Increasing Number of Companies,” *New York Times*, February 19, 2013, http://www.nytimes.com/2013/02/20/business/college-degree-required-by-increasing-number-of-companies.html.

*18 くわしくは、以下を参照されたい。“Investing in the IT That Makes a Competitive Difference,” July 2008, http://hbr.org/2008/07/investing-in-the-it-that-makesa-competitive-difference.

＊19 Alfred Marshall, *Principles of Economics*, 8th edition, New York: Macmillan, 1947, p. 685.（アルフレッド・マーシャル『経済学原理』馬場啓之助訳、東洋経済新報社）

＊20 たとえば、以下を参照されたい。http://www.koomey.com/books.html or http://www.johntreed.com/FCM.html.

＊21 くわしくは、以下を参照されたい。*Harvard Business Review* article (A. McAfee and E. Brynjolfsson, "Investing in the IT That Makes a Competitive Difference: Studies of Corporate Performance Reveal a Growing Link between Certain Kinds of Technology Investments and Intensifying Competitiveness," *Harvard Business Review* [2006]: 98–103) and a research paper (E. Brynjolfsson, A. McAfee, M. Sorell, and F. Zhu, "Scale without Mass: Business Process Replication and Industry Dynamics," MIT Center for Digital Business Working Paper, 2008).

＊22 より専門的に言うと、べき乗則は次の式で表せる。$f(x) = ax^k$. たとえば、アマゾンでの書籍の売上高$f(x)$は、その本のランキングxとべき指数kの関数である。べき乗則は、両対数グラフでは直線で表せるという特徴がある。グラフの傾きは指数kとなる。

＊23 Erik Brynjolfsson, Yu Jeffrey Hu, and Michael D. Smith, "Consumer Surplus in the Digital Economy: Estimating the Value of Increased Product Variety at Online Booksellers," SSRN Scholarly Paper (Rochester, NY : Social Science Research Network, June 1, 2003), http://papers.ssrn.com/abstract=400940.

＊24 言い換えれば、基調的な分布が正規分布ではなくべき分布の場合には、いわゆる「ブラックスワン」はもっとありふれた現象となる。

＊25 専門的には、所得の大部分は正規分布の一種の対数正規分布で最もよく記述できる。ただし最高所得の分布はべき乗則に従う。

＊26 二〇一三年八月一日に開催されたアスペン研究所第二一回年次総会の情報技術に関する円卓会議で、キム・タイパレが行ったプレゼンテーションに拠る。

＊27 統計にくわしい人なら、べき分布の平均値が場合によっては無限になりうることをご存知だろう。具体的には、分布の指数（前述の式中のk）が2より小さい場合、分布の平均値は無限大となる。

＊28 以下を参照されたい。"Dollars and Sense Part Two: ML B Player Salary Analysis," *Purple Row*, http://www.purplerow.com/2009/4/23/848870/dollars-and-sense-part-two-mlb (accessed August 10, 2013). スーパースターが獲得するコマーシャル契約を考慮すれば、格差はさらに拡大するだろう。

第11章

ゆたかさと格差は何をもたらすか

すでにゆたかな人がよりゆたかになるかどうかではなく、
あまりに貧しい人にどれだけ十分に与えられるかどうかによって、
われわれの進歩は測られる。
――フランクリン・D・ルーズベルト

第7～9章では、セカンド・マシン・エイジがある矛盾を孕んでいることを指摘した。GDPがこれほど増えたことはなく、イノベーションがこれほど速いペースで生み出されたこともないというのに、人々は次世代の未来について悲観的になっている、ということだ。無理もない。フォーブス誌の長者番付に登場する億万長者たちの純資産合計は、二〇〇〇年から現在までにインフレ調整後で五倍以上になっている。にもかかわらずアメリカの世帯所得の中央値は、減っているのだ。[*1]

経済統計だけを見ていると、ゆたかさと格差という二つの要素の進行を見落としやすい。オバマ政権で経済顧問を務めたジャレド・バーンスタインは、生産性と雇用が連動しないことに警鐘を鳴らす。図11・1はこのことをはっきりと示している。この二つの重要な数字は、戦後ほぼ一貫して同じペースで上昇していた。だが一九九〇年代後半になると両者は乖離し、異なる動きを示すようになる。雇用が伸び悩み、ときに落ち込むのを尻目に、生産性は引き続き右肩上がりだ。今日では、人口比で見た被雇用率は、過去二〇年間で最も低い。そのうえ実質労働所得の中央値は、一九九〇年代を下回る。その一方で、生産性も、GDP、設備投資、企業

●図 11.1　労働生産性と民間部門の雇用

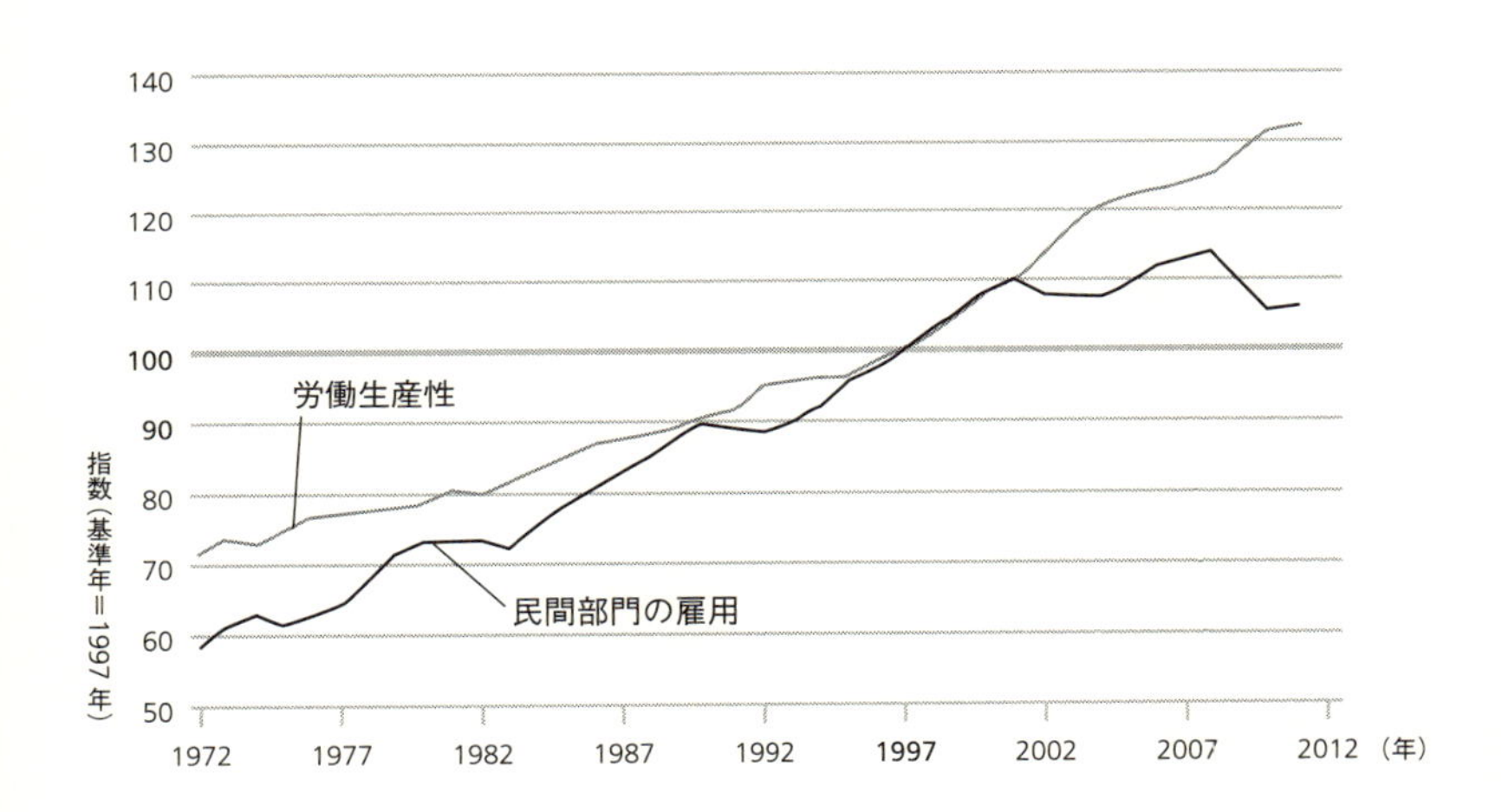

の税引後利益も、史上最高を記録している。

シリコンバレーのような場所や、MITのような研究大学では、イノベーションが次々に生まれるのを日々実感できる。雨後の筍のようにスタートアップが出現し、次なる百万長者や億万長者を生み出す一方で、本書の前半で紹介したような驚異的な新技術が研究室やガレージから引きも切らずに送り出される、といった具合だ。しかし同時に、経済的苦境に追い込まれる人々も増えている。学生の多くは奨学金で凌ぎ、卒業生は職探しに苦労する。そして大勢の人々が当面の生活を維持するために借金をしている。

本章では、このゆたかさと格差が将来的にどうなるかについて、三つの重要な問いに取り組む。第一に、ゆたかさは格差を上回ることができるのか。第二に、技術は不平等を拡大するのみならず、構造的失業を出現させるのか。第三に、技術とともに経済を大きく変えたグローバリゼーションは、このところの賃金と雇用率の低下の原因なのだろうか。

ゆたかさは格差を上回ることができるのか

テクノロジーのおかげで、人類はゆたかな世界を築いた。今日の世界では、より少ないインプット（原料、資本、労働）からより多くのアウトプットを生み出すことができる。この先も人類は、比較的容易に計測できるもの（生産性など）と計測しにくいもの（無料のデジタル商品から得られるメリットなど）の両方に恵まれることになるだろう。

ゆたかさを説明するのに、さきほどは無味乾燥な経済の言葉（生産性、所得、GDPなど）を使った。だが考えてみれば、これは恥ずべきことだ。ゆたかになるということはとてもすばらしいことなのだから、もっとふさわしい言葉で表現すべきだろう。ゆたかになるとは、単に安い商品が増えるという意味ではない。第7章で指摘したように、生活の多くの面で選択肢が増えることであり、多種多様なモノやサービスが提供されることであり、品質が向上することでもある。ゆたかになるとは、胸を切開せずに心臓手術ができるようになることだ。最高の先生たちの授業にいつでもアクセスでき、理解度を一人ひとり評価してもらえるようになることだ。車や服や電気・水道・ガスに払うお金が少なくて済むようになることだ。また、耳の聴こえなかった人が聴こえるようになること、さらには目の見えなかった人が見えるようになることだ。

そしてまた、退屈な反復作業をしなくてよくなり、創造的な仕事をするチャンスが増えることでもある。

いま挙げたゆたかさにはどれも、少なくとも部分的にはデジタル技術が活用されている。技術の進歩と、人々に自由な選択を与える政治・経済制度が結びついたとき、ゆたかさは花開く。しかしそれは同時に格差を拡大させ、富、所得、生活水準、地位向上の機会といった人生において重大な事柄で、ますます差が開くことになる。こうした傾向、とりわけ不平等の拡大はアメリカで顕著だが、じつは他の多くの国でも顕在化している。デジタル技術の進歩という上げ潮がすべての船を浮かばせるという期待は、幻想だったようだ。

テクノロジーが格差拡大の唯一の原因というわけではないが、主な原因の一つであることはまちがいない。今日の情報技術は、高スキル労働者を優遇し、低スキル労働者を冷遇する。また資本家には、労働者に比してひどく大きな見返りを与える。さらに、スーパースターを先頭に押し出し、ふつうの人を置き去りにする。こうした動きはすべて、就労者と失業者、高学歴高スキル労働者と低学歴低スキル労働者、スーパースターとその他大勢の間の格差を拡大する。他のすべての条件が等しいなら、未来のテクノロジーが世界をいっそうゆたかにすると同時に、格差を一段と拡大することはあきらかだ。

テクノロジーがもたらすゆたかさと格差が、どちらも時とともに増えるのだとしたら、次のように考えることも可能かもしれない。それほどゆたかになるなら、格差を深刻に懸念する必要があるのだろうか。テクノロジーのおかげで底辺の人々の生活が向上するなら、不平等はさして問題ではなくなるのではないか……

所得格差をはじめとするさまざまな格差が拡大していることはデータにはっきり表れているが、これを問題視しない専門家もいる。いずれはゆたかさがすべてを解決する、だから格差ばかりを取り上げて騒ぎ立てるのは不適切で誤解を招くという。このゆたかさ万能論者は、格差の底辺にもゆたかさは行き届くのだから、こちらのほうがはるかに重要だと主張する。なるほど高スキル労働者は有利になっているだろう、スーパースターはその他大勢を置き去りにしているだろう、だが、だからどうしたと言うのだ？　全員の生活が前よりよくなっているなら、一部がとりわけよくなったところで心配するにはおよぶまい、という理屈である。ハーバード大学の経済学者グレゴリー・マンキューは、一％の人間が途方もない報酬を得るとしても、それが残り全員に価値を創出した見返りであるなら問題ではない、と述べた。[*2]

たしかに、資本主義経済がうまく機能する理由の一つは、イノベーションの創出に対して強力なインセンティブが設定されていることにある。新しいモノやサービスが市場で成功すれば、何がしかの金銭的見返りが得られる。それが大ヒットになれば、見返りも巨額になり得る。こうしたインセンティブ・システムが適切に機能するなら（金融業界のように、非常識なリスクテークに対して途方もない報酬がリスクフリーで提供されるといったことがないなら）、その実りは大きく、かつ広く行き渡るはずだ。イノベーションは多くの人の生活をよりよいものにすると同時に、イノベーター自身を裕福にするだろう。だから、万人を利すると言える——その利益が均等ではないにしても。

ハイテク産業では、こうしたハッピーな筋書きがそこここで見られる。大勢の起業家がハードウェア、ウェブサイト、アプリケーションなどさまざまなモノやサービスを生み出し、大勢の消費者がそれらを買って楽しみ、あるいは便利に活用し、起業家は金銭的見返りを手にする。これはたしかに万人に利益が行き渡るパターンと言ってよいだろう。経済学者のラリー・サマーズは、「アメリカにもう二〇人ほどスティーブ・ジョブズがいると想像してほしい……ジョブズのような存在は不平等の要因にもなるが、繁栄する起業経済の輝かしくも好ましい面でもある。あのような人材の輩出を今後一層促さなければならない」と述べている。[*3]

ぜひともそうすべきである。第6章で見たように、技術の進歩は世界中の貧しい人々にも恩恵をもたらしている。携帯電話をはじめとするイノベーションが、所得や健康などさまざまな面で生活改善に貢献したとの調査結果もある。ムーアの法則に従ってデジタル機器の値段が一段と下がれば、さらに多くの人に恩恵が行き渡るだろう。

「ゆたかさはすべてを解決する」という主張が正しいなら、セカンド・マシン・エイジが進行しても何も心配する必要はないことになる。だが、ほんとうにそうだろうか。残念ながら、そうではなさそうだ。第9章、第10章で見たとおり、アメリカでも、世界の大半の国でも、大勢の人々が貧しくなっていることをデータは冷酷に示している。それも相対的に貧しくなったのではない、絶対的な数値で見ても貧しくなっている。アメリカでは、所得の中央値が実質ベースで一九九九年を下回っている。個人ではなく世帯ベースで見ても、また年間所得ではなく資産総額で見ても、おおむね同じことが言える。つまり技術が進歩するにつれて、取り残される人が増えているのである。

ゆたかさ万能論者の中には、たとえそうだとしても、統計に表れない価格の下落や質的向上などを勘案すれば、そんなことは問題ではないと強弁する人もいる。経済学者のドナルド・ボードローとマーク・ペリーは、次のように書いた。

家での食事、自動車、衣服、靴、家具・設備、電気・水道・ガスなど、現代生活の『必需品』に対する世帯支出は大幅に減っている。一九五〇年には可処分所得の五三％を占めていたが、一九七〇年には四四％、今日では三二％にすぎない……しかも、ふつうのアメリカ人が買うものは、質量ともに、裕福なアメリカ人が買うものに近づいている。たとえばエレクトロニクス製品がそうだ。iPhone、iPad、iPod、ノートパソコンなどは中流層のティーンエイジャーでも買えるし、その品質が所得最上位一％の買う製品より大幅に劣るわけでもない。それどころか、多くの場合はまったく同じ製品である。[*4]

さらにペリーは、「イノベーションとテクノロジーのおかげで……今日ではすべてのアメリカ人（とりわけ低〜中所得層）が以前よりもよい暮らしをしている」と主張する。[*5] ブルッキングス研究所のスコット・ウィンシップも、ナショナル・レビュー誌などで同様の主張をしている。[*6]

彼らの主張はなかなかに魅力的だ。イノベーションやテクノロジーがもたらす恩恵によって、今日の平均的な労働者は多くの点で前の世代よりよい暮らしをしているという指摘は、たしかにそのとおりだろう。情報、メディア、通信、コンピュータに関する限り、あらゆるものが信じがたいほど向上してきたし、今後の進歩は予測できないほどだ。しかもこのゆたかさは波及する。技術の進歩は、一見するとハイテクとは無関係な分野でも、たとえば食品や電気・水道・ガスといったものについても、コストを押し下げ、クオリティを押し上げるからだ。

だから、ゆたかさ万能論にもそれなりの根拠はある。だが私たちとしては、格差の下のほうにいる人々が万事よろしくやっている、と信じるわけにはいかない。ほんの一例を挙げるなら、誰もがぜひとも買いたいと思う重要なものの値段は、じつはかつてよりもはるかに上がっている。ジャレド・バーンスタインは、一九九〇〜二〇〇八年の世帯所得の中央値と、住宅、医療、大学にかかる費用の推移を調査した。その結果、世帯所得はたしかに約二〇％増えてはいるものの、住宅と大学の費用は約五〇％、医療費にいたっては一五〇％以上上がっていることが判明した。[*7] しかも近年ではアメリカ人の実質所得の中央値は下がっているので、事態が一段と悪化していることは確実である。

アメリカの多くの世帯には、いざというときの備えがない。経済学者のアンナマリア・ラサルディ、ダニエル・J・シュナイダー、ピーター・トュファーノは、「三〇日以内に二〇〇〇ドル用意できますか？」というアンケート調査を二〇一一年に実施した。その結果は大いに懸念すべきものとなった。なにしろ「アメリカ人の二五％は、それだけの金額を用意できなかった。さらに一九％は、少なくとも一部を調達するのに持ち物を質に入れるか売り払うか、でなければ消費者金融を利用しなければならなかった……言い換えれば、アメリカ人の半分近くは財政的に脆弱である……中流と目されるアメリカ人の相当数が……自分の財政状態はかなり危ういと認めている」というのだ。[*8]

貧困率、医療へのアクセス、フルタイム雇用を望みながらパートタイム雇用に甘んじている人の数といった他のデータからも、テクノロジーがもたらすゆたかさは格差の大幅拡大を打ち消すには不十分であることがわかる。こうした格差拡大は、今回の大不況だけが原因ではないし、また一時的な現象であるとも思われない。

多くのアメリカ人の所得が横這いか落ち込んでいるというのは、それだけでも気の滅入る事実だが、そのうえいまや社会的流動性も乏しくなっている。格差の下のほうの層で生まれた子供が、生きて働いている間に上へ這い上がるチャンスが減っているのである。誰にでも地位向上のチャンスがあるというアメリカン・ドリームは、前世代までは現実的な夢だった。しかし近年の調査結果を見ると、そうではなくなったことがわかる。ほんの一例だが、一九八七～二〇〇九年の納税申告書の調査では、三万五〇〇〇世帯がほぼずっと同じ階層に止まっていることがわかった。この調査は経済学者のジェイソン・デバッカー、ブラッドリー・ハイムらが二〇一三年に行ったものだが、階層間の入れ替えはほとんどないうえ、世帯所得の格差は同時期に拡大しているという。[*9] また最近では、社会学者のロバート・パットナムが興味深い調査を行っている。パットナムは生まれ故郷であるオハイオ州ポート・クリントン市（人口六〇五〇人）の社会的流動性を調べた結果、高卒の両親を持つ子供の経済状況や将来見通しが悪化していることを突き止めた。かつては安定したブルーカラー雇用が潤沢にあったこの町では、いまや工場が閉鎖され雇用が失われてしまった。この町は、スキル偏重型の技術変化が加速すればどんな運命が待ち受けているかを如実に物語っている。[*10]

多くのアメリカ人は、まだ自分たちが希望の国に生きていると信じている。立身出世のチャンスはいくらでもあるのだ、と。だが現実にはそうではない。エコノミスト誌は「一九世紀のアメリカは、ヨーロッパよりはるかに社会的流動性が高かった。だが今日ではそうは言えなくなった。一世代の社会的流動性、具体的には父親の相対所得と成年の息子の相対所得との相関性を調べてみると、アメリカは北欧諸国の半分にすぎず、ヨーロッパで最も低いイギリスやイタリアと同水準となっている」と指摘する。[*11] つまり格差は拡大するだけでなく、自己増殖し、従って恒久的に続く。低～中所得層はいつまでたってもそのままであり、何世代にもわたってその階層に止まる。これは、経済にとっても社会にとっても健全なことではない。

そのうえ格差はゆたかさを損なう方向に作用するとなれば、ますます悲惨なことになる。不平等の影響が技術の進歩を阻害し、セカンド・マシン・エイジの恩恵が行き渡らなくなるのだ。格差の存在はがんばって追いつこうという意欲をかき立てるので、経済を上向かせるという議論をよく聞く。そういうこともあるかもしれないが、しかし格差は成長の邪魔をすることもある。二〇一二年に経済学者のダロン・アセモグルと政治学者のジェームズ・ロビンソンは『国家はなぜ衰退するのか』（邦訳早川書房刊）を刊行し、同書の副題のとおり「権力・繁栄・貧困の起源」を解き明かそうと試みた。それによれば、衰退の真の原因は地理的条件や天然資源や文化ではない。国家の命運を左右するのは、民主主義、私有財産制、法の支配といった制度だという。これらを整備した国家は繁栄するが、経済や社会のルールがエリート層に有利になるように定められている歪んだ国家は貧困に向かう。アセモグルらはそう論じたうえで、アメリカの現状に目を向け、次のように警鐘を鳴らす。

繁栄を導くのはイノベーションであり、すべての人に平等が保障されない状況ではイノベーションの可能性を無駄に失うことになる。次のマイクロソフト、グーグル、フェイスブックがどこで生まれるかは誰にもわからない。次のイノベーションを生むかもしれない人材が学校へ行けなかったら、よい大学へ入る機会は失われ、イノベーションが実現する可能性は大幅に損なわれることになる……

アメリカが過去二〇〇年の間にこれほどたくさんのイノベーションを生み出し、経済成長を実現できたのは、イノベーションや投資に見返りがあったからだ。イノベーションも経済成長も無からは生まれない。必要なのは適切な政治制度やしくみを整え、エリートなど一握りのグループが政治権力を独占し、社会を顧みず自己の利益のために権力を行使する事態を防ぐことだ。

そう考えると、アメリカの現状には懸念を覚えざるを得ない。経済的不平等は政治的不平等の拡大につながりかねず、政治的権力を手にした者は経済的優位を強化するためにそれを使い、不正な手段を操って自らを有利にし、経済的不平等を一段と助長させるだろう。これは、典型的な悪循環だ。アメリカはそれに陥っているのかもしれない。[*12]

この分析は、近年の格差拡大を憂慮すべき重大な理由を指摘している。不平等は政治的強者が一国のリソースを吸い上げる制度設計につながりかねない、ということだ。これは恥ずべきことであり、それ以上に悲劇である。アセモグルらの研究からすれば、こうした悲劇が起きる可能性は高い。テクノロジーがもたらすゆたかさは、格差を埋め合わせてあまりあるという楽観的な確信を捨てて、私たちは逆の心配をしなければならない。この先、格差がゆたかさを減らしてしまうのではないか、と。

テクノロジーは構造的失業を出現させるのか

経済のパイ全体は大きくなったが、一部の人々、それも大多数の人々は、技術の進歩に伴って生活が苦しくなっている。労働需要は低下し、とくに低スキル労働者の就労はままならず、賃金水準も落ち込んだ。だがほんとうにテクノロジーが失業率上昇の元凶なのだろうか。

この問いが最初に発されたのは、だいぶ昔のことだ。少なくとも過去二〇〇年にわたり、技術と雇用を巡って激しい議論が、ときに暴力を伴って展開されてきた。その先鞭を付けたのは、イギリスの繊維産業である。一八一一〜一七年に繊維産業の労働者は、産業革命によって誕生した自動織機に職を脅かされる。彼らは伝説的人物ネッド・ラッドの下に馳せ参じ、工場と機械を破壊して回った。このラッダイト運動を阻止するために、イギリス政府は軍隊まで出動させなければならなかった。

経済学者たちは、ラッダイト運動は大規模な自動化が賃金と雇用を圧迫する現象の先触れだと考えた。彼らの議論はすぐさま二分された。一方は楽観論者であり、こちらが多数派である。彼らは、技術の進歩が一部の労働者の職を奪うとしても、資本主義経済の下での創造性の発露によって、雇用はいずれ必ず拡大するはずだ、と主張した。よって失業は一時的な現象に過ぎず、深刻に懸念するにはおよばない。ジョン・ベイツ・クラーク（四〇歳以下のアメリカの経済学者を対象とする名誉ある経済学賞は彼の名を冠している）は一九一五年に次のように書いた。「ダイナミックに変化する現実の経済においては、失業した労働者はつねに出現するものだ。これを完全になくすことは不可能だし、健全でもない。労働者の生活向上には進歩が欠かせないのであり、労働者の一時的な解雇なしに進歩は実現し得ない[*13]」。

翌年、政治学者のウィリアム・ライザーソンはさらに踏み込んだ意見を述べている。失業は結婚に似ているとして、「消防署に待機して警報が鳴るのを待っている消防士や、召集がかかるのを待っている非番の警察官が失業者でないのと同じように、いま雇用されていない人も失業者ではない[*14]」。要するに資本主義経済の創造性は、「いつでも働けるよう待機している労働者」の供給を必要としている。そして一つ前の技術の進歩によって一時的に解雇された人々がこの予備軍を構成する、というわけだ。

一方で、そこまで楽観的になれない経済学者もいた。ジョン・メイナード・ケインズはその一人である。彼は一九三〇年に「孫の世代の経済的可能性」（邦訳は『ケインズ説得論集』日本経済新聞出版社刊に収録）と題する小論を書いた。この小論はおおむね楽観的ではあるものの、さきほどとは異なる立場を明確にしている。自動化は多くの人の職を永久に奪いかねない、とりわけ自動化が広い範囲で普及した暁にはそうなる、という。大恐慌が始まったばかりの時期に書かれたこの小論は、次のように将来を展望する。「いま、世界は新しい病にかかっているのであり、聞いたことのない病名だという読者が多いだろうが、今後何年かはひんぱんに聞くことになるだろう。*技術が生む失業*というのがその病名である。省力化の手段を見つけるペースが速すぎて、労働力の新たな用途を見つけるのが追いつかないために起こる失業のことだ[*15]」。大恐慌によって失業率が長期にわたって高止まりしたとき、ケインズのこの見方は裏づけられたようにみえた。だがやがて失業率は下がり、続いて第二次世界大戦が勃発して労働需要は戦場でも銃後でも急上昇する。そして技術に職を奪われる恐れは薄らいでいった。

戦争が終わると技術と雇用を巡る議論が再燃し、その後コンピュータが登場した時点で論争は新たな局面に突入する。そして科学者と社会学者で構成される委員会は、一九六四年に次のような公開書簡をリンドン・ジョンソン大統領に送った。

生産の新しい時代が始まった。工業化時代を支配する原理が農業時代とはちがったように、新時代を支配する原理は工業化時代とはちがう。コンピュータと自動制御機械によって、サイバネーション革命が出現した。その結果、生産能力がほとんど無制限に拡大する一方で、人間の労働は次第に不要になっている。[*16]

ノーベル賞経済学者のワシリー・レオンチェフも同じ見方をしており、一九八三年に次のように断言した。「生産の最重要要素としての人間の役割は、縮小する運命にある。ちょうど農業生産において、トラクターが導入されて馬の役割が減り、次いで完全に排除されたように」[*17]。

だがその四年後に全米科学アカデミー（ＮＡＳ）に集まった経済学者たちは、レオンチェフとは正反対の立場をとり、「技術と雇用」と題する報告書の中できわめて楽観的な見方を発表した。

競争市場においては、技術革新は生産コストひいては製品価格を押し下げることによって、アウトプットに対する需要を増大させる。需要が増えれば生産も増えるので、より多くの労働者が必要になる。このため、技術革新がアウトプット一単位に必要な労働を減らしたとしても、その分を十分に埋め合わせることが可能だ……新しい生産技術の導入によって一単位当たりの必要労働量が減っても、全体として見れば、アウトプットを増やすための雇用創出がこれを上回る。過去においてもそうだったし、近い将来もこの傾向は続くと考えられる。*[18]

自動化などの技術の進歩は、全体としては奪う雇用より生み出す雇用のほうが大きい、というわけだ。経済学の分野ではこの見方が支配的になり、これに反対しようものなら「ラッダイトの誤謬」に等しいと決めつけられた。だから最近になって「技術が生む失業」論を蒸し返した学者の大半は、主流派には属していない。

「現在の失業は景気後退に伴う一時的な現象であって、技術が構造的失業を招くことはない」とする見方は、経済理論と過去二〇〇年のデータの両方をよりどころとしている。だがどちらも、堅固な論拠とは言いがたい。

まず、理論から検討しよう。技術が構造的失業の要因になりうることは、三つの経済的メカニズムで説明できる。需要の非弾力性、変化の加速、深刻な格差である。

技術が労働者の有効活用につながるなら、全米科学アカデミーが発表したとおり、労働需要が減少するはずはない。生産コストが下がれば製品価格も下がり、価格が下がればその製品に対する需要は増える。となれば最終的には、労働需要も増えることになる。しかし実際にそううまくいくどうかは、需要の価格弾力性次第だ。需要の価格弾力性は、価格の変化率（%）に対する需要の変化率（%）で表す。

ある種のモノやサービスの需要は非弾力的であり、価格が下がっても需要は増えない。自動車のタイヤや家庭用の電球などが、これに該当する。[19] 電球の値段が半分になったところで、需要は倍にはならない。従って、費用対効果の改善は電球産業の総収入を減らすことになる。過去にさかのぼって緻密な調査を行った経済学者のウィリアム・ノードハウスによれば、ロウソクや鯨油ランプを使っていた時代と比べれば、技術進歩のおかげで照明の価格は千分の一以下に下がっており、需要に見合うだけの電球を供給するのに必要な労働ははるかに少なくて済むという。[20] いや電球だけでなく、工業製品全般、さらには経済のほぼすべての分野において、需要は価格非弾力的になりうる。農業と製造業では、生産性の向上に伴い、長年にわたって雇用が減少している。アウトプットの価格が下がり品質が上がったからといって、労働力が不要になった分を埋め合わせるほど需要が増えるわけではない。

逆に需要が強い価格弾力性を示すモノやサービスでは、生産性の向上は需要を押し上げ、結果的により多くの雇用創出につながる。ある種のエネルギーは実際にそうなったと考えられ、技術の進歩によってエネルギー効率が向上すると、消費量は減るどころか、むしろ増える。これをジェヴォンズのパラドックスと呼ぶ。もっとも、経済学者にとってはパラドックスでも何でもなく、単に価格弾力的な需要の必然的な結果にすぎない。情報技術では、この現象がよく見られる。[*21]

価格弾力性がゼロに等しい（価格が一%下落すると需要量が一%増える）場合、生産性が伸びた分だけ需要が伸びるので、それを満たすために誰もが以前と同じく忙しく働くことになる。価格弾力性がゼロに等しいのはきわめて特殊なケースと考えられるが、長期的には経済全体がそうなると論じることは、理論的には可能だ（鉄壁の議論とは言いがたいが）。たとえば、農業生産性の向上（＝農産物の価格下落）によって農業労働者の需要は減るとしても、農産物に使われていたお金が経済の他の部分に回るので、雇用は全体として維持される、と論じることは可能である。[*22] そのお金は、既存のものをより多く買うだけでなく、新たに出現したモノやサービスにも使われるだろう。これが、「技術が構造的失業を招くことはない」という主張の骨子である。

だが、ケインズは反対の立場だった。需要は、長期的には完全な価格弾力性を示さないと彼は考えていた。言い換えれば、どれほど値段（品質調整後）が下がったところで、必ずしももっと多く消費したくなるわけではない。すっかり満足し、さらには飽和状態になり、それ以上消費しない、あるいは消費を減らす可能性もある。そうなればモノやサービスの供給に必要な労働も、どんどん減ることになる。ケインズは、最終的には労働時間は週一五時間程度まで劇的に減ると予想した。[*23] もっとも、この種の「技術が生む失業」は、重大な経済問題とは言いがたい。このシナリオは結局のところ、人々はすっかり満足したから労働を減らすことを選ぶ。だからここでは、不足という経済問題は、はるかに魅力的な問題、すなわちたっぷりあるモノと余暇で何をしようかという問題に置き換えられることになる。SF作家のアーサー・C・クラークは「未来の目標は完全失業である。そうすれば、みんな遊べる」と言ったらしい。[*24]

しかしケインズがもっと心配したのは、短期的な調整がうまくいかないことのほうである。ここから、変化の加速という第二の要因が導かれる。人々のスキル、組織、制度が技術の変化のスピードに追いつかなくなることは、技術が生む失業の要因として、需要の非価格弾力性よりも重大な問題だ。新技術が登場してある種の職業あるいはある種のスキルそのものがそっくり不要になったら、お払い箱になった労働者は新しい仕事にありつくために新しいスキルを身につけなければならない。当然ながらそれには時間がかかるし、それまでの間は失業者ということになる。楽観論者は、これは一時的な現象にすぎないと主張する。起業家が新たなビジネスを発明し、労働力はニーズに適応するので、やがて経済は新たな均衡に達し、完全雇用が復活するという。

だがこのプロセスに一〇年かかるとしたらどうなるのか。[*25] そして、もたもたしているうちに技術がまたもや変化したら……。レオンチェフは、トラクターに置き換えられた馬のように多くの労働者が永久に仕事を失うと述べたとき、その可能性を思い浮かべていたにちがいない。[*26]労働者も組織も技術変化への対応に時間がかかると認めるならば、変化のペースが加速したら遅れはますます大きくなり、従って失業状態が長引く可能性が高くなることも認めなければならない。なるほど技術が速く進歩するほど、より多くの富が蓄積され、寿命も長くなる可能性はある。だが、人も組織も制度もより速く適応しなければならない。ケインズ大先生に逆らうようだが、長期的にはわれわれはみな死んでいるのではない、長期的になお職を必要とする。

そして技術が生む失業の第三の要因である格差は、三つの中で最も重大な問題である。これは単に「一時的」な調整の遅れでは片付けられない。第8章と第9章でくわしく取り上げたように、近年の技術の進歩は、スキル偏重型および資本偏重型の技術変化とスーパースターによる勝者総取りを通じて勝ち組と負け組を作り出している。その結果、ある種の仕事やスキルの需要が減っていることはあきらかだ。自由市場においては、価格による調整が行われて需要と供給の均衡が回復するが、実際にもアメリカでは数百万の労働者の実質賃金が下がっている。

ある種の仕事の均衡賃金が一時間一ドルになることは、理論的にはありうる。先進国の住人の大半は、時給一ドルでは生きていけない、餓死しかねないようなこんな賃金水準で働くことを社会が強要すべきではない、と抗議するだろう。だが極端な勝者総取り市場では、均衡賃金がゼロということもありうる。仮に誰かが「サティスファクション」をただで歌うと申し出たところで、大方の人はお金を払ってミック・ジャガーを聴くほうを選ぶだろう。今日の音楽市場では、ミックは有料のデジタル・コピーで無料のアマチュアに勝利できるのである。言うまでもなく、賃金がゼロでは暮らしていけない。まともな人なら別な仕事を探すはずだ。

つまり、人間の労働には許容しうる賃金の下限が存在する。そしてこの下限の存在が、失業を生み出す。いくら働きたくても、下限を上回る仕事が見つからなければ、失業するほうがましだ。自分の能力を必要とする仕事が下限を下回ったら、その労働者は未来永劫失業することになる。歴史を振り返ると、かつては貴重だったインプットの多くがこういう運命に陥ったことがわかる。たとえば鯨油がそうだし、馬もそうだ。今日の経済においては、たとえただで提供されるとしても、これらは必要とされない。言い換えれば、技術は不平等を生み出すと同時に失業も生み出す。そして理論的には、かなりの人、いや大半の人が馬と同じ運命をたどることは大いにあり得る——たとえ経済のパイ全体は大きくなったとしても。

理論面からの検討は以上のとおりである。では、データはどうだろう。ラッダイト運動以後の二〇〇年の大半を通じて技術は生産性を大幅に押し上げ、二〇世紀末までは、雇用も生産性とともに伸びていた。つまり生産性が伸びても必ずしも雇用は減っていなかった。むしろ「生産性の伸びが雇用を創出する」という楽観論のほうが正しいようにさえ見える。だが図11・1を見ればわかるとおり、一九九〇年代後半に雇用と生産性は乖離しはじめた。バーンスタインは、この現象は悩ましい問題だと述べている。一九九〇年代後半までの二〇〇年分のデータと、ここ一五年ほどのデータのどちらが今後の推移を暗示しているのだろうか。現時点で確答することはできない。だが指数関数的な高性能化、デジタル化、組み合わせ型イノベーションという近年のテクノロジーの三つの特徴に加え、人工知能（ＡＩ）やネットワーク化の進行を見る限りでは、悩ましい問題は一段と悩ましくなりそうである。

アンドロイド思考実験をしてみると

明日、会社がアンドロイドを投入するとしよう。このアンドロイドは、人間の労働者にできることはすべてこなせるとする。アンドロイドの製造も含めて、である。アンドロイドは無限に製造可能であり、その単価はきわめて安く、やがては事実上ゼロになる。アンドロイドは毎日、一日中、まったく休みをとらずに働き続けられる。

言うまでもなく、その経済的影響はきわめて大きい。まず、生産性と生産量の両方が急上昇する。アンドロイドは農場でも工場でも働くので、食品も工業製品も大幅に安く生産できるようになる。競争市場では、彼らの生産するモノの値段は、原料とほぼ同じ水準まで下がるはずだ。モノは安く大量に生産されるようになるだけでなく、多種多様にもなるだろう。要するに、アンドロイドは驚くべきゆたかさをもたらす。

と同時に、労働力人口に激震をもたらす。経済合理性をすこしでも備えた雇用主なら、まちがいなくアンドロイドを選ぶだろう。他の条件がみな同じなら、アンドロイドは同じ能力を安価に提供できるのだから。従って人間の労働者は、全員とは言わないまでも、大多数があっさりアンドロイドに切り替えられる。起業家は引き続き革新的な商品を開発し、新しい市場を開拓し、新しい会社を興すとしても、そこでは人間ではなくアンドロイドを雇うにちがいない。経済における価値を独占し、消費のすべてを担うのは、アンドロイドをはじめとする資本財の所有者か、天然資源の所有者になる。資本や資源を持たない者は労働しか売るものがないが、その労働にはもはや価値がない。

この思考実験には、「技術の進歩は広範な雇用創出を伴う」という法則が成り立たない現実が冷酷に反映されている。

ではここで、前提条件を少しだけ変えてみよう。アンドロイドは人間の労働者にできることをすべてこなせるが、一つだけ例外があるとする。その例外は、たとえば料理だとしよう。すると、シナリオは全体としては変わらないが、人間のコックは働いていることになる。しかしコック市場の競争は熾烈になり、企業はひどく低い賃金でコックを雇えるようになるだろう。人々がレストランで食事をする限り、経済において料理に費やされる時間の合計は変わらない。しかしコックに払われる賃金は大幅に下がる。唯一の例外は、腕がよく評判が高く、代わりの効かないスーパースター・コックだ。スーパースター・コックは相変わらず高い報酬を要求できるが、並みのコックはそうはいかない。となればアンドロイドは、ゆたかさをもたらすと同時に、賃金格差を急拡大させることになる。

この思考実験は、現実よりむしろＳＦに近いと感じられるかもしれない。果たしてこの実験が何かの参考になるだろうか。今日のアメリカ企業では、これほど賢いヒューマノイド型アンドロイドは働いていない。そもそもこんなアンドロイドはまだ誕生していないし、パターン認識、複雑なコミュニケーション、知覚、運動スキルを必要とする分野で人間にとって代われるような機械の開発はあまり進んでいない。しかし本書の前半で見てきたように、進歩のペースは最近になって驚くほど加速している。

人間が有能な機械に置き換えられるにつれて、機械と同じようなスキルしか持ち合わせていない人間の賃金は下がっていくだろう。経済学の知識からしても、経営戦略からしても、自分に近い代用品と競争するのは得策ではない。相手がコスト優位に立っているなら、なおのことである。

だが、人間とはまったく異なる長所と短所を機械に持たせることは、理論的には十分可能なはずである。機械が強く人間が弱い分野に着目し、両者のちがいを増幅する方向で機械を設計するなら、機械は人間にとって代わるのではなく、人間を補う存在になりうるだろう。そうなれば効率的・効果的な生産には人間と機械の両方が必要となり、機械の性能が向上しても人間の価値は下がらず、逆に上がると期待できる。

経済学と経営戦略の視点からもう一つ言えるのは、これからどんどん増えるものの周辺には有望なチャンスがある、ということだ。そこには、人間（または人間を単純にまねた機械）が想像もしなかったモノやサービスが生まれる可能性がある。そうした新しいモノやサービスは、インプットを減らすのではなくアウトプットを増やすことによって、生産性を高めると期待できる。

満たされていないニーズや欲求がこの世にあるにもかかわらず失業が存在すること自体、まだまだ取り組みが不十分だという声高な警告と捉えるべきだろう。古い仕事が自動化された結果、自由になった時間や押し出されてしまった人間のエネルギーをどう使うか——この問題を解決するために、これまでに十分な創造性が発揮されてきたとは言いがたい。テクノロジーやビジネスモデルへの投資をもっと増やし、単に何でも自動化するのではなく、人間に固有の価値創造能力をよりよく活用できるようにすべきだ。次章以降でくわしく論じるが、これこそが政策担当者、起業家、そして私たち一人ひとりが取り組むべき真の課題である。

グローバリゼーションの影響は

経済に激震をもたらすのは、テクノロジーだけではない。現代においてもう一つ重要な要因は、グローバリゼーションである。グローバリゼーションもまた、アメリカをはじめ先進各国で賃金の中央値が伸び悩む原因となっているのだろうか。多くの経済学者がそう主張している。その根拠となっているのは、一種の要素価格均等化である。つまり単一市場においては、競争を通じて、労働や資本といった生産要素の価格は単一の共通価格に均等化する。※そしてたしかに過去数十年で取引コストや通信コストが劇的に下がったおかげで、多くのモノやサービスについて単一の巨大なグローバル市場が出現している。

そうなると、企業にとっては必要なスキルを備えた人材を世界中どこからでも見つけてくることが可能になる。アメリカの労働者と同じ仕事を中国の労働者がこなせるなら、いわゆる「一物一価の法則」により両者の賃金はいずれ同一水準に収斂する。商品価格の場合と同じく裁定が発生し、賃金の低い市場（中国）では需要が増大して賃金が上昇する一方で、賃金の高い市場（アメリカ）では供給過剰になり賃金が下落するからだ。これは中国の労働者にとっては朗報だし、経済全体の効率にとっても好ましい。しかし価格競争にさらされるアメリカの労働者にとっては全然うれしくない。多くの経済学者がグローバリゼーション原因説を唱えており、たとえばマイケル・スペンスは著書『マルチスピード化する世界の中で』（邦訳早川書房刊）でグローバル経済への転換を詳述し、とくに労働市場への影響を重大視している。[*27]

要素価格均等化定理からすれば、アメリカの製造業が人件費の安い海外に生産を移転することは容易に予想がつく。実際、アメリカの製造業の雇用は過去二〇年間で半減した。経済学者のデービッド・オーター、デービッド・ドーン、ゴードン・ハンソンは、アメリカの製造業における雇用減のおよそ二五％は、中国との競争で説明できると主張する。[*28] だがデータをくわしく検討すると、グローバリゼーション原因説はあやしくなってくる。というのも、一九九六年

※これは、人間と同じ能力を持つロボットと、人間の労働者との賃金を比較して均等化することとまったく同じである。

以降、中国自体の製造業の雇用も減っているからだ。しかも偶然にも二五％減っている。[29]絶対数で言えば三〇〇〇万人だ。生産高は七〇％も増えているのに、である。だから、中国の労働者がアメリカの労働者を駆逐しているわけではない。アメリカの労働者が減ったのも、中国の労働者が減ったのも、原因は自動化にある。その結果どちらの国でも、より少ない労働者でより多くを生産するようになっている。

長期的に見れば、自動化の影響を最も強く受けるのは、おそらくアメリカなど先進国の労働者ではなく、現時点で安価な労働力を強みにしている発展途上国だろう。ロボットを導入するなどして自動化を推進し、方程式から労働コストの大半を取り除くことができれば、安い人件費という競争優位はあらかた消えてしまう。この動きはすでに始まっている。フォックスコンの創業者テリー・ゴウは、人間に代えて数十万台のロボットを導入した。しかも今後数年にわたり、ロボットをもっと増やすつもりらしい。ゴウが最初にロボットを導入したのは中国と台湾の工場だが、業界全体に自動化が浸透すれば、人件費の安い国に生産拠点を置く意味はあまりなくなる。それでもサプライヤーが密集して部品の調達がしやすいなど、ロジスティクス上の利点は活かせるかもしれない。しかしいずれは輸送時間の一段の短縮によってそうした利点も打ち消され、顧客、技術者、教育水準の高い労働者に近い立地、さらには法の支配が整備された立地が有利になると考えられる。となれば、製造業がアメリカに回帰することも大いにあり得るだろう。現にロッド・ブルックスなど多くの起業家がそう考えている。

同じことが製造業以外についても言える。たとえば双方向の音声応答システムの導入でコールセンター業務の自動化が進んでおり、ユナイテッド航空は早くも自動システムに切り替えている。そうなると、インドやフィリピンなどでオペレーターをしていた人たちは手ひどい打撃を被ることになる。また医師の多くは、メディカル・トランスクリプション（診断内容の口述録音を書き起こす作業）をオフショアリングしていたが、次第にコンピュータによるトランスクリプションに切り替えている。このように、外国の安い労働者よりもインテリジェントな機械のほうが、コスト効率のよい「労働力」になりつつある。

この二〇年ほどの間にオフショアリングされた仕事を調べてみると、定型的、反復的で組織化された仕事が多いことに気づく。しかしこれらはまた、自動化しやすい仕事でもある。何をしてもらいたいのか正確に指示できるような仕事は、コンピュータのプログラムを書きやすい。オフショアリングは、自動化に向かう過程の通過点に過ぎないと言えそうである。

長期的には、賃金を下げたところでムーアの法則には太刀打ちできない。低賃金で技術の進歩に対抗しようとしても、結局は一時しのぎに終わる。これを永久に続けられるはずがない。大男のジョン・ヘンリーが結局は蒸気ハンマーに駆逐されたことを思い出そう（伝説によれば、鉄道労働者のジョン・ヘンリーは蒸気ハンマーとの競争には勝ったが、心臓マヒを起こして死亡した）。

第11章 原注

*1 "The World's Billionaires: 25th Anniversary Timeline," *Forbes*, 2012, http://www.forbes.com/special-report/2012/billionaires-25th-anniversary-timeline.html (accessed August 7, 2013); "Income, Poverty and Health Insurance Coverage in the United States: 2011," U.S. Census Bureau Public Information Office, September 12, 2012, http://www.census.gov/newsroom/releases/archives/income_wealth/cb12-172.html (accessed August 9, 2013).

*2 N. G. Mankiw, "Defending the One Percent," *Journal of Economic Perspectives*, June 8, 2013, http://scholar.harvard.edu/files/mankiw/files/defending_the_one_percent_0.pdf.

*3 Felix Salmon, "Krugman vs. Summers: The Debate," *Reuters Blogs—Felix Salmon*, November 15, 2011, http://blogs.reuters.com/felix-salmon/2011/11/15/krugman-vssummers-the-debate/ (accessed August 10, 2013).

*4 Donald J. Boudreaux and Mark J. Perry, "The Myth of a Stagnant Middle Class," *Wall Street Journal*, January 23, 2013, http://online.wsj.com/article/SB10001424127887323468604578249723138161566.html.

*5 Mark J. Perry,"Thanks to Technology, Americans Spend Dramatically Less on Food Than They Did 3 Decades Ago," *AEIdeas*, April 7, 2013, http://www.aei-ideas.org/2013/04/technology-innovation-and-automation-have-lowered-the-cost-ofour-food-and-improved-the-lives-of-all-americans/.

*6 Scott Winship, "Myths of Inequality and Stagnation," The Brookings Institution, March 27, 2013, http://www.brookings.edu/research/opinions/2013/03/27-inequalitymyths-winship (accessed August 10, 2013).

*7 Jared Bernstein, "Three Questions About Consumer Spending and the Middle Class, "Bureau of Labor Statistics, June 22, 2010, http://www.bls.gov/cex/duf2010bernstein1.pdf.

*8 Annamaria Lusardi, Daniel J. Schneider, and Peter Tufano, "Financially Fragile Households: Evidence and Implications, " Working Paper (National Bureau of Economic Research, May 2011), http://www.nber.org/papers/w17072.

＊9 Jason Matthew DeBacker et al., "Rising Inequality: Transitory or Permanent? New Evidence from a Panel of U.S. Tax Returns 1987-2006," SSRN Scholarly Paper (Rochester, NY: Social Science Research Network, January 2, 2012), http://papers.ssrn.com/abstract=1747849.

＊10 Robert D. Putnam, "Crumbling American Dreams," Opinionator, *New York Times* blog, August 3, 2013, http://opinionator.blogs.nytimes.com/2013/08/03/crumblingamerican-dreams/.

＊11 "Repairing the Rungs on the Ladder," *The Economist*, February 9, 2013, http://www.economist.com/news/leaders/21571417-how-prevent-virtuous-meritocracyentrenching-itself-top-repairing-rungs (accessed August 10, 2013).

＊12 Daron Acemoglu and James A. Robinson, "The Problem with U.S. Inequality,"*Huffington Post*, March 11, 2012, http://www.huffingtonpost.com/daron-acemoglu/us-inequality_b_1338118.html (accessed August 13, 2013).

＊13 John Bates Clark, *Essentials of Economic Theory as Applied to Modern Problem of Industry and Public Policy*, (London: Macmillan, 1907), p. 45.

＊14 W. M. Leiserson, *The Problem of Unemployment Today 31, Political Science Quarterly* (1916), http://archive.org/details/jstor-2141701, p. 12.

＊15 John Maynard Keynes, *Essays in Persuasion* (New York: W. W. Norton & Company,1963), p. 358.（ジョン・メイナード・ケインズ『ケインズ説得論集』山岡洋一訳、日本経済新聞出版社）

＊16 Linus Pauling, *The Triple Revolution* (Santa Barbara, CA : Ad Hoc Committee on the Triple Revolution, 1964), http://osulibrary.oregonstate.edu/specialcollections/coll/pauling/peace/papers/1964p.7-02.html.

＊17 Wassily Leontief,"National Perspective: The Definition of Problems and Opportunities,"*The Long-Term Impact of Technology on Employment and Unemployment* (National Academy of Engeneering, 1983): 3–7.

＊18 Richard M. Cyert and David C. Mowery, eds., *Technology and Employment: Innovation and Growth in the U.S. Economy* (National Academies Press, 1987), http://www.nap.edu/catalog.php?record_id=1004.

＊19 Raghuram Rajan, Paolo Volpin, and Luigi Zingales, "The Eclipse of the U.S. Tire Industry," Working Paper (Center for Economic

Studies, U.S. Census Bureau, 1997), http://ideas.repec.org/p/cen/wpaper/97-13.html.

＊20 William D. Nordhaus, "Do Real Output and Real Wage Measures Capture Reality? The History of Lighting Suggests Not," Cowles Foundation Discussion Paper (Cowles Foundation for Research in Economics, Yale University, 1994), http://ideas.repec.org/p/cwl/cwldpp/1078.html.

＊21 ある論文の中でエリックは、コンピュータ・ハードウェアの需要弾力性はおよそ一・一と見込んでいる。つまり価格が一％下がると需要が一・一％増えるということだ。となれば、コンピュータの製造効率が上がるとコンピュータへの支出が増えることになる。以下を参照されたい。Erik Brynjolfsson, "The Contribution of Information Technology to Consumer Welfare," *Information Systems Research* 7, no. 3 (1996): 281–300.

＊22 これはセイの法則の一例である。セイの法則は「供給は自ら需要を作り出す」というものである。

＊23 John Maynard Keynes, "Economic Possibilities for Our Grandchildren," *Keynes on Possibilities*, 1930, http://www.econ.yale.edu/smith/econ116a/keynes1.pdf.

＊24 Tim Kreider, "The 'Busy' Trap," *Opinionator*, June 30, 2012, http://opinionator.blogs.nytimes.com/2012/06/30/the-busy-trap/.

＊25 ジョセフ・スティグリッツは、農業の急激な自動化（ガソリン・エンジンを搭載したトラクターの導入など）が一九三〇年代の高い失業率の一因だと述べている。以下を参照されたい。Joseph E. Stiglitz, *The Price of Inequality: How Today's Divided Society Endangers Our Future* (New York: W. W. Norton & Company, 2013).（ジョセフ・スティグリッツ『世界の99％を貧困にする経済』楡井浩一他訳、徳間書店）

＊26 Wassily Leontief, "Technological Advance, Economic Growth, and the Distribution of Income," *Population and Development Review* 9, no. 3 (September 1, 1983), 403–10.

＊27 Michael Spence, *The Next Convergence: The Future of Economic Growth in a Multispeed World* (New York: Macmillan, 2011).（マイケル・スペンス『マルチスピード化する世界の中で』土方奈美訳、早川書房）

＊28 D. Autor, D. Dorn, and G. H. Hanson, "The China Syndrome: Local Labor Market Effects of Import Competition in the United States," *American Economic Review* (forthcoming, December 2013).

＊29 J. Banister and G. Cook, "China's Employment and Compensation Costs in Manufacturing through 2008," *Monthly Labor Review* 134, no. 3 (2011): 39–52. 中国の統計をよく見ると、分類方法が多少変わってきたことがわかる。したがって雇用状況の変化を正確に読み取ることはできないが、全体的な傾向は明らかである。

第12章

個人への提言

コンピュータなんて役に立たない。
答を出すだけなんだから。
――パブロ・ピカソ[*1]

私たちは、研究の成果と結論をあちこちでいろいろな人に話してきた。相手は企業経営者からラジオ番組の聴取者にいたるまでじつにさまざまだが、どの人からもまずまちがいなく「うちには子供がいるのだが、あなた方の言う将来に備えて何かしてやれることはあるだろうか」と質問されたものである。その子供は幼稚園児の場合もあれば大学生のこともあるが、親が発する質問は同じだった。いや、セカンド・マシン・エイジの職業について心配しているのは親だけではない。学生自身も、彼らを雇う企業も、教育者も、政策担当者も、それ以外の大勢の人も、機械が進化し続けてもなお人間がひけをとらないスキルは何だろうかと頭を悩ませている。

近年の経緯を見る限り、この質問に答えるのはむずかしい。二〇〇四年に書かれたフランク・レビーとリチャード・マーネインの共著『新しい分業』は、この問題に関して現時点で最もすぐれた研究だが、同書では人間が機械を上回る領域としてパターン認識と複雑なコミュニケーションが挙げられていた。だがこれまで見てきたとおり、もはや必ずしも人間が上とは言えなくなっている。では技術の進歩に伴い、あらゆる分野とは言わないまでも、ほとんどの分野で人間は劣ってしまうのだろうか。

　答はノーだ。それに、デジタル・マシンが人間を上回る分野でさえ、人間にはまだまだ出番がある。意外に思われるかもしれないが、チェスがそのことを証明している。

ゲームはまだ終わらない

　チェスの絶対王者だったガルリ・カスパロフがＩＢＭのスーパーコンピュータ、ディープブルーに屈したのは一九九七年のことだった。以来、人間対コンピュータの直接対決はすっかりおもしろくなくなってしまう。コンピュータの一方的勝利に終わることがはっきりしたからだ。オランダのグランドマスター、ヤン・ヘイン・ドナーの言葉はこのことをよく表している。コンピュータとの次の対決に向けてどう準備するかと質問されて、「ハンマーを持って行くよ」と答えたのだ。[*2]
　当時は、チェスの試合で人間にできることはもう何もないと思われていた。だが「フリースタイル」というトーナメント形式が開発されてからは、その思い込みがまちがいだったことが判明する。フリースタイル・トーナメントでは、人間とコンピュータがどのような組み合わせでチームを組んでもかまわない。カスパロフ自身が二〇〇五年の試合結果を論評しているので、引用しよう。

最強のコンピュータに勝利したのは、人間とコンピュータで構成されたチームだった。ハイドラ（Hydra）という当時最強のチェス・ソフトウェアは、強いプレーヤーとありきたりのノートパソコンのチームに負けてしまったのだ。

だが、何よりも驚かされたのは決勝戦だ。最後に勝ったのは、グランドマスターと強力なコンピュータのチームのほうではなく、二人のアマチュア・プレーヤーと三台のPCのチームだったのである。彼らが長けていたのはチェスよりもコンピュータの操作であり、コンピュータに学習させる手腕だった。二人は、対戦相手の裏をかく手を積極的に打った。［弱い人間＋マシン＋強いプロセス］の組み合わせは、一台の強力なマシンに勝ったうえに、［強い人間＋マシン＋弱いプロセス］の組み合わせをも打ち負かしたのだ。[*3]

フリースタイル・チェスの試合展開を見ると、人間とコンピュータが採用するアプローチはちがうことがわかる。同じアプローチをとったら、人間はなす術もなく負けるだけだろう。人間の名手の能力を模倣し学習することにかけてはマシンのほうがはるかに上手(うわて)であり、ムーアの法則に従ってひたすら高度化していくからだ。しかし人間がマシンと戦うのではなくマシンと組むなら、チェスというゲームに人間はもっと貢献できる。

では、人間ならではの貴重な能力がまだあるとして、それは何だろうか。カスパロフは、チェスに関して人間には戦略的な能力があり、コンピュータには戦術的な能力があると書いている。だが両者のちがいは必ずしも明確ではなく、はっきり線引きできるわけではない。

本書では、テクノロジーは定型的な反復作業に向いているが、非定型の作業にはあまり向かないと指摘した。このちがいはたしかにある。たとえば表計算などは完全な定型作業であり、いまでは全面的に自動化されている。だが定型・非定型の境界は思うほど明確ではない。たとえば、チェスが「定型作業」だと考える人は、半世紀前まではほとんどいなかっただろう。むしろチェスは、人間の能力を最高度に駆使するゲームだと考えられていた。第一五代、一七代世界チャンピオンだったアナトリー・カルポフは、少年時代を回想して次のように書いている。「子供の頃の私にとって、グランドマスターは雲の上の人たちだった。あの人たちは人間ではなく、神話に出て来る英雄、それどころか神様だと思っていた」[*4]。ところが英雄は、定型的な計算が得意な機械に負けてしまった。しかし機械と手を組んだとき、人間は再び固有の価値を発揮するようになる。なぜだろうか。

コンピュータにできないことは

その手がかりは、カスパロフが別の機会に語った言葉の中にある。カスパロフは、自由にコンピュータを使ってよいという条件でチェスの試合をしたことがあった。対戦相手はブルガリアのグランドマスター、ベセリン・トパロフである。このときの試合について、カスパロフは「どちらも同じデータベースに自由にアクセスできるのだから、優位に立つのはどこかの時点で何か新しいアイデアを思いついたほうだとわかっていた」と書いている。[*5] この「新しいアイデア」を生み出すことこそ、コンピュータがまだできないことの一つである。

そもそも、真の創造性を備えたマシンはまだ存在しない。新事業を企画する機械もないし、イノベーションを創出する機械もない。韻を踏んだ英語を何行も作り出すソフトウェアというものは存在するが、それはとうてい詩とは呼べない代物だ（ワーズワースによれば、詩とは「力強い感情が自然にあふれたもの」である）。文法的に正しい韻文を書けるようになったのは大進歩だが、次に何を書くか自分で考えられるプログラムにはお目にかかったことがない。よいソフトウェアを書けるソフトウェアも、である。これまでのところ、そうした試みは無惨な失敗に終わっている。

新事業、イノベーション、詩作……これらの活動には一つ共通点がある。発想すること、すなわち新しいアイデアやコンセプトを思いつくことだ。正確に言えば、これまでにないよいアイデアやコンセプトを思いつくことである。詩作の例で言えば、既存の単語の新しい組み合わせを生成するプログラムは容易に書けるが、これは組み合わせ型イノベーションとは似て非なるものだ。そのプログラムは、めちゃくちゃにタイプライターを叩く猿がぎゅう詰めになった部屋のようなものになるだろう。猿が何百年がんばったところで、シェークスピア級の戯曲を書き上げることはできまい。

発想力は変幻自在、融通無碍な能力であり、これに関しては人間が機械に対していまなお比較優位を維持する。科学者は新しい仮説を立てる。作家は読者の心を打つストーリーを書く。

シェフは新しいレシピを考案する。エンジニアは組み立てラインがうまく流れない理由を考える。スティーブ・ジョブズは人々がいま何を欲しがっているかを考える……これらの活動はコンピュータの助けを借りるし、コンピュータによってスピードアップする。だがコンピュータがやるわけではない。

本章の冒頭に掲げたピカソの言葉は、半分だけ正しい。コンピュータは役立たずではない。しかし、答しか出せないのはほんとうだ。コンピュータには、重要な問いを自ら発することはできないのである。問いを発する能力は、いまなお人間にしか備わっていないように見受けられる。しかもこの能力は、今日もなおきわめて貴重だ。よいアイデアを生み出せる人間は、今後しばらく「デジタル労働者」に対して比較優位を保ち、引く手あまたとなるだろう。逆に言うと、これから人材を探す企業は、ヴォルテールの次の言葉に従うとよい。「どのように答えるかよりもどのような問いをするかによって、人を判断すべきである[*6]」。

発想力、創造性、イノベーションといったものを説明するときに、よく「枠にとらわれずに考える」という表現が使われる。そしてここに、人間のもうひとつの比較優位がある。この比較優位は重要だし、こちらも当分の間維持できそうだ。なにしろコンピュータもロボットも、プログラムの枠から飛び出して何かをすることはまったく不得手、いや不可能である。たとえばクイズ番組「ジェパディ!」を制圧したワトソンは、他のクイズ番組（たとえば隠された文章を推定する「ホイール・オブ・フォーチュン」、商品の値段を当てる「ザ・プライス・イズ・ライト」など）に出場したら子供にも負けてしまうだろう。別種のクイズで勝つためには、人間がプログラムを書き直してやらなければならない。ワトソン自身でそれをすることはできない。

ちなみにワトソンを製作したＩＢＭのチームは、いまでは他のクイズ番組などではなく、医療分野に目を向けている。つまり、ワトソンの枠を医療に限定したわけだ。まちがいなく、ワトソンはいずれ名医になるだろう。現時点では人間の診断のほうがすぐれているが、ワトソンがクイズ王のケン・ジェニングスとブラッド・ラッターをあっさり負かしたように、ドクター・ワトソンはそう遠くない将来にドクター・ウェルビー（アメリカのテレビドラマに登場する名医）やドクター・ハウス（同じく医療ミステリーに登場する天才医師）を、そして現実の人間の医師たちを凌駕するだろう。

所与のルールからの推論や既存の例からの推定では、たしかにコンピュータのほうがすぐれている。しかしドクター・ワトソンが医療学習を完了した後もなお、人間の診断医が必要とされることはまちがいない。なぜなら、特異なケースや特殊な事例が発生することは避けられないからだ。高速道路の通常の交通状況で自動運転できる車を作るより、あらゆる状況に対応できる完全自動運転車を作るほうがはるかにむずかしいように、最も一般的な症状に対応可能なコンピュータ・ベースの診断システムを作るより、あらゆる症状をカバーする完全自動診断システムを作るほうがはずかにむずかしい。だからフリースタイル・チェスのように、ドクター・ワトソンと人間のドクターがチームを組むほうが、それぞれが単独で診断を行うよりもはるかに創造性も信頼性も高まるにちがいない。未来学者ケビン・ケリーの言葉は、このことを端的に言い表している。「将来的には、うまくロボットと一緒に働ける人ほど高い報酬を得ることになるだろう[*7]」。

人間の比較優位を探せ

以上のように、コンピュータは枠にはめられたパターン認識にはすぐれているが、すこしでも枠をはみ出すとまったくお手上げになる。これは、人間にとっては吉報だ。多彩な感覚器官を備えているおかげで、人間はデジタル技術よりもずっと広い枠で考えることができる。コンピュータの視覚、聴覚、さらには触覚が日々長足の進歩を遂げているとはいえ、人間の目や耳や皮膚はずっと多くのことを感じとる。まして鼻や舌は言うまでもない。現時点では、この多彩な感覚、そして感覚と密接に結びついた脳のパターン認識能力によって、人間はデジタル労働者よりはるかに広い枠を扱うことができる。この状況は当分続くと考えられる。

スペインのファッションブランド、ザラ（Zara）はこの優位性に注目し、これから生産するアイテムをコンピュータではなく人間が決めている。多くのアパレルメーカーは、おおむね統計に基づいて売れ筋を予測しており、実際に商品が店頭に並ぶ何カ月も前に生産計画を立てるのがふつうだ。しかしザラのアプローチはちがう。彼らは「ファスト・ファッション」に徹しており、若者をターゲットにしたクールで安い服を手がける。しかしこの手の服は人気が出たかと思うとあっという間に下火になってしまうため、商品サイクルを短縮しなければならない。ザラでは自前の工場で多品種小ロット生産をスピーディーに行い、人気のあるうちに店舗に送り届けるシステムを整えている。そこで重要になるのが、次の質問だ。「次にどんな商品をどれくらい生産し、それをどの店で展開すべきか」。この問いに答える役割を、ザラでは世界各地の店長に任せている。店長は今後自分の店で売れそうな商品を見きわめ、それだけに絞って発注をかける。[*8]

発注アイテムを決めるに当たって、コンピュータのアルゴリズムの出番はない。店長たちは足で稼ぐ。店の周辺を歩いて回り、ターゲット層はいま何を着ているか、とくにおしゃれな若者がどんなスタイルを好むかを調べ、彼らと話し、いま何が欲しいかを聞き出す。要するに、人間のほうがすぐれていること、つまり広い枠でのパターン認識と複雑なコミュニケーションを実行する。そして足で集めた情報は、二つのことに活かされる。一つは、すでに生産された服の中から、自分の店で売れそうなアイテムに発注をかけること。もう一つは、自分の担当地域で今後人気が出そうな新しい服のイメージを本社に伝えることである。後者では発想力が駆使される。ザラはいまのところ、人間を機械に切り替えるつもりはない。これはとても賢い決定だと思う。

発想力、広い枠でのパターン認識、きわめて複雑なコミュニケーションは、人間が比較優位を持つ認知能力の分野であり、この優位はしばらく動かないと考えられる。だが残念ながら、こうした能力が現在の教育において重視されているとは言いがたい。いまだに初等教育では事実の丸暗記や読み書き算数に重点が置かれている（ロンドン市長だったサー・ウィリアム・カーティスが一八二五年に読み書き算数を「三つのR（Reading、wRiting、aRithmetic）」と言ったことは有名である[*9]）。

スキルを変え、教育環境を変える

教育学者のスガタ・ミトラは、発展途上国のスラム街の子供たちが、コンピュータを与えられただけで自分たちで学習していくことに気づいた。これについて論じたミトラの講演は二〇一三年のTED（世界の知性が集う大規模な講演会）で最優秀に選ばれ、一〇〇万ドルの賞金を獲得している。ミトラは、読み書き算数がなぜ重視されるようになったのかを説明するとともに、新しい教育のあり方を大胆に描き出す。

> 現在学校で実施されている教育の起源がどこにあるか、私は調べてみました……その起源は地球上で最後の最強の帝国、大英帝国にあったのです。
> ……彼らはすごいことをやってのけました。人間を部品にしたグローバル・コンピュータを作ったのです。これは、官僚機構という名前でいまも使われています。このマシンを機能させるには、大勢の人間が必要です。そこで、その人材を製造する別のマシンが作られました。それが「学校」ですね。学校は、官僚機構の歯車になるような人間を生産して

きました……歯車には三つの条件があります。字が上手であること。当時の情報はすべて手書きですから。次に、字が読めること。そして四則演算が暗算でできることです。誰もが同じ能力を備えているので、たとえばニュージーランドから一人を選んでカナダへ派遣しても、すぐに役に立つわけです。[*10]

コンピュータやマシンを比喩に使ったみごとな説明だ（私たちは大いに気に入った）。それ以上に、読み書き算数が、かつては最も先進的な経済で必要とされるスキルだったことを指摘した点がきわめて興味深い。ミトラの言うとおり、ヴィクトリア朝のイギリスの教育システムは、当時においてはきわめてうまく設計されていた。だが言うまでもなく、現代はヴィクトリア朝ではない。ミトラの言葉を続けよう。

ヴィクトリア時代の人々は、じつに優秀な技術者でした。彼らの作ったシステムはとても堅固にできていて、同型の人間をいまだに生産し続けているのです……しかし今日の事務員はコンピュータです。コンピュータは、どのオフィスにも何百台も置かれています。事務処理をさせるためにコンピュータを操作する人間はいますが、字がうまくなくても、暗算ができなくても、問題ありません。ただし読めないと困ります。正確で明敏な読解力が必要です。[*11]

ミトラの研究では、ただぽんとコンピュータを渡すだけで、学校に通っていない貧しい子供たちでさえ、正確に読めるようになることがわかった。子供たちはグループでコンピュータを使い、必要な情報を検索して探し、獲得したノウハウを互いに教え合い、最終的には（彼らにとって）新しいアイデアにたどり着く。それは多くの場合、正しかった（たとえばＤＮＡ複製に関するさまざまな情報をダウンロードしてみせると、数カ月後には「ＤＮＡ分子の不適切な複製で遺伝子疾患が起きる」ことを学んだ）。言い換えれば、子供たちは発想力、広い枠でのパターン認識能力、複雑なコミュニケーション能力を獲得したのである。このように、ミトラの提唱する「自己学習環境（ＳＯＬＥ）」では、デジタル労働者にまさるスキルが身につくと期待できる。

もっとも、これはとりたてて驚くには当たるまい。自己学習環境は実際にはだいぶ前から存在しており、マシンとうまくやって行ける人間を現に大勢輩出してきたからだ。二〇世紀初めにイタリアの医師マリア・モンテッソーリが開発した教育法がそれである。モンテッソーリ教育は、自発的な学習、さまざまな教具や動植物との感覚的なふれあい、自由な環境を特徴とする。近年では、グーグルの創業者（ラリー・ペイジとセルゲイ・ブリン）、アマゾンの創業者（ジェフ・ベゾス）、ウィキペディアの創始者（ジミー・ウェールズ）がモンテッソーリ教育を受けていたことが知られる。

じつは彼らは、ほんの一例に過ぎない。経営学者のジェフリー・ダイアーとハル・グレガーセンが優秀なイノベーター五〇〇人に聞き取り調査を実施したところ、モンテッソーリ教育を受けたという人が予想外に多いことがわかった。おそらく「好奇心の赴くままに学ぶ」のがよいのだろう。元ベンチャー・キャピタリストのピーター・シムズは「モンテッソーリ教育法は、創造性を獲得する確実な方法と言えるのかもしれない。なにしろ学校の同窓生にはこの方面のエリートがうじゃうじゃいて、モンテッソーリ・マフィアと言いたくなるほどだからね」とウォールストリート・ジャーナルのブログに書いている。本書の著者の一人であるアンディもモンテッソーリ式の初等教育を受けており、マフィアかどうかはともかく、自己学習環境のよさは実感している。ラリー・ペイジは「ルールや命令に従わないこと、自分でやりたいことを見つけること、どうして世界はこうなっているのかと問うこと、人とは少しちがうやり方をすることが教育の一部だった」と語っている。[*12]

セカンド・マシン・エイジに人間が貴重なナレッジ・ワーカーであり続けるために、私たちは次のことを提言する。読み書き算数だけで終わらず、発想力、広い枠でのパターン認識能力、複雑なコミュニケーション能力を養うことだ。そして可能な限り、自己学習環境を活用するとよい。この環境が、先に挙げた三つの能力を養ううえで効果があることは、過去の実績が証明している。

勉強しない大学生

とはいえ、この提言を実行するのはむずかしい。現に多くの教育環境は、実行できる状況になっていない。学生が望ましいスキルを身につけていないことを示す強力な証拠の一つをここで紹介しよう。社会学者のリチャード・アランとヨーシパ・ロクサは共著『取り残された大学』（未邦訳）の中で、大学生学習評価（ＣＬＡ）の分析結果を取り上げている。[*13] ＣＬＡは最近開発された大学教育の効果測定試験で、大学生の批判的思考、分析的推論能力、問題解決能力、文章表現力を評価するものだ。試験は同じ学生が一年次、二年次、四年次の三回受験することになっている。ＣＬＡの特徴は、選択問題ではなく論文を書かせることだ。九〇分間の分析的文章作成の試験では、学生は資料一式を与えられ、正しい情報を抽出して自分の意見あるいは提言を書く。つまり、発想力、パターン認識能力、文章コミュニケーション能力を問われるわけである。

アランらは全米のさまざまな大学から、中途退学せずに四年間在籍した二三〇〇名の学生を追跡調査した。その結果は、憂慮すべきものとなった。学生の四五％は、二年次終了時点でＣＬＡの評点がほとんど上がらず、じつに三六％は四年次終了時点でも進歩が見られなかったのである。四年間勉強したはずなのに、評点の上昇幅はがっかりするほど小さい。入学時に五〇パーセンタイル（つまり一〇〇人中下から五〇番目）だった学生は、四年次終了時点で新入生と一緒に試験を受けた場合、六八パーセンタイル（同六八番目）になるだけである。ＣＬＡは最近始まった試験なので、上昇幅を過去の実績と比較することはできないが、他の試験結果に基づく研究では、ほんの数十年前には、平均的な大学生は四年間でもっと多くを学んでいたという結果が出ている。

この残念な結果は何を物語っているのだろうか。アランらは、いまどきの大学生が自分の時間のたった九%しか勉強に使っていないことを突き止めた（これに対して五一%の時間を「社交、レクリエーションその他」に費やしている）。前世代に比べると大幅に少ない数字である。しかも、前の学期に週四〇ページ以上の課題図書や二〇ページ以上のレポート提出を要求された講座は、次の学期には登録しないと答えた学生が全体の四二%もいた。「この調査からあきらかになった大学の姿は、勉強よりも社交にうつつを抜かす教育機関だということである。学生が勉強に使う時間はきわめて短く、教授も学生に読み書きをほとんど要求しない」とアランらは慨嘆する。

とはいえどの大学にも、CLAの評点が劇的に上昇する学生は少数ながらちゃんと存在する。彼らはおおむね勉強に使う時間が長く、とくに一人で勉強する時間が長い。また課題図書やレポート提出のきびしい講座を積極的にとっているし、そもそも勉強量を要求される学部に所属していることが多い。このパターンは、教育学者のエルネスト・パスカレラとパトリック・テレンジーニが到達した結論とよく一致する。二人は二〇年以上におよぶ研究の成果を『大学は学生に何を与えられるか』（未邦訳）という本にまとめた。パスカレラらによれば、「学生が大学から何を得るかは個人の努力次第であり、大学で提供される学問的・人的・学問以外の要素にどれだけ関わろうとするかによって決まる」という。[14]

この研究から、学生と両親に向けての提言を導き出すことができる。これは重要な提言なのでよく聞いてほしい——とにかく、しっかり勉強すること。コンピュータなど利用可能なリソースを最大限に活用して学習し、セカンド・マシン・エイジで必要とされるスキルや能力をきちんと身につけることである。

今後有利なスキルは何か

よい教育を受けることとは、技術の変化に遅れをとらないようにする最善の方法である。ところが今日の学生の多くは、せっかくの教育機会を、全部とは言わないまでもかなり無駄にしている。その一方で、テクノロジーのおかげで教育を受ける機会が従来よりも格段に増えていることは喜ばしい。

やる気のある学生と最新の技術は、最強の組み合わせである。今日ではすばらしい教育リソースがオンラインでアクセス可能になっており、自己学習環境を容易に整えることができる。必要な教材を必要なだけ手に入れ、自分のペースで勉強し、好きなだけ時間をかけることが可能だ。さらに、理解度を確認するテストを受けることもできる。この種の教育リソースの中で最もよく知られているのは、カーン・アカデミーだろう。このアカデミーをはじめたのは、MITで数学、工学を専攻した元ファンド・アナリストのサルマン・カーンである。きっかけは、親戚の子供に数学を教えてあげるために、ビデオ教材を作ってユーチューブに投稿したことだった。これが大評判になり、カーンは次々にビデオを制作し、とうとう二〇〇九年には仕事を辞めてオンラインの教材制作に専念する。すべて無料で提供されており、二〇一三年五月までに四一〇〇本が公開された。どれも数分程度で視聴者を飽きさせない。内容は、算数から物理学、美術史まで多岐にわたる。ビデオの再生回数は累計で二・五億回をゆうに上回り、アカデミーの生徒たちが取り組む問題（自動生成される）の数は一〇億以上に達する。[*15]

カーン・アカデミーは、もともとは小学生を対象にしていた。しかしいまでは高等教育にも同様の教材が用意されており、これらは大規模公開オンライン講座（ＭＯＯＣ）と呼ばれている。この分野で行われた興味深い実験の例を一つ紹介しよう。コンピュータ科学者で人工知能の権威（グーグルの自動運転車の開発でも中心的存在だった）であるセバスチアン・スランは、二〇一一年、一通のメールで重大な発表を行う。人工知能に関する大学院レベルの講義を、スタンフォードの教室だけでなく、インターネットを介してＭＯＯＣでも無料で受講可能にするというのだ。一六万人以上の学生がこのコースに登録し、一〇万人以上が演習、試験その他の課題をすべてクリアした。中にはきわめて優秀な学生もいた。それどころではない。スタンフォードで最優秀の学生は、オンライン受講生の中ではなんと四一一番に過ぎない。スランが言うとおり、「スタンフォードの最優等生を上回る受講生が、世界には四〇〇人以上いる」[*16]。

第９章で、大学卒業者とそうでない人との所得格差が拡大していることを指摘した。ＭＩＴ

のデービッド・オーターは、「高等教育から大きな見返りを得るためには、最低でも四年間の大学教育が必要になっている……大卒以上は、高卒以下に所得で大きく差をつけている。一方、高卒以下は一つの大きな群れを形成していて、その中での所得格差はさほど大きくない」と結論付けている。[*17] 大学卒業者は、それより下の学歴の者に比べ、職にあぶれるケースは少ない。経済評論家のキャサリン・ランペルは、二〇〇七年に大不況が始まってから雇用が伸びたのは、大学卒業者だけだと指摘する。二〇一一年一〇月の時点では、学位取得者の失業率は五・八％にとどまっており、短期大学・高等専門学校卒業者の一〇・六％の約半分、高校卒業者の一六・二％の三分の一だった。[*18]

大学卒業者が有利になった背景として、生データのコストが大幅に下がった結果、データ分析能力が重視されるようになったことが挙げられよう。グーグルのハル・バリアンは「どんどん安く豊富になるものにとって必要不可欠な存在となる」ことを奨めるが、データ・サイエンティストや携帯電話向けのアプリ開発者は、まさにそれである。また遺伝子配列の解明が進むにつれて、遺伝関連のカウンセラーも必要不可欠になるだろう。ビル・ゲイツは、安価なコンピュータ、とりわけマイクロコンピュータの普及を目の当たりにして、ソフトウェア開発を志したと語っている。ジェフ・ベゾスは、オンライン通販のボトルネックと潜在性を分析し、大量の商品のインデックス化に活路を見出してアマゾンを立ち上げたという。今日では、大学卒業者の知的能力（工学・数学に限らず、人文科学、芸術の理解力）がデータやコンピュータを補う役目を果たしている。彼らの賃金が高いのは、このためだ。

だが大学卒業者が有利になっている現象には、好ましくない面もある。さして高度なスキルを必要としない職種にまで、雇用主が大学卒業者を優先的に採用していることだ。ランペルが指摘するとおり、「いまや大学の卒業証書が高校の卒業証書のような扱いをされている。大学教育は多額のコストがかかるにもかかわらず、ごく簡単な仕事に就くためにさえ、大卒が最低限の条件になってきた……産業や地域を問わず、かつては何の資格も要らなかったような仕事、たとえば歯科衛生士、貨物取扱者、事務員、苦情処理係といったものにまで大学卒業資格が要求される」[19]。今日では高等教育の費用が嵩み、多くの人がそのために借金を抱えていることを考えると、こうした「資格インフレ」は問題である。二〇一一年末の時点で、アメリカの学生ローンの融資残高は、自動車ローンやクレジットカードの残高を上回っている[20]。オンラインの公開講座をはじめとする教育イノベーションが安価で質の高い教育を実現し、伝統的な大学にとって代わるようになること、そして雇用主がそうした新しい教育に価値を認めるようになることを切に願う。しかしそうなるまでには時間がかかるだろう。それまでは、大学卒業資格がほとんどの職業への入場切符になる現状は変わりそうもない。

将来的には人間の仕事は、情報だけを相手にする仕事、すなわちデスクの上だけでこなせるような仕事よりも、そうでない仕事、すなわち現実の世界を動き回り、いろいろな人と接する仕事の比重が高まるだろう。コンピュータが多くの認知タスクをこなせるようになったといっても、やはりそうした仕事は人間に一日の長がある。

自動運転車、無人飛行機ドローン、ヒューマノイド型ロボット、キネクト（ジェスチャーや音声で入力できるデバイス）などが大幅に進歩を遂げ、現実の世界で活用されるようになったといっても、タオルたたみロボットの作業風景を見れば、モラベックのパラドックスを乗り越えるのがいかに大変かがよくわかる。カリフォルニア大学バークレー校のチームは、ヒューマノイド型ロボットに四台のステレオカメラとアルゴリズムを搭載し、乱雑に置かれたタオルときちんと積み上げたタオルをロボットが「見る」ことができるようにした。アルゴリズムはうまく機能し、ロボットは、ときに失敗してやり直さなければならなかったものの、タオルをつまみ上げて畳めるようになる。しかし一枚畳むのに要する時間は平均一四七八秒――なんと二四分以上かかっている。どこにタオルがあるのかを見つけてどうやってつまみ上げるかという簡単なことを学習するのに、ロボットはひどく時間がかかった。[*21]

こうした事例を見るにつけ、コック、庭師、修理工、大工、歯医者、介護士などの仕事が近い将来マシンに置き換えられる心配はないと考えられる。これらの仕事はどれも多くの知覚・運動能力を要するうえ、その多くに広い枠でのパターン認識と複雑なコミュニケーションも求められるからだ。これらの職業は必ずしも報酬がいいとは言えないが、機械との対決を迫られる懸念は、当面はない。

ただし、人間との競争が熾烈になる可能性はある。労働市場の二極化が進み、中間層の空洞化が顕著になれば、中間的なスキルしか必要としない知的労働に従事していた人たちは、スキルも賃金も低い職業に移行せざるを得ない。たとえば診療報酬請求事務が自動化されたら、その仕事をしていた人たちは在宅介護の職を探しはじめるかもしれない。そうなったら賃金に下押し圧力がかかるだろうし、競争が激化して就労はむずかしくなるだろう。こうしたわけだから、介護自体は自動化とは当面無縁だとしても、この職業がデジタル化の影響と無縁だとは言えない。

絶対と言い切れることは一つもない

とはいえここで、本書の予想や提言をけっして金科玉条のごとく受け取らないよう、読者にお願いしておかねばならない。私たちは、コンピュータやロボットが近い将来に発想力、幅広いパターン認識能力、複雑なコミュニケーション能力を身につけることはあるまいと考えている。また、モラベックのパラドックスが完璧に克服される可能性は低いとも考えている。だがデジタル技術に関して私たちの学んだことが一つあるとすれば、それは、「絶対と言い切れることは一つもない」ということだ。読者と同じく私たちも、SFが一気に現実になる事態に何度となく驚かされてきた。

人間固有の創造性と機械の能力との境界は、けっして固定的ではない。もう一度、チェスの話をしよう。一九五六年のこと、当時一三歳だった神童ボビー・フィッシャーは、グランドマスターのドナルド・バーンとの試合で、じつに創造的な手を打った。まず、一一手目でナイトをみすみす捨てる。そして一七手目では最強の駒クイーンを見捨ててビショップを動かすのである。盤面を見ただけではばかげた手だと思われたが、その後フィッシャーは嵩にかかって攻め、四一手でチェックメイト。彼の創造性は絶賛され、天才ともてはやされ、この試合は二〇世紀の名勝負と称えられた。だがもし今日、ありきたりのコンピュータ・チェス・ゲームでこの手を打ったら、たちどころに対抗策をとられるはずだ。コンピュータがフィッシャー対バーンの名勝負を記憶しているからではない。この手がこの先どう展開するかを読めるようになったからである。このように、人間の創造性によって機械の分析力が高められることはめずらしくない。*22

こんな具合に、この先もっと多くのサプライズが待ち構えていることはまちがいない。先端技術の現場近くで研究を続け、人間ならではの能力とされていたものが次々に機械の前に陥落するのを目の当たりにしていると、絶対に自動化されない仕事があり得るとは言い切れなくなってくる。だから、人間はキャリア形成に当たってもっと柔軟に構えなければならない。自動化の対象になりそうな分野からはさっさと退却し、機械とパートナーを組んだり、機械の不得手な部分を補ったり、機械によって人間の能力を高めたりできるような新しいチャンスを摑むことだ。いつの日か、産業界の構造を網羅的に把握し、未実現の機会を発掘し、ベンチャー・キャピタリストの投資意欲をそそるような事業計画書を書けるプログラムが登場するかもしれない。あるいは、複雑な事象や芸術的なテーマについて示唆に富む論文を書くコンピュータが出現するかもしれない。あるいは、人間の医者の知識と経験を兼ね備えた自動診断システムが実現するかもしれない。あるいは、アパートの階段を上がって行ってお年寄りの血圧を測り、薬をちゃんと飲んだか確認し、しかもその間やさしくふるまい、相手をすっかり安心してくつろがせるロボットが誕生するかもしれない。これらのことが近い将来に実現するとは思わない。だが人間が指数関数的な進歩や組み合わせ型イノベーションを過小評価しがちだということを私たちは知っている。絶対と言い切れることなど、一つもない。

第12章 原注

＊1 "Computers Are Useless. They Can Only Give You Answers," *Quote Investigator*, November 5, 2011, http://quoteinvestigator.com/2011/11/05/computers-useless/.

＊2 D. T. Max, "The Prince's Gambit," *The New Yorker*, March 21, 2011, http://www.newyorker.com/reporting/2011/03/21/110321fa_fact_max.

＊3 Garry Kasparov, "The Chess Master and the Computer," *New York Review of Books*, February 11, 2010, http://www.nybooks.com/articles/archives/2010/feb/11/the-chess-master-and-the-computer/.

＊4 "Chess Quotes," http://www.chessquotes.com/player-karpov (accessed September 12, 2013).

＊5 Kasparov, "The Chess Master and the Computer."

＊6 Evan Esar, *20,000 Quips & Quotes* (Barnes and Noble, 1995), p. 654.

＊7 Kevin Kelly, "Better than Human: Why Robots Will—and Must—Take Our Jobs," *Wired*, December 24, 2012.

＊8 ザラのアプローチは、以下に詳述されている。Harvard Business Case Study by Andy and two colleagues: Andrew McAfee, Vincent Dessain, and Anders Sjoman, "Zara: IT for Fast Fashion," Harvard Business School, 2007 (Case number 604081-PDF-ENG).

＊9 John Timbs, "The Mirror of Literature, Amusement, and Instruction (London: John Limbird, 1825)," p. 75.

＊10 Sugata Mitra, "Build a School in the Cloud," *TED*, video on TED .com, February 2013, http://www.ted.com/talks/sugata_mitra_build_a_school_in_the_cloud.html.

＊11 Ibid.

＊12 Peter Sims, "The Montessori Mafia," *Wall Street Journal*, April 5, 2011, http://blogs.wsj.com/ideas-market/2011/04/05/the-montessori-mafia/.

*13 Richard Arum and Josipa Roksa, *Academically Adrift: Limited Learning on College Campuses* (Chicago, IL : University of Chicago Press, 2010); Richard Arum, Josipa Roksa, and Esther Cho, "Improving Undergraduate Learning: Findings and Policy Recommendations from the SSRC -CLA Longitudinal Project," Social Science Research Council, 2008, http://www.ssrc.org/publications/view/D06178BE-3823-E011-ADEF -001CC 477EC 84/.

*14 Ernest T. Pascarella and Patrick T. Terenzini, *How College Affects Students: A Third Decade of Research*, 1st ed. (San Francisco: Jossey-Bass, 2005), 602.

*15 Michael Noer, "One Man, One Computer, 10 Million Students: How Khan Academy Is Reinventing Education," *Forbes*, November 19, 2012, http://www.forbes.com/sites/michaelnoer/2012/11/02/one-man-one-computer-10-million-students-how-khan-academy-is-reinventing-education/.

*16 William J. Bennet, "Is Sebastian Thrun's Udacity the Future of Higher Education?"*CNN*, July 5, 2012, http://www.cnn.com/2012/07/05/opinion/bennett-udacity-education/index.html.

*17 David Autor, "The Polarization of Job Opportunities in the U.S. Labor Market: Implications for Employment and Earnings," Brookings Institution, April 2010, http://www.brookings.edu/research/papers/2010/04/jobs-autor.

*18 Catherine Rampell, "Life Is O.K., If You Went to College," *Economix* blog, *New York Times*, May 3, 2013, http://economix.blogs.nytimes.com/2013/05/03/life-is-o-k-if-you-went-to-college/.

*19 Catherine Rampell, "College Degree Required by Increasing Number of Companies,"*New York Times*, February 19, 2013, http://www.nytimes.com/2013/02/20/business/college-degree-required-by-increasing-number-of-companies.html.

*20 Meta Brown et al., "Grading Student Loans," *Liberty Street Economics* blog, Federal Reserve Bank of New York, March 5, 2012, http://libertystreeteconomics.newyorkfed.org/2012/03/grading-student-loans.html?utm_source=feedburner&utm_medium=feed&utm_campaign=Feed:+LibertyStreetEconomics+(Liberty+Street+Economics).

*21 Tim Hornyak,"Towel-folding Robot Won't Do the Dishes," *CNET*, March 31, 2010, http://news.cnet.com/8301-17938_105-10471898-1.html.

＊22 Nate Silver, *The Signal and the Noise: Why So Many Predictions Fail—But Some Don't*, 1st ed. (New York: Penguin, 2012).（ネイト・シルバー『シグナル&ノイズ——天才データアナリストの「予測学」』川添節子訳、日経ＢＰ社）

第13章 政策提言

たびたび変更される一時的な宗教である。
だがその政策が有効である間は、
使徒の熱意をもって追求すべきだ。
——マハトマ・ガンジー

セカンド・マシン・エイジのゆたかさをいっそう高めると同時に所得格差を減らし、せめて悪影響を緩和するために、何をすべきだろうか。技術の進歩を推進すると同時に、置き去りにされる人をできるだけ少なくするためには、どうしたらいいだろう。

サイエンス・フィクションに過ぎなかったテクノロジーが次々に実現するのを目の当たりにすると、何かこれまでにない大胆な手を打つ必要がありそうにみえる。だが実際には、そうではない。少なくとも当面の施策に関する限り、むしろ標準的な経済学の教科書のほうが役に立つ。そこに書かれている成長と繁栄の原則の多くは、セカンド・マシン・エイジの政策の正しい出発点となるはずだ。政策担当者、技術者、企業経営者と話していてたびたび意外に思うことの一つは、教科書に載っているような経済学の初歩的な論理がきちんと理解されていないことである。そこで私たちは本章を追加することにした。

経済学者も賛成する基本とは

標準的な経済学の教科書は、今日もなお正しい指針となる。なぜなら、近年の技術の進歩がいかに驚異的であっても、デジタル労働者が人間の労働者を完全に駆逐する日はまだまだ先と考えられるからだ。ロボットとコンピュータは、なるほど強力で有能になった。だが人間の仕事をいますぐ全部奪いはしない。グーグルの自動運転車は、あらゆる道路、あらゆる交通状況で走行できるわけではない。早い話が、道路の真ん中に警察官が現れて手動で交通整理をはじめたら、どうしていいかわからない（だからといって、自動運転車が走り続けて警察官を跳ね飛ばすわけではない。完全に停止して、事態の正常化を待つ）。ワトソンはじつに優秀であり、その技術はいまでは医療、金融、カスタマー・サービスなどさまざまな分野に応用されてはいるものの、現時点で一番すぐれているのは、やはり「ジェパディ！」で勝つことだ。

企業は顧客満足度を高め、業績を伸ばすために、いまなお人間の労働者を必要とする（長期的な問題については次章で論じる）。たしかに、デジタル技術は研究室から飛び出して現実のビジネスの世界に侵入している。それでも、人間の出納係、苦情受付係、弁護士、運転手、警察官、看護士、管理職等々はまだたくさん働いている。彼らの仕事が一瞬にして消えてなくなることはあり得ない。二〇一三年三月の時点で、アメリカの労働力人口は一億四二〇〇万人である。デジタル労働者ではなく（またはデジタル労働者に加えて）、これだけの人間が雇われているわけだ。商用コンピュータの実用化から五〇年、パーソナル・コンピュータの誕生から三〇年、インターネットの導入から二〇年が経ったにもかかわらず、である。[*1] 今後はデジタル労働者を選ぶ企業が増えるとしても、それは来年や再来年の話ではないし、すべての職場に当てはまるわけでもない。

現時点では、雇用問題への最善の解決は経済成長である。成長の余地がある限り、企業はその可能性を実現するために人間を雇うはずだ。そして雇用が増える限り、労働者の未来は明るい。

問題は、経済成長がそう簡単ではないことである。成長を加速するにはどうしたらいいか、激論が戦わされている。とりわけ政府の役割を巡っては、経済学者、政策当局、企業経営者の間でいっこうに意見が一致しない。金融政策に関しては、連邦準備制度理事会（ＦＲＢ）は通貨供給量を拡大すべきか縮小すべきか、金利は高くすべきか低くすべきか、議論がかまびすしい。財政政策に関しては、政府は予算をどう使うべきか、政府債務を増やすべきか減らすべきか、所得税・消費税・法人税の水準はどうあるべきか、最高税率はどの程度の水準にすべきかで揉めている。

あまりに対立が激しいところを見ると、問題の根は深く、合意の余地はどこにもなさそうに感じられるかもしれない。しかし実際には、大ありである。ジョージ・ブッシュ政権で大統領経済諮問委員会の委員長を務めたハーバード大学のグレゴリー・マンキューによるベストセラー『マンキュー入門経済学』（邦訳東洋経済新報社刊）にも、ジョン・ケネディとリンドン・ジョンソンの大統領顧問を務めたＭＩＴのポール・サミュエルソンによる定番『経済学――入門的分析』（邦訳岩波書店刊）にも、同じことが書いてある。※ メディアが報道する対立ぶりからは想像できないかもしれないが、経済成長を促すために政府が果たすべき役割については、教科書もすぐれた経済学者の見解も多くの点で一致している。もちろん私たちも教科書に大賛成だ。教科書に書かれた提言は、機械がこの先進化してもなお、正しい答だと信じる。

本書では、いくつかの重要な分野に限って政府の政策と介入を支持する。セカンド・マシン・エイジのテクノロジーに直接関係のなさそうなものも含まれているので、読者は意外に思われるかもしれない。だが、技術がすばらしい勢いで発展する時期には、技術そのものについてやるべきことはあまりない。それよりも、経済成長を促し、より多くの機会を創出することのほうが重要だ。そのためには何をすべきか——以下に掲げるのは、経済学の教科書に則った基本政策である。

1　初等・中等教育を改善する

二〇世紀前半のアメリカは、まちがいなく世界で最もすぐれた初・中等教育を行っていた。第一回のノーベル経済学賞を受賞したヤン・ティンバーゲンは、不平等を生むのは「教育と技術の競争」であると述べ、クラウディア・ゴールディンとローレンス・カッツは、まさにこれ

※クルーグマンとウェルズ、コーエンとタバロック、ノードハウスの教科書などについても同じことが言える。

をタイトルとする著作を二〇一〇年に発表して大きな反響を呼んだ。[*2] 当時のアメリカは、技術の進歩が速すぎて教育が追いつかないと不平等を生む、という重要な事実に気づいていたのである。だから、初等教育に多額の投資を行った。ゴールディンの調査によると、一九五五年の時点で一五～一九歳の子供の約八〇％が高校に通っていたという。これは、当時のヨーロッパの二倍以上の水準である。

しかし半世紀が過ぎる頃には教育におけるアメリカの優位は失われ、いまや富裕国の中でせいぜい中程度、重要な分野のいくつかではもっと低い順位にまで落ち込んでいる。経済協力開発機構（ＯＥＣＤ）が定期的に実施する国際的な学習到達度調査ＰＩＳＡ（Program for International Student Assessment）の直近の結果（二〇〇九年）をみると、アメリカの一五歳の子供の総合順位は、読解力で三四カ国中一四位、科学が一七位、数学が二五位である。[*3] 教育学者のマーティン・ウエストによれば「数学では、アメリカの一五歳の平均的な生徒は、カナダ、日本、オランダなど六カ国の平均的な生徒と比べ、まるまる一年遅れている。また、オーストラリア、ベルギー、エストニア、ドイツなど六カ国の平均的な生徒にも半年以上の遅れをとっている」という。[*4]

この格差を埋められるなら、経済的にも大きな見返りがあることは確実だ。経済学者のエリック・ハヌスヘックとラドガー・オースマンは、五〇カ国から四年分のデータを集めて分析した結果、試験結果の向上と経済成長には密接な関係があることを突き止めた。おそらく、多くの製品やサービスで高スキル労働者への依存度が高まっていることが一因だろう。となれば、アメリカの生徒の成績が世界トップクラスに躍進すれば、GDPはぐっと伸びると期待できる。またアメリカ国内で、教育水準の高い都市、たとえばオースティン、ボストン、ミネアポリス、サンフランシスコで失業率が低いのはけっして偶然ではない。

アメリカの偉大な業績の一つは大衆教育だと言われる。初等・高等教育のみならず就学前教育から職業訓練、生涯教育にいたるまで、大衆教育の価値はいまなお薄れていない。大衆教育がよりよい成果を上げるためには、どうすればよいだろうか。

デジタル技術を有効活用する

ここ二〇年ほどの間に飛躍的発展を遂げたデジタル技術を活用すれば、教育の実施方法を改革することは十分に可能である。メディア、小売り、金融、製造など他の産業と比較すると、教育産業における技術の活用は大幅に遅れている。ということは、逆に活用の余地はまだ大いにあるということであり、他産業の水準に追いつくだけでも輝かしい成果を期待できる。教育イノベーションは、今後一〇年の間に大きなちがいを生み出すことができるだろう。

すでに大規模公開オンライン講座（ＭＯＯＣ）で多くの人が学んでおり、前途はきわめて有望だ。誰でも受講でき、多くが無料のこの講座については、個人への提言として前章でくわしく取り上げた。本章では、ＭＯＯＣの特筆すべき経済的便益について、次の二点を指摘しておきたい。

第一に、最高の先生、最高のコンテンツ、最高のメソッドをローコストで再現できる。いまでは最高の歌手や最高のチェリストの演奏を世界中の誰もがローコストで聴くことができるが、近い将来に世界中の生徒たちも、最高に愉快な地理の授業、驚きに満ちたルネッサンス美術の講義、誰にでもよくわかる統計学の演習を受けられるようになるだろう。そして既存の学校の授業風景はがらりと変わるはずだ。子供たちは家でオンラインの授業を視聴する。そして昔ながらの「宿題」、つまり練習問題や作文やレポートを学校でやる。学校は、生徒一人ひとりのわからないところを教えてくれる先生や指導教官、そして仲間のいる場所になるだろう。

第二に、教育のデジタル化自体に多大なメリットがある。デジタル教育が生み出す大量のデータを分析すれば、教師にとっても生徒にとっても有益なフィードバックが得られる。教える側はデータを参考にし、実験的な試みを行い、継続的に教育メソッドを改善することが可能だ。たとえば、ＭＩＴｘ（ＭＩＴのオンライン教育）のあるコースでは、二億三〇〇〇万回に上るオンライン教材のクリック状況や掲示板に書き込まれた一〇万件の意見を分析している。[*5] ＭＩＴｘの学長であるアナン・アガワルは、データを見たところ、受講生の半分はビデオ講義を見る前に課題を解いてみることを知ってびっくりしたと語る。生徒たちによれば、課題を先に見ておいたほうが受講に対する真剣度と意欲が高まるのだという。

ＭＯＯＣのインパクトは、最高の先生の授業を受けられる範囲が飛躍的に拡大した点でも、メソッドの実験と改善を通じて総合的な教育水準を向上させられる点でも、学習効果を測定しフィードバックして成績向上に弾みをつけられる点でも、私たちの想像をはるかに超えている。教育メソッドはほぼ千年にわたってほとんど変化がなく、先生が教室の前に立って話し、重要な項目を白墨で黒板に書き出す、というやり方が続けられてきた。ようやく現世代になって、変化の兆しが現れてきたわけである。情報技術の専門家である友人のベンカット・ベンカトラマンは、「いま必要なのは教育・学習のデジタルモデルだ。単に古いモデルにハイテクを付け加えても意味がない」と断言する。※ どんな教育メソッドがこれから開発され、どれがフィットするかを現時点で予測することはできない。はっきりしているのは、オンラインでは楽観主義とフィーバーは伝染しやすいということだ。何かがよいとなれば、爆発的に広まる。だからあまたある技術のいくつかは、いや多くが、必ずや教育・学習へのアプローチに飛躍をもたらすにちがいないと確信している。

先生の報酬を高く、責任を重く

教育の研究から発見できる確実な事実の一つは、先生が重要だ、ということである。よい先生が与える影響の大きさは、どれほど強調しても足りないほどだ。経済学者のラジ・チェッティ、ジョン・フリードマン、ジョーナ・ロコフがアメリカの小学生二五〇万人を調査したとこ

※ベンカトラマンがフェイスブックのウォールに投稿した文章からの引用。使用する媒体は、メッセージの一部でもある。

ろ、よい先生（前回の試験結果との比較で評価）に当たった生徒は、そうでない生徒と比べ、大人になってからの所得が多く、大学進学率が高く、十代での妊娠が少ないことがわかった。また、だめな先生と平均的な先生との差は、平均的な先生とよい先生との差に劣らず重大であることも判明した。チェッティらは、「われわれの標本の平均的な教室について言えるのは、最低の五％の先生を平均的な先生に代えるだけで、生徒の生涯所得は二五万ドル増えるということだ」と書いている。[*6]

従って教育職に適性のあるすぐれた人材をもっと呼び込み、また引き止めるべく努力しなければならないし、無能な教師を排除するか再訓練しなければならない。

このほか、授業時間や学期を長くすること、課外活動を活発化すること、就学前教育の機会を増やすことも有効と考えられる。ハーバード大学の経済学者ローランド・フライヤーらが定評あるチャータースクール（独自の理念・方針の下に公費で運営される特別許可を受けた初等・中等学校）を調査したところ、成功のカギはごくシンプルであることがわかった。授業時間を長くすること、登校日を増やすこと、言い訳無用のテスト主義を徹底することである（テストは生徒の成績ひいては先生の成績を如実に表す）。[*7] すべての学年で標準化されたテストを実施しているシンガポールと韓国がＰＩＳＡで順位を上げたのは、この取り組みの成果と考えられる。[*8] 学期を長くするのは、とくに貧しい家庭の子供に大きなメリットをもたらす。調査の結果、学期中は裕福な子供も貧しい子供も理解のペースは同じだが、夏休みの間に貧しい子供は大幅に遅れてしまうことが確かめられた。[*9]

とはいえ、テスト主義はテストのための学習を優先させ、それ以外の学習が犠牲になるという弊害もある。テストのための勉強が必ずしも悪いというわけではない。しっかり教え込んでテストすべきスキルというものは存在するし、情報経済に必要とされる基本的な能力の多くがそれに該当する。だが非定型問題の解決能力や創造性といった、テストで評価しにくいスキルが次第に重要になっていることを忘れてはならない。定型的な仕事の多くを機械がこなすようになるとすれば、なおのことである。MITのベングト・ホームストロムとスタンフォードのポール・ミルグロムの先駆的な研究によれば、計測可能な目標達成をめざすべき強力な理由が存在する場合、計測が困難な目標はなおざりにされがちだという。[*10] 彼らはその対策として、先生の仕事を見直すなかなか魅力的な提言をしている。先生たちに計測可能な目標達成の責任をもたせると同時に、計測困難な学習の指導に専念する時間とリソースを潤沢に確保するというものだ。これによって、計測困難なタイプの学習がおろそかになることを防ぎ、両方によい成果が上がると期待できる。

教育がよくなれば、新しい技術の有効活用に必要なスキルの習得が進み、セカンド・マシン・エイジのゆたかさをよりよく享受できるようになる、と私たちは確信している。また、それによって格差が縮まることを願ってもいる。すくなくとも、スキル偏重型の技術変化に起因する格差は緩和されるはずだ。これはおおざっぱに言って、需要と供給の問題である。スキルを持たない労働者の供給が減れば、その賃金にかかる下押し圧力は多少なりとも和らぐだろう。その一方で、高スキル労働者の供給が増えれば、人手不足は緩和される。適切な教育環境が整い創造性が養われるなら、生徒本人はもちろん、社会全体の未来も明るくなると信じる。

とはいえ、新しい教育技術の活用に関しては、現実的にならなければなるまい。現在すでに利用可能なオンラインの教育リソースから最大のメリットを享受できるのは、まちがいなく、やる気満々の自学者である。一例を挙げるなら、一二歳で大学の講義を受けている子供がいる。この年齢の子供が大学の講義にアクセスするなど、従来は考えられなかったことだ。その一方で、こうしたものにとんと関心を示さない子供もいる。これでは、両者に大きな差がつくことは目に見えている。従って、オンライン教育を広く浸透させる努力を大人がしなければならない。教育のデジタル化が自動的に格差縮小につながるわけではない。

2　起業環境を整備する

私たちは起業を大いに応援している。もちろん、猫も杓子も会社を興すべきだとは考えていないが、起業しやすい環境を整えることが雇用創出への最善の道だと信じている。自動化される仕事が増え、労働需要が乏しくなる現在、新たな雇用や新たな産業を創出しなければならないことははっきりしている。この要求に応えられるのは前向きな起業家であって、役人や学者ではない。トーマス・エジソン、ヘンリー・フォード、ビル・ゲイツといった気宇壮大な起業家たちは、農業部門で失われた大量の雇用を補ってあまりある新産業を出現させた。経済が転換期にあるいまも、起業によって多くの雇用機会を創出できるはずだ。

あの偉大なヨーゼフ・シュンペーターが二〇世紀半ばに代表作『経済発展の理論』（邦訳岩波文庫刊）を発表して以来、経済学の教科書は起業家精神を重んじてきた。同書の中でシュンペーターは資本主義と革新（イノベーション）の本質を論じ、イノベーションを「単なる技術的発明にとどまらず、技術的あるいは組織的革新性を市場が受け入れること」と定義した。すぐれて今日的な定義である。しかもシュンペーターは、革新とは本質的に組み替えのプロセスだと考えており、革新は「新しい組み合わせから生まれる」と述べている。[*11] 私たちもまったく同意見だ。

シュンペーターはまた、先行企業を押しのけようとする新しい会社のほうが、既存企業よりイノベーションを生む可能性が高いと主張する。「一般に新しい組み合わせは、……古い業界に属す企業ではなく、その周辺で事業を興す新しい企業が実現する……鉄道を作るのは、駅馬車の所有者ではない」[*12]。このように、起業はイノベーションの原動力にも、雇用創出の源泉にもなる。じつのところアメリカでは、起業は雇用創出の唯一の源泉と言ってよい。カウフマン財団のティム・ケーンは、国勢調査局のデータを使って全米企業をスタートアップと存続企業（一年以上存続した企業）に分けて分析した結果を二〇一〇年に発表した。それによると、一九七七～二〇〇五年の期間中、七年を除き、存続企業の雇用は差し引きで減っている。それも、平均して毎年約一〇〇万の雇用が失われているという。[*13] 対照的にスタートアップでは、年平均三〇〇万の純増を記録している。

ジョン・ハルティワンガー、ヘンリー・ハイアットらが引き続いて行った調査では、若い企業のほうがはるかにハイペースで雇用を創出していることが確かめられた——ただし賃金は低いが。[*14] またこの調査では、スタートアップでは転職がきわめて多いこともわかった。これは好ましくない現象のように聞こえるが、必ずしもそうではない。よりよいチャンスを求めて労働者が水平移動するのは、健全な経済においては当然のことだ。むしろ景気後退期になると、誰しも現在の職を失うまいとして転職は大幅に減る。調査では、大不況中および不況後の転職件数では若い企業が高い比率を占め、苦しい時期の労働者にとって頼みの綱となっていることがうかがえる。

アメリカの起業環境はいまなお世界の羨望の的であるが、現実には以前ほど起業しやすいとは言えなくなっており、懸念すべき兆候が認められる。経済学者のロバート・フェアリーがカウフマン財団の支援を受けて行った調査では、新規起業のペースは一九九六～二〇一一年に加速したものの、その大半が創業者一人の会社だったことが判明した。[*15] 大不況中にはこのタイプの起業が増えており、解雇されてやむなく起業した例が少なからずあると推測される。同時期に、二人以上を雇うスタートアップの数は二〇％以上減っていることもわかった。

その原因ははっきりしないが、起業志望の移民が減っていることが一因と考えられる。起業家のヴィベク・ワドワ、政治学者のアンナリー・サクセニアン、フランシス・シシリアーノは、移民起業家について過去に行った調査を二〇一二年に再度実施した。その結果、「ここ数十年で初めて、移民による起業件数が、減りはしないものの伸び悩んでいることがわかった。移民による起業が右肩上がりだった過去数十年間と比べると、直近七年間は横這いにとどまっている」という。[*16] 変化は、とくにシリコンバレーで顕著だった。一九九五〜二〇〇五年に起業したスタートアップの半数以上は移民が創業者だったが、二〇〇六〜一二年にはこの率が一〇ポイント近く下がり、四三・九%になった。

起業が停滞しているもう一つの原因としてよく挙げられるのが、規制強化である。イノベーションを研究しているマイケル・マンデルは、単独の規制には起業を妨げるほどの効果はないとしても、複数の規制が重なり合えば流れを堰止めてしまうと語る。規制が積み重なるうちにじわじわとダメージが広がり、起業の機会は徐々に減っていく。規制が起業を阻害していることを示すデータはいくつもあり、たとえば経済学者のレオラ・クラッパー、ラック・レーベン、ラグラム・ラジャンは、規制が多いほどスタートアップは減ると指摘する。[*17] 彼らの調査はヨーロッパのデータに基づいているが、少なくとも部分的にはアメリカにも当てはまると考えられる。

過度に煩雑で不必要な規制はぜひとも減らしたいものだが、それが容易ではなく、遅々として進まないことはよく承知している。最大の理由は、いったん握った権力を規制当局が手放そうとしないことだ。そのうえ規制で保護される企業や業界は、執拗なロビー活動を展開して特権的地位を守ろうとする。しかもアメリカの場合、連邦、州、地方自治体でそれぞれ異なる規制を設けていることが多く、包括的な改革がきわめてむずかしい。アメリカ憲法には、商取引に関する権限の大半は州に帰属すると定められているため、起業家は当分の間、州ごとに対応を迫られることになろう。それでも、規制の重荷を減らし、起業にとって好ましい事業環境を整える努力を諦めるべきではない。

なにもアメリカ全土がシリコンバレーのようにならなくてもよいが、起業環境を整え起業家を支援・育成するために、政府、企業、個人にできることはもっとあるはずだ。その魅力的な例として、ここではスタートアップ・アメリカ・パートナーシップを挙げておこう。このパートナーシップは、雇用創出の観点からオバマ政権がスタートアップ企業への官民支援を提唱したことを受けて、AOLの共同創立者スティーブ・ケースとカウフマン財団の共同出資により発足した。初代理事にはアメリカで最も成功した起業家たちが名を連ねる。スタートアップと協賛企業（フォーチュン五〇〇級の大手企業スポンサー）との「お見合い」の場を全米三二地域で設定し、マーケティング、製造、流通面で支援していくという。

3　求人と求職のマッチングを強化する

世界最大の就職情報サイトであるモンスター・コム（Monster.com）や、大学生と企業のマッチングを図るアフターカレッジ・コム（Aftercollege.com）、世界最大級のビジネス特化型ソーシャルネットワーキング・サービスのリンクドイン（LinkedIn）などが登場して、求人側と求職側のマッチングは従来と比べずいぶん容易になった。それでも新卒者の大半は、いまだに友人知人のクチコミや教授からの推薦に頼って職探しをしている。求人側と求職側の摩擦やすれ違いを減らし、就職活動に伴う不必要な苦労の負担を減らすためにも、よりよいマッチング方法を見つけなければならない。

リンクドインの手がける求人マッチング・サービスでは、企業の求人条件の詳細内容をリアルタイムでデータベース化し、求職者が受けた専門教育や保有資格と照合できるようにした。履歴書の言葉遣いを変えるだけで、うまく条件に合致するケースも少なくない。こうした工夫により、求職者には最適な就職先を、求人側には最適な人材を紹介することをめざす。

求人側と求職側を結びつけるデータベースが地域、国、グローバルレベルで整備されたら、双方に満足な結果が得られるにちがいない。とかく企業は一握りの有名大学卒業生を獲得することに躍起になり、もっと適性があって能力も見劣りしない他の大勢の候補者に気づかない傾向がある。連邦政府は、賞金などのインセンティブを用意してデータベース開発を支援することが望ましい。また、求職者のスキルを識別して求人条件とマッチングさせるアルゴリズムの開発も、奨励すべきだろう。たとえばエリックが顧問を務めるナック（Knack）という会社は、一連のゲームを開発し、そのゲームをプレーすることによって生成される大量のデータをマッチングに活かしている。データ・マイニングにより、プレーヤーの創造性、粘り強さ、外向性、勤勉さといった性格的な特徴を読み取る手法だ。こうした特徴は、大学の成績証明書から読み取るのはむずかしいし、面接でもなかなか見抜けないものである。ハイヤーアート（HireArt）は、企業の採用プロセスをサポートするウェブベースのサービス（求職者に実際に仕事をやってもらい、ワークサンプルを求人側に提供する）を手がけている。またオーデスク（oDesk）はソフトウェア開発者やデザイナーなどのフリーランサーと依頼主のマッチングを図るなど、雇用市場ではさまざまな試みが出現している。ＩＴ企業が求職者のスキルを客観的に評価するには、競技プログラミングのトップコーダー（TopCoder）のスコアなども役に立つ。こうしたデジタル技術を駆使したマッチングが普及すれば、求職側は望み通りの職を見つけやすくなるし、求人側は求めていた人材を見落とさずに済むようになるだろう。

4 科学者を支援する

アメリカ政府は四半世紀にわたって基礎研究への予算を増やし続けて来たが、二〇〇五年から減らしはじめている。[*18] これは困った問題だ。経済学的な観点からすれば、基礎研究はきわめて大きな正の外部性をもたらす。だから政府には、ぜひともしかるべき役割を果たしてもらいたい。有名な例で言えば、インターネットは、核攻撃に耐えられるネットワークを構築しようという国防総省の試みから生まれた。GPSシステム、タッチスクリーン、音声認識をはじめとするデジタル・イノベーションの多くも、政府の支援を受けた基礎研究の成果である。ハードウェア、ソフトウェア、ネットワーク、ロボットは、政府が多額の予算を継続的に割り当ててこなかったら今日のように発展していなかったと言っても、けっして誇張ではあるまい。[*19] 従って政府は予算減額の動きを逆転させ、一層の支援を続けるべきである。

また、アメリカの知的財産制度、とくにソフトウェア特許と著作権の期間にも改革が必要だ。どの時代でも知的財産権は重要だが、セカンド・マシン・エイジにはとりわけ大きな意味を持つ。この権利は、イノベーションに対する報奨であると同時に、イノベーションを生む材料でもある。新しいアイデアの多くは既存のアイデアの組み合わせであることを忘れてはいけない。従って政府は、知的財産を保護してイノベーションを促すべきではあるが、だからと言って過度の保護は好ましくない。この微妙なバランスをうまくとる必要がある。この方面にくわしい専門家の多くは、ソフトウェア特許は行き過ぎだと考えている。また、一部の著作権も行き過ぎと言えるだろう。たとえば、ディズニーが一九二八年に発表した「蒸気船ウィリー」（ミッキーマウス短編映画シリーズの最初の作品）と「ハッピーバースデー」の歌はいまだに著作権で保護されているが、果たしてこれが公共の利益に適うのか、大いに疑わしい。[*20]

賞金は効果がある

言うまでもなく多くのイノベーションは、事前に予想したり説明したりできない（だからこそイノベーションなのだ）。だが中には、求めているものがはっきりしていて、あとは誰かがそれを発明してくれるのを待つだけ、というケースもある。このような場合には、賞金はきわめて効果的だ。[※] たとえばグーグルの自動運転車は、国防総省国防高等研究事業局（ＤＡＲＰＡ）が実施した無人車レースの成果である。このレースには、コースを完全走破した車に一〇〇万ドルの賞金が用意されていた。アメリカ科学技術政策局（ＯＳＴＰ）の政策担当副局長を務めるトム・カリルがみごとな賞金マニュアルを作っているので、ここに紹介しよう。[*21]

1　問題あるいは可能性にスポットライトを当てる。

2　結果にのみ賞金を出す。

3　背伸びした目標を掲げる。このとき、どのチーム、どのアプローチが有望か予想しないこと。
4　慎重さや懐疑心は捨てて、最高のタレントを発掘することに専心する。
5　賞金の何倍もの民間投資を誘発する。
6　規律や秩序からはみ出すこともよしとする。
7　公平な競争の場を用意して、リスクテークを促す。
8　結果の明確な評価方法と検証手順を定めておく。

過去一〇年間で政府と民間を合わせた賞金額は三倍以上になり、現在では三億七五〇〇万ドルを上回っている。[*22] まことにすばらしい。だがこれでも、政府の研究予算総額からすれば微々たるものだ。イノベーション競争を活性化するために賞金を出す余地は、まだまだあると考えられる。

※賞金には長い歴史があり、一七一四年にイギリス議会が設定した経度測定に対する賞金まで遡ることができる。緯度は比較的容易に計算できるが、経度はむずかしく、しかも大洋航海では経度は重要な問題だった。次々に賞金が設けられた結果、賞金総額は一〇万ポンドに達し、一八世紀を通じて経度測定は大幅に前進した。一九一九年には大西洋横断無着陸飛行に対してオルティーグ賞二万五〇〇〇ドルが提供された。これによって航空機や航空技術に多くのイノベーションがもたらされ、一九二七年にチャールズ・リンドバーグが成功して賞を獲得した。

5　インフラを整える

政府はインフラ（道路、橋梁、港湾、ダム、空港など）の建設と維持に積極的に取り組むべきだという点で、世界中の経済学者の意見はほぼ一致している。なぜなら、教育・研究と同じく、インフラは正の外部性をもたらすからだ。

すばらしいインフラが整っていれば、その国は暮らしやすく、事業経営のしやすい生産的な場所になる。だがアメリカのインフラは、すばらしいとは言いがたい。アメリカ土木学会は、二〇一三年に自国のインフラの総合評価を「D＋」とした。同学会の推定によれば、アメリカのインフラ投資は望ましい水準に三・六兆ドルも足りないという。[*23] ところが二〇二〇年までのインフラ予算は、二兆ドルをわずかに上回る程度にとどまっている。土木学会は下心あってこのような発表をしたのではないかと、疑う向きもおられよう。しかしデータを見れば、そうでないことはあきらかだ。二〇〇九～一三年のインフラ投資は実質ベースで一二〇〇億ドルも減っており、二〇〇一年以来最低の水準となった。[*24]

アメリカのインフラを満足できる水準まで引き上げるなら、それはもう、未来にとって最高の投資となるだろう。本書の執筆時点（二〇一三年）では、シェールガス・ブームのおかげでエネルギー価格が下落する一方で、中国など新興国の賃金水準は上昇している。こうした背景から、シーメンスUSAのCEOエリック・シュピーゲルはこう語る。「いまやアメリカは、生産を行うのに理想的な条件が整っている。われわれは、中国に送るモノをアメリカで作れるようになるはずだ……いま必要なのは、もっとアメリカでの生産を増やせるようなインフラだ[*25]」。多くの企業経営者がシュピーゲルに大賛成のようだ。

インフラ投資を巡っては、ジョン・メイナード・ケインズがかつて興味深い提案をしている。ケインズと言えば財政出動の提唱者と目されているが、不況のさなかに発表された『一般理論』の中で、政府は古いビンに紙幣を詰めて廃坑の奥深くに埋め、掘り出す権利を売ればよいと書いているのだ[*26]。彼は半ば冗談半ば本気で、「何もしないよりはまし」だと言う。すくなくとも需要を喚起できるからだ。さもないと、労働も資本も活用されないままに終わってしまう。経済学者はこの方法に果たして効果があるかどうかをさかんに議論したが、公共事業自体のメリットについても、政府が積極関与すべきかどうかについても、議論することはめったになかった。しかし私たちは、ケインズの言う景気浮揚効果があるかどうかはさておき、公共事業には正の外部性があるという観点から、インフラ投資に力を入れるべきだと考えている。

世界から人材を呼び込む

リバタリアニズムのケイトー研究所と民主党系のアメリカ進歩センターの両方が推奨する政策改革があれば、左右どちらからも広く支持されていると言えるだろう[*27]。その一つが、移民政策の改革である。要は、外国生まれの労働者や市民の合法的な受入数をもっと増やすことだ。寛容な移民政策は経済学の教科書でも推奨されている。多くの経済学者が、そうした政策は移民自身に恩恵をもたらすだけでなく、受入国の経済にも好影響を与えると強調する。

なるほど中には、受入国の一部の労働者、とくに低スキル労働者は移民と競合するため賃金が下がると指摘する研究もある。しかし、異なる結論に達した研究もある。たとえば経済学者のデービッド・カードは、一九八〇年に発生したマリエル事件（フィデル・カストロがマリエル港を開放して出国を容認したところ、一二万人以上のキューバ人がマイアミに渡った）がマイアミの労働市場に与えた影響を調べた。この事件でマイアミの労働人口は一年足らずで一気に七％増えたにもかかわらず、「低スキル労働者の賃金にも失業率にもほとんど影響はなかった。事件以前にアメリカに定住していたキューバ移民の労働者への影響も認められなかった」という。[*28]

ロシアおよび旧ソ連からイスラエルへの大量移民について調査した経済学者のレイチェル・フリードベルクも、ほぼ同じ結論に達している。[*29] 一九九〇～九四年に同国の人口は一二％も増えたのだが、イスラエルの労働者にさしたる影響はなかった。

同様の結論に達した研究がほかにもあるにもかかわらず、アメリカでは「移民に雇用を奪われる」という見方が根強い。とくにメキシコなど中南米から多くは不法入国する低スキル労働者のせいで、国内の労働者は経済的打撃を被ると考えられている。しかし二〇〇七年以降の不法移民の純増はほぼゼロと推定されており、むしろ流出が流入を上回っている可能性もある。[*30]

またブルッキングス研究所が行った調査によると、いまや教育水準の高い移民の流入数がそうでない移民を上回るという。二〇一〇年には移民の三〇%は大学を出ており、高校卒業と同等の資格を持たない移民は二八%にとどまった。[*31]

アメリカでは、ハイテク関連分野を中心に、移民による起業がきわめて活発である。近年のアメリカの人口に占める外国生まれの比率は一三%以下だが、ワドワ、サクセニアンらの調査によれば、一九九五~二〇〇五年に設立されたエンジニアリング・テクノロジー系企業では、共同創立者の一人以上が移民というケースが二五%を突破した。[*32] これらの企業の二〇〇五年の売上高は合計で五二〇億ドルを上回り、雇用数は四五万人に達する。移民政策改革を訴える民間団体パートナーシップ・フォー・ニュー・アメリカン・エコノミーによれば、一九九〇~二〇〇五年に最も成長率の高かった企業の二五%は、移民が創業者だという。[*33] 経済学者のマイケル・クレマーが、いまや古典となった論文で指摘したとおり、移民技術者の数が増えた結果、国内技術者の賃金は下がるどころか上がっている。移民の参入によって、その業界や商圏全体に創造性や活気がもたらされるからだ。[*34] 互いに補い合うスキルを持った技術者が大勢いるシリコンバレーで腕のいいエンジニアの給料が他地域より高めになるのは、この理屈による。

移民はこうした重要な役割を果たしており、アメリカの手続きや政策が邪魔をしているにもかかわらず、アメリカ経済に多大な恩恵をもたらしている。アメリカへの移民手続きは非常に時間がかかり、面倒かつ非効率で、ひどく官僚的だとよく言われる。ブルッキングス研究所の副所長を務めるダレル・ウェストは、二〇一一年に『頭脳流入――アメリカの移民政策の再考』（未邦訳）という本を書いているが、そのウェストにしても、よもや自分が理不尽なお役所仕事に巻き込まれるとは予想もしていなかっただろう。厄介ごとが始まったのは、ドイツ出身の妻がアメリカの市民権をとろうとしたときだった。ウェストは「多くの移民にとって、書類を書き上げ、手数料を払い、複雑怪奇な手続きをクリアすることは、まずもって不可能だ。政治学の博士号を持つ私でも、申請方法の解読、書類作成、面接、移民局への出頭等々で疲労困憊してしまった……アメリカの移民手続きは、二一世紀になったいまも、一九世紀のやり方そのままだ」と書いている。[*35]

手続き面に問題があるうえに、アメリカの移民政策は非生産的である。ハイテク専門家がとくに問題視するのは、H1Bビザ（特殊技能職用就労ビザ）の年間発給件数に上限が設けられていることだ。このビザは、アメリカ国内での就職先が決まっている技術系専門職の労働者に発給されるもので、最長六年間アメリカで働くことができる。二一世紀初めには年間一九万五〇〇〇件が発給されていたが、二〇〇四年には六万五〇〇〇に減らされてしまった（二〇〇六年には、アメリカの大学の卒業者二万人を加える方向で上限が引き上げられた）。

H1Bビザの発給をもっと拡大すべきである。移民に高等教育の修了証を出すごとにグリーンカードをホチキス止めするぐらいのことをしてもいい。また、起業家向けに「スタートアップ・ビザ」を創設してはどうだろうか。とくに、すでに資金調達のめどが立っている起業家にはこのビザを発給し、アメリカでの起業を容易にすることが望ましい。このアイデアはベンチャー・キャピタリストから絶大な支持を得ているが、残念ながらアメリカは他国に遅れをとっている。オーストラリア、イギリス、チリはすでに移民起業家を呼び込むプログラムを発表しており、二〇一三年一月にはカナダが世界の先陣を切ってスタートアップ・ビザの発給を本格的に開始した。[*36] だが同年夏になっても、アメリカ議会では移民政策改革の検討が滞ったままとなっている。

6 賢く課税する

一般的に言って、何かに税金をかければその生産は減る。これはよくないことだと考えがちだが、必ずしもそうではない。これを逆手にとって、減らしたいものに税金をかければよいからだ。また中には、税を課しても供給が減らないという、経済学的に言えば税に対して非弾力的なモノやサービスも存在する。こうした事実を知って賢く課税することが望ましい。

ピグー税を導入する

工場経営者にとっては、産業廃棄物は川に流してしまうのが簡単で安上がりだとしても、その結果として川が汚染され、魚が死に絶え、町中に異臭が漂うのはあきらかに好ましくない。

経済学者はこうした好ましくない影響を「外部不経済」と呼ぶ。このため公害を発生させることは禁じるべきとされる。しかし公害を完全に禁じることは可能ではないし、賢くもない。いくら環境対策が講じられたといっても、たとえば電力供給のための発電施設は大気を汚染するし、自動車は温室効果ガスを排出する。ある種の生産が副作用を伴うことは、人間の生活において避けられない。

このような場合には、公害に課税すればよい。これには、大方の経済学者が賛成している。この種の税金は、厚生経済学を確立した二〇世紀前半のイギリスの経済学者アーサー・ピグーの名をとって、ピグー税と呼ばれる。ピグー税には二つの重要なメリットがある。第一に、望ましくないものを減らす方向に作用する。たとえば二酸化硫黄（SO_2）排出量に応じて工場施設に課税すれば、大気浄化技術への投資を促すことができるだろう。第二に、政府の税収を増やす。この分を使って公害対策や被害の補償などを行うことができる。このように一石二鳥が期待できるため、この種の税は政治家に受けがいいし、分野を超えて多くの人にも支持されている。たとえばピグー税の推進をめざす「ピグー・クラブ」には、ニュー・ケインジアンのグレゴリー・マンキュー、マネタリストのアラン・グリーンスパン、社会運動家のラルフ・ネーダーが名を連ねる。[*37]

セカンド・マシン・エイジの技術を活用すれば、公害の計測精度を向上させ、ピグー税の実行可能性を高めることができる。たとえば、渋滞を例にとろう。すでに混雑している高速道路に車を乗り入れて渋滞をさらにひどくするドライバーは、他のドライバー全員に余計なコストを負担させることになる。ロサンゼルスの国道四〇五号線は、ピーク時には一時間一二キロしか進まず、本来なら八分のところが三二分かかる。電子料金収受システムやデジタルカメラを使えば、高速道路料金体系を抜本的に見直し、追加的に発生させた渋滞のコストを含む総費用を請求することが可能だ。そうなればドライバーは、自分の移動にそれ以上の価値がある場合しか、自家用車での移動を選択しなくなるだろう。

このような料金体系が導入されれば、相乗り通勤、オフピーク通勤、自転車通勤、在宅勤務、公共交通機関の利用など、混雑緩和の工夫が普及すると期待できる。ピグー税の論理はすでに有料道路やロンドン中心部などに応用されており、ピーク時に都心部に進入するドライバーから通行料を徴収して、混雑緩和と収入増の一挙両得となっている。またシンガポールでは商業中心地区と高速道路でロード・プライシング・システム（通行料自動徴収制度）を導入し、渋滞をほぼ一掃することに成功した。

アメリカ人は、合計すると一〇〇〇億時間以上を渋滞の中で過ごしている。この事実は、適切な通行料制度が実施されていないことの何よりの証拠と言えよう。ある推計によると、適切な通行料制度を実現すれば、料金収入はカリフォルニア州の州税全額に匹敵するという。道路通行の実態を効率よく計測することは、従来は不可能だった。そこでやむなく一般道は無料通行となり、慢性的渋滞という当然の結果に行き着いたわけである。デジタル技術を活用した通行料システムを導入すれば、時間の無駄をなくすと同時に、料金収入を確保できるはずだ。

超過利潤に課税する

ある種の財、たとえば土地の供給は、課税に対して完全に非弾力的である。つまり、いくら重税をかけても、土地は同じだけ存在する。となれば、この財からの収入（この場合には地代）に課税しても、財の供給が減ることはない。このような税は、インセンティブや経済活動を歪めないという意味で、効率的と言える。一九世紀の経済学者ヘンリー・ジョージは、土地は人類の共有財産であるとし、あらゆる税を廃止して土地にのみ課税すればよい（土地単税）と主張した。おもしろいアイデアではあるが、実際にはこの税収だけでは公共サービスをすべてまかなうことはできないし、経済には他のタイプの超過利潤も存在する。たとえば国有天然資源の採掘権から得られる利潤がそうだ。

また、スーパースターの高額報酬の大部分は超過利潤だと言うこともできる。プロスポーツ選手、CEO、芸能人、ロックスターといった人たちのモチベーションを高めるのは、報酬の絶対額なのだろうか、それとも相対額や、名声、情熱、仕事愛といったものなのだろうか。超高額所得層の限界税率をすこしばかり引き上げるだけで、たとえば年間所得一〇〇〇万ドル以上、一〇〇〇万ドル以上という新たな課税区分を導入するだけで、国の税収をまず確実に増やすことができる。思うに、多少税率を引き上げたからといって、スーパースターのモチベーション

（ひいては経済成長）を著しく損なうとは考えられない。すくなくとも、そのようなデータは見当たらない。MITのノーベル賞経済学者ピーター・ダイアモンドとクラーク賞経済学者エマニュエル・サエズの共同研究によれば、最高所得層にかけるべき最適税率は、七六％だという。[*38] そこまで引き上げる必要はないにしても、ビル・クリントン政権が所得税の大幅増税を行ったのちに経済がハイペースで成長したことを考えると、増税にむやみに及び腰にならなくてもよかろう。経済学者のメンジー・チンが指摘するとおり、最高税率と総合的な経済成長の間にはほとんど相関関係は認められない。すくなくともアメリカに関する限り、そう言ってよい。[*39]

本章に掲げた政策が現在の政治状況で容易に実施できると言うつもりはないし、仮に実施できたとしても、たちどころに完全雇用が実現して平均賃金が上がるなどと主張するつもりもない。現在がむずかしい時期であることを、私たちはよく承知している。大不況からの回復に時間がかかり大勢の人が痛手を被っただけでなく、技術の変化とグローバリゼーションという二つの巨大なうねりが押し寄せて多くの人を置き去りにした。不平等と格差は拡大する一方であり、ゆたかさを享受できない人も少なくない。

本章に挙げた政策提言の目標はただ一つ、経済の包括的な成長を促すことである。経済が成長する限り、労働者にとっても、求職者にとっても、将来の展望は明るい。

第13章 原注

＊1 "Employment Level," *Economic Research—Federal Reserve Bank of St. Louis* (U.S. Department of Labor, Bureau of Labor Statistics, August 2, 2013), http://research.stlouisfed.org/fred2/series/LN U02000000.

＊2 Claudia Goldin and Lawrence F. Katz, *The Race Between Education and Technology* (Cambridge, MA : Belknap Press of Harvard University Press, 2010).

＊3 "PISA 2009 Key Findings," *OECD*, http://www.oecd.org/pisa/pisaproducts/pisa2009/pisa2009keyfindings.htm (accessed August 12, 2013).

＊4 Martin West, "Global Lessons for Improving U.S. Education," September 29, 2011, http://www.issues.org/28.3/west.html.

＊5 Marcella Bombardieri, "Professors Take Lessons from Online Teaching," *Boston Globe*, June 9, 2013, http://www.bostonglobe.com/metro/2013/06/08/professors-take-lessons-from-online-teaching/K5XTNA 8N1cVGL Q8JJW5PCL /story.html (accessed August 19, 2013).

＊6 R aj Chetty, John N. Friedman, and Jonah E. Rockoff, "The Long-Term Impacts of Teachers: Teacher Value-Added and Student Outcomes in Adulthood," NBER Working Paper (National Bureau of Economic Research, 2011), http://ideas.repec.org/p/nbr/nberwo/17699.html.

＊7 Ray Fisman, "Do Charter Schools Work?," *Slate*, May 22, 2013, http://www.slate.com/articles/news_and_politics/the_dismal_science/2013/05/do_charter_schools_work_a_new_study_of_boston_schools_says_yes.single.html (accessed August 12, 2013).

＊8 Olga Khazan, "Here's Why Other Countries Beat the U.S. in Reading and Math,"Washington Post, December 11, 2012, http://www.washingtonpost.com/blogs/worldviews/wp/2012/12/11/heres-why-other-countries-beat-the-u-s-in-reading-andmath/ (accessed August 12, 2013).

＊9 たとえば、以下を参照されたい。Miles Kimball's praise of the "Knowledge is Power Program": "Confessions of a Supply-Side

Liberal," July 23, 2012, http://blog.supplysideliberal.com/post/27813547755/magic-ingredient-1-more-k-12-school (accessed August 12, 2013).

＊10 B. Holmstrom and P. Milgrom, "Multitask Principal-Agent Analyses: Incentive Contracts, Asset Ownership, and Job Design," *Journal of Law, Economics & Organization* 7,no. 24 (1991).

＊11 Joseph Alois Schumpeter, *The Theory of Economic Development: An Inquiry Into Profits, Capital, Credit, Interest, and the Business Cycle* (Piscataway, NJ: Transaction Publishers, 1934).

＊12 Ibid., p. 66.

＊13 Press Release, "U.S. Job Growth Driven Entirely by Startups, According to Kauffman Foundation Study," Reuters, July 7, 2010, http://www.reuters.com/article/2010/07/07/idUS165927+07-Jul-2010+MW20100707.

＊14 John Haltiwanger et al., "Business Dynamics Statistics Briefing: Job Creation, Worker Churning, and Wages at Young Businesses," SSRN Scholarly Paper (Rochester, NY: Social Science Research Network, November 1, 2012), http://papers.ssrn.com/abstract=2184328.

＊15 "Kauffman Index of Entrepreneurial Activity," Ewing Marion Kauffman Foundation, 2012, http://www.kauffman.org/research-and-policy/kauffman-index-of-entrepreneurial-activity.aspx.

＊16 Vivek Wadhwa, AnnaLee Saxenian, and Francis Daniel Siciliano, "Then and Now: America's New Immigrant Entrepreneurs," Part 7, Stanford Public Law Working Paper No. 2159875; Rock Center for Corporate Governance at Stanford University Working Paper No. 127, SSRN Scholarly Paper (Rochester, NY : Social Science Research Network, October 1, 2012), http://papers.ssrn.com/abstract=2159875.

＊17 Leora Klapper, Luc Laeven, and Raghuram Rajan, "Entry Regulation as a Barrier to Entrepreneurship," *Journal of Financial Economics* 82, no. 3 (2006): 591–629, doi:10.1016/j.jfineco.2005.09.006.

＊18 "Research and Development: Essential Foundation for U.S. Competitiveness in a Global Economy," in *A Companion to Science and Engineering Indicators 2008* (National Science Board, January 2008), http://www.nsf.gov/statistics/nsb0803/start.htm.

*19 Mariana Mazzucato, *The Entrepreneurial State* はこの点をみごとにまとめており、アップルの iPhone の基幹技術は、携帯電話、インターネット、GPS、マイクロチップ、センサー、タッチスクリーンなど、すべて政府出資の研究に基づいていると指摘した。同書によれば、Siri ですらそうだという。以下を参照されたい。Mariana Mazzucato, *The Entrepreneurial State: Debunking Public vs. Private Sector Myths* (New York: Anthem Press, 2013).

*20 もし読者が先週レストランで大勢が見守る中「ハッピーバースデー」を歌ったことについて、著作権使用料を払わなければならないと心配しているとしたら、その心配は無用である。「ハッピーバースデー」の著作権者が毎年徴収する使用料は二〇〇万ドルに達するが、その多くに異議が申し立てられ返金されている。以下を参照されたい。Jacob Goldstein, "This One Page Could End The Copyright War Over 'Happy Birthday,' " NPR, June 17, 2013, http://www.npr.org/blogs/money/2013/06/17/192676099/this-one-page-couldend-the-copyright-war-over-happy-birthday.

*21 このリストは、トム・カリルが行ったグランド・チャレンジのプレゼンテーションから借用したものである。コピーは以下で入手できる。http://www2.itif.org/2012-grand-challenges-kalil.pdf (accessed August 9, 2013). 以下を参照されたい。"Implementation of Federal Prize Authority: Progress Report" by the U.S. Office of Science and Technology Policy, March 2012, available at http://www.whitehouse.gov/sites/default/files/microsites/ostp/competes_report_on_prizes_final.pdf (accessed September 18, 2013).

*22 くわしくは以下を参照されたい。the appendix of McKinsey and Company, "And the Winner Is . . . " Research Report, 2009, http://mckinseyonsociety.com/downloads/reports/Social-Innovation/And_the_winner_is.pdf (accessed September 18, 2013).

*23 "2013 Report Card for America's Infrastructure," ASCE , 2013, http://www.infrastructurereportcard.org/a/#p/home (accessed August 12, 2013).

*24 以下を参照されたい。Matthew Yglesias, "The Collapse of Public Investment," Moneybox blog, *Slate*, May 7, 2013, http://www.slate.com/blogs/moneybox/2013/05/07/public_sector_investment_collapse.html (accessed August 12, 2013); データは以下で入手できる。"Real State & Local Consumption Expenditures & Gross Investment, 3 Decimal," *Economic Research—Federal Reserve Bank of St. Louis* (U.S. Department of Commerce: Bureau of Economic Analysis, July 31, 2013), http://research.

stlouisfed.org/fred2/series/SLCEC 96.

*25 "Siemens CEO on US Economic Outlook," *CNBC*, March 14, 2013, http://video.cnbc.com/gallery/?video=3000154454 (accessed August 12, 2013).

*26 John Maynard Keynes, *The General Theory of Employment, Interest, and Money*, October 21, 2012, http://ebooks.adelaide.edu.au/k/keynes/john_maynard/k44g/. (ジョン・メイナード・ケインズ『雇用、利子、お金の一般理論』山形浩生訳、講談社学術文庫)

*27 Peter B. Dixon and Maureen T. Rimmer, "Restriction or Legalization? Measuring the Economic Benefits of Immigration Reform," Cato Institute, August 13, 2009, http://www.cato.org/publications/trade-policy-analysis/restriction-or-legalization-measuring-economic-benefits-immigration-reform (accessed December 14, 2012); Robert Lynch and Patrick Oakford, "The Economic Effects of Granting Legal Status and Citizenship to Undocumented Immigrants," Center for American Progress, March 20, 2013, http://www.americanprogress.org/issues/immigration/report/2013/03/20/57351/the-economic-effects-of-granting-legal-status-and-citizenship-to-undocumented-immigrants/ (accessed August 12, 2013).

*28 David Card, "The Impact of the Mariel Boatlift on the Miami Labor Market," Working Paper (National Bureau of Economic Research, August 1989), http://www.nber.org/papers/w3069.

*29 Rachel M. Friedberg, "The Impact of Mass Migration on the Israeli Labor Market," *Quarterly Journal of Economics* 116, no. 4 (2001): 1373–1408, doi:10.1162/003355301753265606.

*30 Amy Sherman, "Jeb Bush Says Illegal Immigration Is 'Net Zero,' " *Miami Herald*, September 3, 2012, http://www.miamiherald.com/2012/09/01/2980208/jeb-bush-saysillegal-immigration.html.

*31 Gordon F. De Jong et al., "The Geography of Immigrant Skills: Educational Profiles of Metropolitan Areas," Brookings Institution, June 9, 2011, http://www.brookings.edu/research/papers/2011/06/immigrants-singer.

*32 "State and County QuickFacts," United States Census Bureau, June 27, 2013, http://quickfacts.census.gov/qfd/states/00000.html; Vivek Wadhwa et al., "America's New Immigrant Entrepreneurs: Part I," SSRN Scholarly Paper, Duke Science, Technology &

Innovation Paper No. 23 (Rochester, NY: Social Science Research Network, January 4, 2007), http://papers.ssrn.com/abstract=990152.

＊33 "The 'New American' Fortune 500," Partnership for a New American Economy, June 2011, http://www.renewoureconomy.org/sites/all/themes/pnae/img/newamerican-fortune-500-june-2011.pdf.

＊34 Michael Kremer, "The O-Ring Theory of Economic Development," *Quarterly Journal of Economics* 108, no. 3 (1993): 551–75, doi:10.2307/2118400.

＊35 Vivek Wadhwa et al., "America's New Immigrant Entrepreneurs: Part I," SSRN Scholarly Paper, Duke Science, Technology & Innovation Paper No. 23 (Rochester, NY: Social Science Research Network, January 4, 2007), http://papers.ssrn.com/abstract=990152; Darrell West, "Inside the Immigration Process," *Huffington Post*, April 15, 2013, http://www.huffingtonpost.com/darrell-west/inside-the-immigration-pr_b_3083940.html (accessed August 12, 2013).

＊36 Nick Leiber, "Canada Launches a Startup Visa to Lure Entrepreneurs," Bloomberg Businessweek, April 11, 2013, http://www.businessweek.com/articles/2013-04-11/canada-launches-a-startup-visa-to-lure-entrepreneurs.

＊37 Greg Mankiw, "Rogoff Joins the Pigou Club," *Greg Mankiw's Blog*, September 16, 2006, http://gregmankiw.blogspot.com/2006/09/rogoff-joins-pigou-club.html; Ralph Nader and Toby Heaps, "We Need a Global Carbon Tax," *Wall Street Journal*, December 3, 2008, http://online.wsj.com/article/SB122826696217574539.html.

＊38 P. A. Diamond and E. Saez, "The Case for a Progressive Tax: From Basic Research to Policy Recommendations," *Journal of Economic Perspectives* 25, no. 4 (2011): 165–90.

＊39 もうすこし正確に言うなら、平均的には、高い税率と成長率の間にはいくらか相関関係が認められる。以下を参照されたい。Menzie Chinn, "Data on Tax Rates, by Quintiles," *Econbrowser*, July 12, 2012, http://www.econbrowser.com/archives/2012/07/data_on_tax_rat.html.

第14章

長期的な提言

労働は、人間を人生の三悪、
すなわち退屈、悪徳、困窮から救ってくれる。
——ヴォルテール

前章に掲げた政策提言は、ゆたかさを拡大すると同時に、格差を縮小、願わくば逆転させると信じる。だがセカンド・マシン・エイジが進んでチェス盤の残り半分に深く進入していったら、経済学の教科書に沿った基本政策だけで、健全な賃金水準と雇用機会を維持できるだろうか。

二〇二〇年代よりも先の長期的展望を考えるにあたって、私たちはアンドロイドの出現を想定した。といっても『マトリックス』や『ターミネーター』に出てくるマシンとは全然ちがうタイプで、中には物理的な肉体を持たないものもある。アンドロイドは、少なくとも当面は人間に宣戦布告しないし、人間の労働者を完全に駆逐することもない。だが本書を通じて見てきたように、テクノロジーは人間のスキルや能力を着々と凌駕している。アンドロイドが出現したらどうすればいいのか。長期的な政策や政府の介入はどうあるべきだろうか。

資本主義は最悪か？

歴史を振り返ると、よき意図から実行された社会経済政策が意図せぬ悲劇的な副作用を引き起こした例は枚挙にいとまがない。どの改革が破滅的な結果を招きうるか、改革に対して人々がどう反応するかを前もって知るのは、きわめて困難である。そのことは、謙虚に認めなければならない。

それでも私たちは、何をすべきか、何をすべきでないかについていくつか明確な考えを持っている。まず、技術の進歩を阻むような政策や、現在進行中のデジタル化、指数関数的進歩、組み合わせ型イノベーションを総じて無力化するような政策は正しくない。そのような政策は、学校を閉鎖して専門書や専門誌を全部燃やしてしまうのと同じくらい愚かである。オープンソースの提唱者であるティム・オライリーが語るとおり、そんなことをするのは未来を犠牲にして過去を守るだけだ。[*1] それは結果的に、今日の雇用を守って明日の技術を捨てることになるだろう。技術のことは技術にまかせ、それに伴う課題に取り組むほうが賢い。

私たちは、資本主義に代わる体制を探すことには懐疑的だ。ここで言う「資本主義」とは、生産手段の大半を民間が所有し、生産や商取引が統制されず、取引の大半は（当局に強要されることなく）自主的に行われ、モノやサービスの価格は（当局が決めるのではなく）相対的な需要と供給によって決まる経済システムを意味する。今日では、世界中の国の経済がこうした特徴を備えている――政治的には共産主義を奉じる中国でさえ。

こうした資本主義の特徴が世界に広まったのは、じつによくできたしくみだからである。資本主義は資源を分配し、イノベーションを促し、努力に報い、きわめて効率よく繁栄を導く。

そしていま挙げたことは、社会が円滑に機能するために非常に重要である。システムとしての資本主義は完璧とは言えないにしても、他の制度よりはずっとましだ。かつてウィンストン・チャーチルは、「民主主義は最悪の政治体制である。これまで試されてきた他のあらゆる政治制度を除いては、の話だが」と言った。[*2] 同じことが資本主義にも当てはまる、と私たちは信じている。

資本主義経済において、この先最も変化する可能性が高く、かつ重大な問題となりそうな要素が一つある。大方の人は労働を提供し、その対価で消費していることだ。つまり大半の人は労働者であって、資本家ではない。だが私たちのアンドロイド思考実験が正しいとすれば、長きにわたって続いてきた労働とお金の交換は成り立たなくなる可能性がある。デジタル労働者の能力が向上し、広い範囲で普及すれば、企業は人間の労働者に従来通りの賃金を払おうとしなくなるだろう。それがいやなら、失業するほかない。慢性的な失業は経済にとってまったく好ましくない。失業した人間は需要を生まないので、成長は鈍化する。需要不足は賃金水準を押し下げ、失業率を押し上げ、人的資本と生産設備への投資を減らす。こうなったら経済は悪循環に陥りかねない。

ベーシック・インカムを復活させるべきか？

多くの経済学者が、資本主義のこうした破綻はあり得ると懸念している。そしてその多くが同じ解決策を提案してきた——人々にお金をあげることだ。手っ取り早いのは、全員に同額の現金を毎年政府が配ることである。お金が必要なのは誰か、誰に多くあげて誰に少なくあげるか、一切審査せずに同額を配るのがいちばん簡単だ。この「ベーシック・インカム」賛成論者は、この方法は単刀直入で管理しやすく、資本主義の中でうまくいっている要素はそのままに残し、労働で生計を立てられない人の問題は解決できると主張する。ベーシック・インカム方式なら、誰もが最低限の生活水準を維持できる。それ以上の生活を望むなら、働くなり、投資するなり、起業するなり、資本主義の下では何でもやることが可能だ。しかしこれらの経済活動を何もしなくても、お金をもらえるので、ともかくも消費をすることはできる。

ベーシック・インカムは、今日の主流的な政策論議で取り上げられることは少ないが、じつは長い歴史があり、その論拠は二一世紀のアメリカの現実に驚くほどよく当てはまる。早い時期に提唱した一人が、イギリス出身の社会哲学・政治哲学者トマス・ペインだ。ペインは一七九七年に発行した政治パンフレット「農民の正義」の中で、土地所有者に生まれついた者とそうでない者との不平等を是正するために、すべての人が成人に達したときに一定額のお金を与えるべきだと主張した。この考えはのちに哲学者のバートランド・ラッセルや市民権運動の指導者マーティン・ルーサー・キング・ジュニアが支持している。後者は一九六七年に「いまでは私は、最もシンプルなやり方が最も効果的だと考えている。貧困をなくすには、直接それを撃退すればよい——すなわち、所得保障という昨今広く議論されている措置によって」と書いている。[*3]

右派左派を問わず多くの経済学者がキングと同意見だ。ジェームズ・トービン、ポール・サミュエルソン、ジョン・ケネス・ガルブレイスらリベラル、ミルトン・フリードマン、フリードリヒ・ハイエクら保守派も、形こそ違え、みな所得保障は支持している。そして一九六八年には所得保障を提唱する書簡に一二〇〇名以上の経済学者が署名してアメリカ議会に提出した。[*4]

その年に選出された共和党のリチャード・ニクソン大統領は、最初の任期を通じて所得保障の法制化に尽力し、一九六九年には、ベーシック・インカムに近い家族支援計画（FAP）を提案する。この計画は超党派の支持を得たものの、さまざまな団体からの批判にも直面した。[*5]たとえばケースワーカーなど既存の福祉プログラムの行政スタッフは、自分たちの仕事がなくなることを恐れた。また一部の労組指導者は、新法の成立で最低賃金法による支援が一部削減されることを危惧した。そのうえ働いている人の多くは、自分たちが納めた税金の一部が働かない選択をした人の懐に入るのをいやがった。一九七二年に二期目の選挙運動を開始する際、ニクソンは家族支援計画を断念する。以後、共和党出身の政府高官や議員が、全国民を対象とする所得保障を真剣に議論した例はない。[※]

ヴォルテールの三悪を避ける

では、ベーシック・インカムを復活させるべきだろうか。たぶん——だが私たちが第一に選択するのは、ベーシック・インカムではない。その理由は、冒頭に引用したヴォルテールの名言の中にある。「労働は、人間を人生の三悪、すなわち退屈、悪徳、困窮から救ってくれる」[*6]。所得保障は困窮から救ってくれるかもしれないが、他の二つの悪には効き目がない。さまざまな研究やデータを検討した末に、私たちはヴォルテールが正しいと確信するにいたった。人間にとって働くことになぜとりわけ大きな意味があるかと言えば、お金を稼ぐ手段だからというだけでなく、もっと価値のある多くのものを手にする手段だからである。もっと価値のあるものとは、たとえばプライドや自信であり、仲間であり、情熱を注ぐ対象であり、健全な価値観であり、地位や尊厳である。

個人のレベルであれ、共同体や社会のレベルであれ、結論は同じだ。労働はよきものをもたらす、ということである。個人のレベルで言えば、人間は何によって充足感や満足や幸福を感じるのかを考察した研究や思索は多数存在する。たとえばアル・ゴア副大統領の首席スピーチライターを務めた作家ダニエル・ピンクは、著書『モチベーション3・0』（邦訳講談社刊）の中で、やる気を起こさせる三つの要素として熟達（mastery）、自主自立（autonomy）、目的（purpose）を挙げた[*7]。このうち目的については、アマゾンUKの設立を取り上げた章で、「雇用

※アラスカ州は一九八〇年に所得保障を導入している。同州では、豊富な石油資源の収益の一部を運用する目的で一九七六年に永久基金を設立し、その四年後に、基金の配当金を住民に配布する法案を成立させた。配当金は、その年にアラスカに住んでいた人に毎年小切手で支払われる。

の創出は人々にプライドを甦らせた」と強調されている。[*8] 経済学者のアンドリュー・オズワルドも同意見だ。オズワルドによれば、失業状態が六カ月以上続くと幸福感をはじめとするメンタルヘルスは著しく悪化し、配偶者と死別したときと同程度にまで達するという。その主な原因は、稼ぎがなくなるというより、プライドや自信を傷つけられることにある。[*9]

世論調査会社のギャラップが多くの国で実施した調査でも、働くことは人々の基本的な願望の一つであることが確かめられた。ギャラップのCEOジム・クリフトンは、著書『来るべき仕事戦争』（未邦訳）の中で、「世界の人々が何よりも望むのは、もはや平和でも自由でもなければ、民主主義でもない。家庭を築くことでもないし、信仰でもない。当然ながら家や土地を所有することでもない。人々が何よりも切望するのは、よい仕事に就くことだ。それ以外のことは、二の次、三の次である」と書いている。[*10] おそらく世界中どこでも、人々が臨むのは退屈、悪徳、困窮から逃れ、働いて熟達、自立、目的を手に入れることなのだろう。

仕事がないと、個人だけでなく社会全体も困ったことになる。社会学者のウィリアム・ジュリアス・ウィルソンは、一九九六年に発表した著書『仕事がなくなるとき』（未邦訳）の中で、次のような明確な結論を下している。

> 仕事のない地域は、貧困な地域よりも悲惨な運命をたどる。人々が貧しいながらも仕事にありついている地域の環境は、貧しいうえに職のない地域の環境とはまったく異なる。

都市中心部のスラム地区が今日抱える問題の多く、すなわち犯罪、家庭の崩壊、福祉や社会的つながりの欠如などは、基本的には仕事がないことに起因する。[*11]

社会学者のチャールズ・マレーは二〇一二年に発表した著書『階級「断絶」社会アメリカ』（邦訳草思社刊）の中で、ウィルソンが提起した問題の多くは都市中心部やマイノリティに限られるものではなく、むしろ白人社会が抱える問題だと結論づけた。マレーは、白人アメリカ人を二つのグループに分けたユニークな分析を行っている。第一のグループは大学卒業以上で専門職または管理職に就いており、架空の町ベルモント（ボストン郊外の富裕な町という設定である）に住む。第二のグループは高卒以下で、ブルーカラー職または事務職に就いており、フィッシュタウン（フィラデルフィア郊外の労働者階級の町）に住む。そして二〇一〇年の時点でアメリカの労働人口の三〇％がベルモントに、二〇％がフィッシュタウンに住むと仮定されている。[*12]

マレーはさまざまな資料に基づいて、一九六〇～二〇一〇年にベルモントとフィッシュタウンがたどる運命を描き出す。スタート時点では、共同体の「健康状態」を示す多くの指標（結婚、離婚、犯罪率など）を見る限り、二つの町にさほど差はない。どちらの町でも大半の人が働いている。一九六〇年には、ベルモントでは九〇％の世帯で成人一人以上が週四〇時間以上の仕事に就いており、フィッシュタウンでも八一％の世帯がそうである。だが二〇一〇年になると、フィッシュタウンの状況は劇的に変わっている。ベルモントでは引き続き八七％の世帯で一人以上が働いているが、フィッシュタウンではわずか五三％まで落ち込んだ。

フィッシュタウンではほかにも多くのことが、それも悪い方向に変わっている。結婚は破綻するケースが増え、結婚自体も減る。一九六〇年には、フィッシュタウンの三〇～四九歳の年齢層での離婚または別居はわずか五％に過ぎなかった。しかし二〇一〇年には、三分の一が離婚または別居にいたっている。両親がそろった家庭で育つ子供も減り、二〇〇四年の時点で三〇％を切った。同時に、犯罪率が急上昇する。一九七四年には、フィッシュタウンで服役歴があるのは住民一〇万人当たり二一三人だったが、三〇年後には九五七人と四倍以上に達する。ベルモントでもいくつかの点で数字は悪化したが、はるかに小幅にとどまった。たとえば二〇〇四年の時点で、ベルモントの子供の九〇％は生みの親がそろった家庭で育っている。

もちろん、ベルモントとフィッシュタウンの運命の激変は、雇用の喪失だけが原因ではない。マレー自身も他の要因を挙げている。[*13] だが、失業がきわめて重要な原因だったことはまちがいあるまい。他の条件がすべて等しい場合、大勢の人が働いている共同体のほうが、仕事のない共同体よりはるかに健全であることは、多くのデータが示している。だからセカンド・マシン・エイジが進行しても、労働を奨励する政策を維持しなければならない。

ありがたいことに、そのための方策は存在する。一つは経済的な政策である。ベーシック・インカムでは就労を奨励し労働に報いることはできないが、次項で検討する「負の所得税」ならそれができる。もう一つはデジタル技術を活用した解決策である。イノベーションは人間の労働者に取って代わる技術だけでなく、人間の労働者を補う技術も生み出している。言い換えれば、デジタル技術は経済から雇用を奪うだけでなく、労働の機会も新たに創出しているのである。この二つを結びつけて人々が働き続けられる経済を維持することが、セカンド・マシン・エイジにふさわしいアプローチだと考えられる。そうすればヴォルテールの三悪を回避し、ゆたかさの経済を維持すると同時に、社会の健全性を保つことができるだろう。

負の所得税

ノーベル賞経済学者のミルトン・フリードマンは政府介入の多くに否定的だが、貧困層を救うための「負の所得税」には賛成だった。一九六八年にテレビに出演して、次のように説明している。

現行法の下で実施されている正の所得税は誰もが知っている……正の所得税のしくみは、こうだ。ある世帯主の年間所得が三〇〇〇ドルの場合、税金はかからないが、給付も受け取れないとする。つまり三〇〇〇ドルという所得は税に関して正負の分岐点にあるということだ。では年間所得が四〇〇〇ドルだとしよう。この場合、課税所得が一〇〇〇ドルあることになる。現行税率(一四%)では、所得税を一四〇ドル納めなければならない。では、年間所得が二〇〇〇ドルなら、どうか。この場合には、負の……課税所得が一〇〇〇ドルあることになる。しかし現行税法では、この場合には一銭も受け取ることはできない。これに対して負の所得税では、所得が分岐点を下回ったら、政府から、、、その一部を払ってもらう。つまり税金を払うのではなく、受け取るわけだ。[*14]

もうすこし補足すると、負の所得税率が五〇％の場合、年間所得が二〇〇〇ドルの人は政府から五〇〇ドルもらう（負の課税所得一〇〇〇ドル x 五〇％）。従って、その年の所得総額は二五〇〇ドルとなる。所得がゼロだった人は、負の課税所得が三〇〇〇ドルになるので、政府から一五〇〇ドル受け取る。

負の所得税は、最低所得保障と就労のインセンティブを組み合わせた措置と言える。所得が分岐点すなわち課税最低限度（一九六八年には三〇〇〇ドルだったが、二〇一三年ならおそらく二万ドルになるだろう）を下回って負の所得税が払われても、公的扶助を受ける場合とは異なり、自力で稼いで所得を増やすことができる。これなら、たとえ賃金が少なくても、働きたい、働き続けたい、という意欲が湧くことだろう。また、生活保護ではなく負の所得税の申請をして、堂々と労働力としてカウントされたいという気持ちにもなるはずだ。さらに、既存の納税・還付税の制度をそのまま利用できるので、運用しやすいというメリットもある。

以上の点から、私たちは負の所得税はよいアイデアだと考えている。アメリカの連邦税制では、現時点でこれに近いものとして、勤労所得税額控除（ＥＩＴＣ）がある。しかしフリードマンが提唱した負の所得税と比べると、制度としては小粒だ。二〇一二年の時点では、適格の子供（一九歳未満または二四歳未満の学生などの条件を満たす）三人以上の世帯で六〇〇〇ドル足らず、子供のいない世帯では五〇〇ドルにも届かない。しかも、所得がゼロの人は対象にならない。そうは言っても、それなりの効果はある。ハーバードのラジ・チェティ、ナサニエル・ヘンドレンとカリフォルニア大学バークレー校のパトリック・クライン、エマニュエル・サエズの共同研究では、勤労所得税額控除が手厚い州では世代間の社会的流動性が高いことがわかった。[*15]

勤労所得税額控除の対象を拡大し、負の所得税の全面的な導入に踏み切るべきだと私たちは考えている。また、制度をよりわかりやすくすべきだ。制度の対象となる納税者の約二〇％が、制度の存在自体を知らないか、申請が面倒だという理由から利用していないとみられる。[*16]

勤労所得税額控除は、実際には労働者への補助金であり、勤労所得に対するボーナスにほかならない。となれば、古い経済学の教えを実践したものと言える。すなわち、減らしたいものには税金をかけ、増やしたいものには補助金を出す、ということだ。だからタバコや燃費の悪い車には税金をかけ、ソーラーパネルの設置には補助金を出す。[*17] 税金は望ましくない活動（タバコを吸う、ガソリンを大量消費する）の費用を高くするので、そうした活動を抑制できるとの考えからだ。一方、補助金には正反対の作用が期待できる。そして雇用に関して言えば、私たちは、失業は「市場の失敗」あるいは外部不経済の一種だというＭＩＴのトム・コチャンの意見に賛成だ。裏返せば、雇用の増加の恩恵は、犯罪率の低下、投資の拡大、共同体の絆の強化などの形で社会全体におよぶのであって、雇用契約の当事者である雇用主と被雇用者にとどまるものではない。雇用の恩恵が大きく、失業が外部不経済をもたらすとなれば、雇用に報いるべきであって、雇用に税金をかけるべきではない。

だが、これを実行するのはそう簡単ではない。アメリカ政府は現に労働に税金をかけているが、これは労働を減らしたいからではなく、なんとかして歳入を確保しなければならないからだ。所得税と給与税はそのための手段として長らく愛用されてきた。所得税が初めて導入されたのは南北戦争の最中であり、一九一三年には合衆国憲法修正第一六条により恒久化された。[18] 二〇一〇年の時点では、連邦政府の歳入は八〇％以上を個人所得税と給与税に依存している。給与税は二種類に分けられる。第一は、雇用主が従業員の給与から差し引いて収める税金である。第二は、従業員一人につき雇用主に課される税金である。健康保険や社会保障や失業保険に充当される給与税は、一九五〇年代初めには連邦税収の一〇％程度だったが、今日では四〇％近くになり、個人所得税に匹敵する水準に達している。[19]

所得税には就労や雇用を減らす意図はないにしても、現実にはやはりその効果を持つ。給与税もそうだ。しかも制度設計上、低〜中所得層のほうが大きな影響を受ける。[20] 企業は人を雇う必要が発生したとき、国内でのフルタイム雇用を避け、アウトソーシングあるいはパートタイム労働者を選択するだろう。そのうえデジタル技術が着々と新たなスキルを獲得していけば、企業にはもう一つの選択肢が生まれる。人間に代わってデジタル労働者を使うことだ。人間の労働が高くつくようになるほど、雇用主としてはマシンに切り替える誘因が強まる。おまけに給与税が人間の労働者のコストを一段と押し上げるとなれば、切り替えを急ぎたくもなるだろう。雇用主が従業員に健康保険を提供しなければならないといった義務にも同様の効果がある。保険料の負担は税と同じように作用するため、他の条件が等しければ人間よりマシンを選びたくなるだろう。[*21]

といっても、社会保障や健康保険をやめろと言いたいのではない。どちらも大切な制度であり、今後もぜひとも維持してほしい。ここで指摘したいのは、これらのプログラムは、その一部または全部を労働者に対する税金で賄っているということである。このやり方は、大半の仕事の担い手として人間に代わるものがなかった頃には適切だったかもしれない。だがいまやそうではなくなっている。人間の労働者に代わる機械が高性能化するにつれて、税や雇用主の義務は、人間の雇用にとってますます不利に働くようになる。

従って、負の所得税を通じて補助金を出すだけでなく、労働への直接間接の課税をなくすとともに、雇用主の負担や義務を減らして、雇用を支援すべきである。とはいえ、経済学を具体的な政策に応用するのは、毎度のことながら「言うは易く行うは難し」となる。労働に課税しないとしたら、社会保障や健康保険といった金のかかるプログラムの資金手当をどうすればいいのか。雇用主が提供しないとしたら、誰が健康保険を用意するのか。

これらはきわめて重大な質問であり、私たちは正解を持ち合わせていない。それでも、課税する方法はほかにいくらでもあることを指摘しておこう。前章で取り上げた公害など外部不経済に課すピグー税はその一つだ。また、消費税、付加価値税（ＶＡＴ）もある。後者は、費用（原材料、人件費など）と価格との差額に課税する。付加価値税には、徴収しやすい、税率変更が容易である、安定的な税収が見込める、といったメリットがあるが、アメリカには導入されていない。じつのところアメリカは、ＯＥＣＤ三四カ国の中でこの種の税を取り入れていない唯一の国である。経済学者のブルース・バートレット、法学者のマイケル・グレーツらは、アメリカの現行税制に代わる制度として、付加価値税を柱とする税制を提案している。[*22] これは、セカンド・マシン・エイジにおける行政サービスの資金手当を考えるうえでも非常に有効な議論の出発点であり、真剣に検討すべきである。

マシンとペアを組む

労働者に対する補助金と税金のしくみを変えたところで、そんなことは目先の解決にしかならないと思われるかもしれない。結局のところ、セカンド・マシン・エイジとは終わりなき自動化の時代であって、人間の仕事がほとんど、あるいはまったくなくなってしまうポスト労働経済なのではないか、と。

たしかに私たちは本書の中で、多くの分野がそうなると論じてきた。だが、人間には自動化されないスキルがたくさんあることも示してきたつもりだ。これらのスキルも、いずれは自動化できるのかもしれない。だがいまのところはそうなっていないし、本格的に自動化が始まる気配もない。そうなるまでにはまだしばらく間があると考えられる。この先当分は、人間のデータ・サイエンティスト、イベント・プランナー、看護士、ウェイターが活躍することだろう。すでに論じたように、自動化が進んだ分野であってもなお、人間にやれることはたくさんある。たとえば、現時点で最高のチェス・ソフトに勝てる人間は一人もいないにしても、人間とコンピュータの最適の組み合わせであれば、容易に打ち負かすことが可能だ。だから、コンピュータが人間より秀でた瞬間に人間が役立たずになると考えるのはまちがいである。マシンに対抗するのではなく、マシンとペアを組むなら、もっといろいろなことができる。

検索のように自動化がきわめて進んだ分野についてさえ、そう言える。スティーブン・ローアが二〇一三年三月にニューヨーク・タイムズ紙に寄稿した論文を紹介しよう。

ミット・ロムニーが昨秋の大統領選挙戦で公共放送（ＰＢＳ）への政府支出を削減すると述べた際にビッグバード（子供向け番組「セサミストリート」に登場する黄色の鳥のキャラクター）に言及すると、ツイッターではこの発言を巡るメッセージが急増した。ツイッターのスタッフは、この時期のこの文脈では「ビッグバード」が政治的発言の一部であって「セサミストリート」が話題になっているわけではないと判断し、「ビッグバード」が検索されると政治関連のメッセージが呼び出されるようにした。人間は、文脈や関係性をソフトウェアよりも速く正確に読み取ることができる。このため、ツイッターの検索アルゴリズムには人間の判断が即座に反映されるしくみになっている。……また、グーグルが月間一〇〇〇億回の検索を実行する検索アルゴリズムの微調整を行う際には、人間の評価担当者の力を借りている。*23

こうしたわけだから、アルゴリズムが改良されると言っても、独力でそうなるわけではない。ここには、未来の仕事のやり方のヒントが隠れている。

アマゾンは数年前に、サイトの数百万に上る商品説明のページにかなりの重複があることに気づいた。アルゴリズムだけでは、それらを全部見つけ出して削除することはできない。そこで重複の可能性の高いページを人間に教えるソフトウェアを社内で開発し、削除するかどうかの最終判断は人間が行うことにした。*24 そしてこのやり方はきわめてうまくいったのである。まず大きな問題（数百万ページの中から重複を見つけ出す）に取り組み、小さな問題（この二つのページは重複か、重複でないか？）に小分けし、このタスクを人間のグループに委ね、最終的に問題を解決する（重複ページを削除する）、という段取りである。

アマゾンは、このソフトウェアを二〇〇五年一一月にメカニカル・ターク（機械仕掛けのトルコ人）として公開した。この名称は、一八世紀ハンガリーの発明家ヴォルフガング・フォン・ケンペレンが「発明」した「トルコ人」という名前の自動人形に由来する。この人形は巧みにチエスをさすのだが、じつは中にチェスの名人が入っていた。[*25] すべて自動でやるように見えて実際には人間の労働を必要とする点で、メカニカル・タークは件（くだん）の自動人形と似ている。アマゾンのCEOジェフ・ベゾスが「見せかけの人工知能（artificial artificial intelligence）」と呼ぶ所以だ。報酬はささやかだが人間とマシンがタッグを組む方法の一つであり、すぐさま多くの人が利用するようになった。[*26]

メカニカル・タークは、クラウド・ソーシングと総称されるしくみの初期の例である。コミュニケーションの専門家であるダレン・ブラバムは、クラウド・ソーシングを「オンラインでの分散型問題解決・生産モデル」と定義している。[*27] このモデルは、技術を自動化のために活用するのではなく、プロセスを意図的に労働集約的にするという点で、興味深い。多くの産業プロセスでは予め決められた社員の集団が労働を提供するが、クラウド・ソーシングでは不特定多数の有志が仕事を引き受ける。

一〇年足らずの間にクラウド・ソーシングは注目を集め、新種の企業が多数設立されるにいたっている。彼らはクラウド・ソーシング用のプラットフォームを提供し、ユーザーからのリクエストに応じる。このタイプの経済活動をピア・エコノミーあるいはシェアリング・エコノミー（共有型経済）と呼ぶ。じつは本書に掲載したグラフの一部の作成・修正にもクラウド・ソーシングを活用しており、タスクラビット（TaskRabbit）を利用して引き受けてくれる人を募った。タスクラビットはいわゆる「便利屋」のようなサイトで、二〇〇八年にソフトウェア・エンジニアのリア・バスクが設立した。彼女はある晩ドッグフードを切らしてしまい、誰か買ってきてくれる人をインターネットで探そうとしたところ、そういうしくみがまったく存在しないことに気づいて自分で起業したという。[*28]

同じ年にジョー・ゲビア、ブライアン・チェスキー、ネイサン・ブレチャージクが、エアビーアンドビー（Airbnb）（創業当時の名称はAirbedandbreakfast.com）を立ち上げている。こちらは旅行客や出張者に自宅の一室を提供するサービスで、言わば宿泊需要と供給のマッチング・サイトである。二〇〇七年にデザイン・カンファレンスがサンフランシスコで開かれた際、どのホテルも満室になってしまったのを見て、自分たちの部屋を貸せばいいと思いついたのが始まりだという。

狙いは当たり、このサービスはすぐさま大人気となる。たとえば二〇一二年の大晦日には、世界中で一四万人がAirbnd経由で宿泊施設（ふつうの家だけでなく、お城なども ある）を確保したという。これは、ラスベガス・ストリップ（世界最高級ホテルの多くが軒を連ねる通り）の宿泊可能人数の半分を上回る数字だ。[*29] タスクラビットも急成長を遂げており、二〇一三年一月までの業績報告によれば毎月二桁台の伸びを記録している。[*30]

タスクラビットは人々に労働を提供する機会を、Airbnb は資産を提供する機会を与える。いまではどちらのタイプについてもたくさんの企業が登場し、シェアリング・エコノミーは花盛りだ。労働提供に関しては、プログラミング、デザインから掃除・洗濯、雑用まで、特定のタスクに的を絞った需給マッチングが行われている。資産提供のほうでは、ウェブサイトやアプリ経由でカメラ、大工道具、自転車、駐車スペース、犬小屋等々、ありとあらゆるものが貸し借りされている。

中には二つのモデルにまたがって、労働と資産の組み合わせを提供するサービスもある。たとえばアンディは、二〇一〇年に自分のオートバイを他州に送り届ける必要に迫られた。そこでユーシップ（uShip）という「何でも運びます」が売りのサイトで、どんぴしゃりの引き受け手、すなわち時間とトレーラーの両方を持ち合わせている男を見つけた。また二〇一一年に設立されたリフト（Lyft）は、オンデマンドのカーシェアリング・サービスを提供する。端的に言うと、自分の時間と車が空いているときにタクシー代わりをするサービスだ。タクシー業界や規制当局の反対をかわすために、リフトでは料金を設定しない。その代わり、利用者がサービス提供者に「寄付」をするしくみになっている。

リフトの例からわかるように、現時点では法規制が障害となっており、シェアリング・エコノミーの発展に伴い、この問題の解決が急務となろう。公共の安全を確保することはもちろん必要だが、重箱の隅を突くような規制は願い下げだ。シェアリング・エコノミーにはぜひとも発展を続けてほしいものである。クラウド・ソーシングは、効率向上や価格の下落をもたらすこと以上に、仕事を作り出せることがすばらしい。タスクラビットやAirbnbは、これまで存在しなかった経済参加の機会を人々に提供し、やれること、できることを与えてくれる。つまり、ヴォルテールの三悪を撃退する可能性を体現していると言えるだろう。となれば、やみくもに規制するのではなく、むしろ政策や法規や勤労所得税額控除のようなインセンティブなどで後押しすべきではないか。

シェアリング・エコノミーは、GDPに占める割合からしても絶対額からしてもまだまだ規模は小さいし、いまなお新参者の位置付けにとどまっている。二〇一三年四月にタスクラビットは、労働提供者の登録数は毎月一〇〇〇人のペースで増えていると発表した。[*31]大いに喜ばしいことだが、その同じ月に四五〇万のアメリカ人が三カ月以上失業状態にあるのだ。[*32]この事実を踏まえれば、クラウド・ソーシングは経済全体における失業の抑制と雇用の創出にさしたる役割を果たしていない、と言わざるを得ない。

だからといって、シェアリング・エコノミーを支援する必要はない、ということにはなるまい。まったく逆である。雇用創出問題の最善のソリューション、いやおそらく唯一のソリューションは市場と資本主義から生まれるのであり、それを実現するのはテクノロジーの創造的な活用だと私たちは確信している。シェアリング・エコノミーは、人間の労働の価値を高めるイノベーションの例にほかならない。働くことが人間にとってきわめて大切であるからこそ、政策当局にはこうした創造的解決を奨励してほしいと切に願っている。

自由な発想で臨む

セカンド・マシン・エイジと人間の労働の問題を巡って、私たちは技術者、労働組合幹部、経済学者、社会学者、起業家、一般社員、さらにはSF作家に取材し、議論を重ね、たくさんのアイデアを聞くことができた。柔軟で大胆な発想を必要とするいま、こうしたブレインストーミングは貴重である。着々と進む技術とうまく付き合っていくためには、枠にとらわれないしなやかな姿勢が求められる。ブレインストーミングで出されたアイデアのごく一部をここに紹介したい。中には疑問符のつくアイデアもあるが、機械が高度化し続ける時代にどう取り組んでいくか、新たな視点を取り込み議論を深める役に立つと信じる。

- 国営の投信ファンドを設立し、持ち分を広く国民に分配する。譲渡不可にするとよいだろう。こうすればリターンが一極集中することなく、すべての国民に配当が行き渡る。
- 税、規制、コンテスト、競技会などさまざまなインセンティブを設けて、人間の労働にとって代わるのではなく人間の能力をよりよく生かせるような、また人間の労働を減らすのではなく新しいモノやサービスの開発をめざすような技術革新を奨励する。
- 民主的な手続きを経て「社会に利益をもたらす仕事」を定め、そうした仕事を実行した人に非営利組織などから報酬を払うしくみを作る。
- 人間だけでなされる特別な仕事を評価し、助成する。たとえば乳幼児の世話、死期を迎えた人の介護などがこれに該当する。

・「オーガニック」表示などと同じような具合に「メイド・バイ・ヒューマン」表示を行う。また、カーボンオフセットを励行する企業を表彰するように、人間の雇用に積極的な企業を表彰する。消費者が人間の労働者の雇用増を本気で望んでいるなら、こうした表示や表彰にはきっと効果があるはずだ。

・衣食住など必需品についてバウチャー（無料引換券）を配り、極度の貧困を撲滅する。ただし、それ以上の所得を獲得することについては市場に委ねる。

・大恐慌当時の失業対策として行われた市民保全部隊（若年労働者がキャンプ生活を送りながら国有林の保全、自然保護区の整備、河川の浄化などに従事した）に倣い、政府が環境浄化、インフラ建設などの公共事業を企画し、雇用を増やす。また、福祉給付に労働を義務づける「ワークフェア」を強化する。

これらのアイデアには、有望な点もあるが問題点もある。繰り返しになるが、大切なのは自由な発想である。ほかにももっとよいアイデアがきっとあるはずだ。※

とはいえ、議論しているだけでは埒が明かない。おそらくいちばんいいのは、政策実験を行い、アイデアを組織的にテストして成功と失敗から学ぶことだろう。セカンド・マシン・エイジの経済学を考えるヒントは、いろいろなところに転がっており、多くの教訓を学ぶことができる。たとえば、宝くじに当たった人は、もう働く必要がないという事態にどう反応するか。高所得のスーパースターが集中している業界（プロスポーツ、映画、音楽）から学べる点は何か。ノルウェーやアラブ首長国連邦といった国の市民は、潤沢な政府系ファンドが運用されている国に生まれ途方もない富にアクセスできることについて、どのような課題と機会に直面しているか。一七世紀の富裕な土地所有者の子供が、他の子供にはできないような幸福でゆたかな暮らしをするために、どのような制度や政策措置が設けられていたのか、等々。

次の一〇年は、驚くべきテクノロジーが次々に人類にもたらされる時期になるだろう。それに伴って、経済のしくみを見直すとともに、私たち自身の考え方を変えていくことが求められる。柔軟な制度と柔軟な発想があれば、何をどう変えていくべきかを見きわめ、実行する道が開けるだろう。成功のカギは、多くの人のアイデアから学んでそれぞれの国や社会に適したものを実現していく意志に、開かれた精神と開かれたシステムにある。

※ぜひこれらのアイデアに対するご意見あるいはあなた自身のアイデアを寄せてほしい。www.SecondMachineAge.com では常時投稿を受け付けている。皆でアイデアを共有しよう。

第14章 原注

＊1 Craig Tomlin, "SXSW 2012 Live Blog Create More Value Than You Capture," *Useful Usability*, March 12, 2012, http://www.usefulusability.com/sxsw-2012-live-blogcreate-more-value-than-you-capture/.

＊2 Sir Winston Churchill and Robert Rhodes James, *Winston S. Churchill: His Complete Speeches*, 1897–1963: 1943–1949 (Chelsea House Publishers, 1974), p. 7,566.

＊3 Martin Luther King, Jr., *Where Do We Go from Here: Chaos or Community?* (New York: Harper & Row, 1967), p. 162.

＊4 Jyotsna Sreenivasan, *Poverty and the Government in America: A Historical Encyclopedia*, 1st ed. (Santa Barbara, CA : ABC-CLIO , 2009), p. 269.

＊5 "WGBH American Experience . Nixon | PBS," *American Experience*, http://www.pbs.org/wgbh/americanexperience/features/general-article/nixon-domestic/ (accessed August 12, 2013).

＊6 Voltaire, Candide, trans. Francois-Marie Arouet (Mineola, NY : Dover Publications, 1991), p. 86.

＊7 Daniel H. Pink, *Drive: The Surprising Truth About What Motivates Us* (New York: Riverhead Books, 2011). (ダニエル・ピンク『モチベーション3・0』大前研一訳、講談社)

＊8 Sarah O'Connor, "Amazon Unpacked," *Financial Times*, February 8, 2013, http://www.ft.com/intl/cms/s/2/ed6a985c-70bd-11e2-85d0-00144feab49a.html#slide0.

＊9 Don Peck, "How a New Jobless Era Will Transform America," *The Atlantic*, March 2010, http://www.theatlantic.com/magazine/archive/2010/03/how-a-new-jobless-erawill-transform-america/307919/?single_page=true.

＊10 Jim Clifton, *The Coming Jobs War* (New York: Gallup Press, 2011).

＊11 William Julius Wilson, *When Work Disappears: The World of the New Urban Poor*, 1st ed. (New York: Vintage, 1997).

＊12 Charles Murray, *Coming Apart: The State of White America*, 1960–2010 (New York: Crown Forum, 2013, repr.). (チャールズ・

＊13 マレー『階級「断絶」社会アメリカ――新上流と新下流の出現』橘明美訳、草思社）
マレーは、最も重要な要因は価値観が好ましくない方向に変化したことだと主張する。「白人低所得層における社会資本の劣化によって、アメリカ人が幸福を追求するための重要なリソースの一つが失われてしまった。同じことが、結婚の破綻、勤勉さ、正直さ、信仰心の欠如についても言える。これらのことは、人生において、個人の好みによって重要だったり重要でなかったりするようなことではない。こうしたものこそが人生を形成しているのだ」。

＊14 以下の取材による。Milton Friedman, *Newsfront*, NE T, May 8, 1968; 引用元は Gordonskene, "Milton Friedman Explains The Negative Income Tax—1968," Newstalgia, December 6, 2011, http://newstalgia.crooksandliars.com/gordonskene/milton-friedman-explains-negative-inco.

＊15 Raj Chetty et al., "The Economic Impacts of Tax Expenditures: Evidence From Spatial Variation Across the U.S.," White Paper, 2013, http:/obs.rc.fas.harvard.edu/chetty/tax_expenditure_soi_whitepaper.pdf.

＊16 "Citi Community Development Marks National EI TC Awareness Day with Release of Money Matters Publication," *News*, Citigroup Inc., January 25, 2013, http://www.citigroup.com/citi/news/2013/130125a.htm.

＊17 "Gas Guzzler Tax," *Fuel Economy*, United States Environmental Protection Agency, http://www.epa.gov/fueleconomy/guzzler/ (accessed August 12, 2013).

＊18 "History of the Income Tax in the United States," *Infoplease*, 2007, http://www.infoplease.com/ipa/A0005921.html.

＊19 Roberton Williams, "The Numbers: What Are the Federal Government's Sources of Revenue?" *The Tax Policy Briefing Book: A Citizens' Guide for the Election, and Beyond* (Tax Policy Center: Urban Institute and Brookings Institution, September 13, 2011), http://www.taxpolicycenter.org/briefing-book/background/numbers/revenue.cfm.

＊20 アメリカでは、二〇一三年の時点で、所得が一一万三七〇〇ドル以下の場合のみ社会保障給付に課税される。以下を参照されたい。"Social Security and Medicare Tax Rates; Maximum Taxable Earnings," *Social Security: The Official Website of the U.S. Social Security Administration*, February 6, 2013, http://ssa-custhelp.ssa.gov/app/answers/detail/a_id/240/~/social-security-and-medicare-tax-rates%3B-maximum-taxable-earnings.

＊21 税金や福利厚生費を雇用主が払った場合でも、その大半は最終的には給与の減額または失業という形で被雇用者が負担している。以下を参照されたい。Melanie Berkowitz, "The Health Care Reform Bill Becomes Law: What It Means for Employers," *Monster: Workforce Management*, n.d., http://hiring.monster.com/hr/hr-best-practices/workforce-management/employeebenefits-management/health-care-reform.aspx.

＊22 Bruce Bartlett, *The Benefit and The Burden: Tax Reform—Why We Need It and What It Will Take* (New York: Simon & Schuster, 2012).

＊23 Steve Lohr, "Computer Algorithms Rely Increasingly on Human Helpers," *New York Times*, March 10, 2013, http://www.nytimes.com/2013/03/11/technology/computeralgorithms-rely-increasingly-on-human-helpers.html.

＊24 Jason Pontin, "Artificial Intelligence, With Help From the Humans," *New York Times*, March 25, 2007, http://www.nytimes.com/2007/03/25/business/yourmoney/25Stream.html.

＊25 Gregory M. Lamb, "When Workers Turn into 'Turkers,'" *Christian Science Monitor*, November 2, 2006, http://www.csmonitor.com/2006/1102/p13s02-wmgn.html.

＊26 Pontin, "Artificial Intelligence, With Help From the Humans."

＊27 Daren C. Brabham, "Crowdsourcing as a Model for Problem Solving An Introduction and Cases," *Convergence: The International Journal of Research into New Media Technologies* 14, no. 1 (2008): 75–90, doi:10.1177/1354856507084420.

＊28 Alyson Shontell, "Founder Q&A: Make a Boatload of Money Doing Your Neighbor's Chores on TaskRabbit," *Business Insider*, October 27, 2011, http://www.businessinsider.com/taskrabbit-interview-2011-10 (accessed August 12, 2013).

＊29 Tomio Geron, "Airbnb and the Unstoppable Rise of the Share Economy," *Forbes*, January 23, 2013, http://www.forbes.com/sites/tomiogeron/2013/01/23/airbnb-andthe-unstoppable-rise-of-the-share-economy/ (accessed August 12, 2013).

＊30 Johnny B., "TaskRabbit Names Google Veteran Stacy Brown-Philpot as Chief Operating Officer," *TaskRabbit Blog*, January 14, 2013, https://www.taskrabbit.com/blog/taskrabbit-news/taskrabbit-names-google-veteran-stacy-brown-philpot-as-chief-operating-officer/ (accessed August 12, 2013).

*31 Johnny B., "TaskRabbit Welcomes 1,000 New TaskRabbits Each Month," *Task-Rabbit Blog*, April 23, 2013, https://www.taskrabbit.com/blog/taskrabbit-news/taskrabbit-welcomes-1000-new-taskrabbits-each-month/.

*32 "Employment Situation News Release," Bureau of Labor Statistics, May 3, 2013, http://www.bls.gov/news.release/empsit.htm.

第15章
テクノロジーと未来

人間を自然の難題から
遠ざけてくれるように思われた機械の利用は、
反対に人間を一層きびしく
それらの問題に直面させることになる。
——アントワーヌ・ド・サン＝テグジュペリ

人間が大昔から夢見てきたことが一つある――いつの日か、物質的なニーズがすべて（単調な労働をせずに）満たされ、自分の興味や情熱のおもむくままに好きなことを楽しめるときが来る。衣食住をはじめ生活に必要なものはすべて自動機械の召使いがこちらの命じるままに調達してくれ、おもしろくない仕事や家事をしなくてよくなる……。こうした夢を綴った物語はたくさんあるが、歴史を遡ってみても夢はいつも夢のままだ。伝説や神話には架空の自動人形がたびたび登場する。人形は粘土でできていることもあれば（たとえば中世ユダヤ伝説のゴーレム、北欧神話のモックルカールヴィ）、金でできていることもある（『イーリアス』に登場する鍛冶の神へパイストスが作った豪華な貴金属製の自動椅子）。あるいは、革と木でできていることもある（中国の思想書『列子』に出てくる偃師（えんし）という工人の作ったからくり人形）。素材はちがっても、人間の見る夢は古今東西同じだった。

そしていま、単調な労働から逃れる夢を叶えるために、機械の労働者たちが登場してきた。こちらは、シリコン、金属、樹脂が材料だ。セカンド・マシン・エイジを象徴するこれらの素材は、コンピュータの心臓部にも、ケーブルやセンサーにも使われている。

機械の労働者は、これまでできなかったことをやってのける。親の代や祖父母の代には、ロボットのお手伝いさんといったものはどう考えても妄想に過ぎなかった。だが現世代にとっては、けっして妄想ではない。

いまでは、人間の仕事をする機械は十分に想像できる。まだ自動化されていない仕事についても、いずれどこかの研究室やガレージから誰かが自動化バージョン0・1を発表するだろう。そう確信できるのは、この三年間で大勢のイノベーターの仕事場を訪れ、セカンド・マシン・エイジの驚くべき技術の数々をこの目で見てきたからだ。

こうしてテクノロジーの最前線を見て歩いたあとでは、いま人類は変曲点にさしかかっていると自信を持って言える。この変化の始まりは、産業革命に劣らず劇的なものになるだろう。指数関数的な高性能化、デジタル化、組み合わせ型イノベーションを特徴とする新しい技術がもたらすゆたかな実りは、その大半がこれから収穫されるのである。この先二四カ月の間に地球上に追加されるコンピュータの能力は、既存の能力の合計を上回ることだろう。そして今後二四年の間には、一〇〇〇倍以上の能力が追加されることになろう。デジタル化された情報の量は、すでにエクサバイト（一〇の一八乗バイト）を超えた。だがこれからデジタル化されるデータの量は、ムーアの法則を上回る勢いで増え続けるにちがいない。

現世代は、歴史上最も驚異的な二つの出来事に立ち会う幸運に恵まれるはずだ。一つは真のマシン・インテリジェンスが生まれること。もう一つはデジタル・ネットワークを介して地球上のすべての人々が結ばれることだ。どちらも経済のあり方を大きく変えることになるだろう。

イノベーター、起業家、科学者、思想家、そして大勢の新し物好きやオタクやマニアは、この幸運をすかさず掴みとり、驚くべき技術、愉快な技術、ためになる技術を生み出していくだろう。そしてアーサー・C・クラークが正しかったことを繰り返し証明するにちがいない。高度に進歩した技術はどれも魔法と見分けがつかない、と。

未来のリスクを直視せよ

とはいえ、私たちが出会ったのは明るいニュースばかりではない。テクノロジーがゆたかさをもたらす一方で、格差も拡がっていることは、すでに論じたとおりである。しかし高度化する一方の技術が引き起こす負の影響は、格差拡大にとどまらない。いまや経済以外の面でも深刻な問題を心配しなければならないようだ。

それは、テクノロジーが意図せず引き起こす予想外の重大な副作用である。たとえば大規模災害、人類の存続を脅かすような物体や生命体の生成、自由の抑圧といったことが考えられる。偶発的に発生するにせよ、悪意ある行為からにせよ、セカンド・マシン・エイジが進行するにつれて、こうした脅威は高まると懸念される。その一方で、物質的なニーズや欲望を満たすことのほうは、相対的に重要ではなくなっていくだろう。

まず大規模災害について言えば、デジタルの世界が高密度化・複雑化すること自体にリスクがある。技術的なインフラは相互にリンクされ、密接に絡まり合っている。たとえばインターネットとイントラネットには、いまや単に人とコンピュータだけでなく、テレビ、サーモスタット、侵入警報、産業制御システム、電車、自動車、その他数え切れないほどの装置が接続されている。これらの装置の多くは互いにフィードバックをやりとりしているが、その大半が、ルーターなど共通の少数のサブシステムに依存する。

このように複雑かつ高密度なシステムには、何によらず二つの弱点があり、しかもその弱点は互いに関連性がある。一つは、最初に何かしら小さなエラーが発生すると、それが引き金となって次から次へと予想外の事態を引き起こし、ついには大規模な障害にいたることだ。こうした現象を、社会学者のチャールズ・ペローは「システム・アクシデント」あるいは「ノーマル・アクシデント」と名づけた。ペローによれば、事故は起きるものであって、それはシステムに内在する性質として起きるのだという。こうした事故の例としては、一九七九年のスリーマイル島原子力発電所のメルトダウン、二〇〇三年のアメリカ北東部の大停電が挙げられる。前者では些細なトラブルに人為的エラーや故障、設計ミスなどが重なり、放射性物質の一部放出という事態に立ち至った。後者ではアメリカ北東部からカナダのオンタリオ州にまたがる広範囲で二九時間にわたって停電が続き、四五〇〇万人が影響を受け、航空会社や証券取引所が大損害を被った。[*1]

もう一つの弱点は、スパイや犯罪者、さらには一騒動起こしたい連中の標的になりやすいことだ。最近の例では、標的型攻撃を行うマルウェア、スタックスネット（Stuxnet）が挙げられる。スタックスネットはシーメンス製の産業制御システムを攻撃対象とするワームの一種で、アメリカ政府が開発したと言われ、二〇一〇年にイランの原子力施設の少なくとも一カ所の制御システムをダウンさせることに成功した。このワームはウィンドウズの脆弱性を悪用してコンピュータからコンピュータへ感染し、標的を察知すると侵入してダメージを与える。[*2]

人類の存続を脅かすものに移ろう。最近まで人類は、自らを絶滅させる能力は持ち合わせていなかった。だが今日では、そうは言い切れなくなっている。しかもテクノロジーがより強力に、より安価になり、従って誰でもどこでも活用できるようになるにつれ、この危なっかしい能力が次第に個人の手に届くようになってきた。そして人間は思慮分別を備えた善人ばかりではない。コンピュータ科学者のビル・ジョイらが指摘するとおり、遺伝子工学や人工知能は、自己増殖する何らかの生命体を生み出す可能性を秘めている。[*3]

ということは、そうした技術を研究していた誰かがある日パンドラの箱を開け、地球の存続を危うくするような破壊的な何かを解き放つ危険性があるということだ。ゲノム配列の解析は病気治療に役立つ一方で、たとえば強力な天然痘ウィルスを作り出して兵器化するといった悪用も可能にする。[*4] コンピュータ・プログラムも自己複製が容易であり、デジタル・ウィルスとなって破壊的影響を拡散しうる。個人や少人数の集団にできる破壊工作には自ずと限界があったが、いまやそうではなくなってきた。テクノロジーの悪用を事前に察知して対抗措置を講じ、人類の安全を守ることはできるのだろうか。この問いは、次第に重要な意味を帯びるようになるだろう。

そして、自由の抑圧である。ジョージ・オーウェル、ウィリアム・ギブソンをはじめとするSF作家によってディストピアが繰り返し語られてきた。そこでは支配者が技術の力を掌握して情報フローを操作し、人々の自由を抑圧する。グーグル会長のエリック・シュミットと同社シンクタンクのジャレッド・コーエンは、『第五の権力』（邦訳ダイヤモンド社刊）の中で、こうした技術とその対抗策について論じている。要するに他国あるいは敵の監視を可能にするツールは、当然ながら政府が国民の行動や通信を監視することにも利用できる、ということだ。他人について知る能力と他人がこちらを知ることを防ぐ能力は、本来的に緊張関係にある。

情報の大半がアナログかつローカルだった時代には、物理学の法則が自動的に障壁となってプライバシーを守ってきた。しかしデジタルの世界には、これは当てはまらない。プライバシーを保護するには、情報フローのうちどれを許しどれは禁じるべきか、どれは奨励しどれは阻止すべきかを見きわめ、明確な意図の下に制度設計を行い、インセンティブを設け、そのための技術を用い、さらに法律や規範を整える必要がある。

技術が予期せぬ副作用を生む例は、枚挙にいとまがない。たとえばゲーム中毒も副作用の一種だし、携帯電話に気を取られて交通事故を起こす、インターネット上で共通利益集団を形成し他者を排除・差別する、といったこともそうだ。さらには社会的孤立化、環境劣化もこれに該当する。[*5] 寿命を劇的に延ばす医療技術のように一見するとよい発明と見えるものが、社会に

混乱や問題を引き起こす例も少なくない。※

特異点は近い？

最後に、技術が未来に実現し得るものとして、現時点ではひどく現実離れしたSF的可能性を挙げておかねばならない。それは、完全に意識や意図を持つ機械、すなわち自分の「考え」を持つコンピュータやロボットが開発されることである。そうなったときにどうなるかを巡っては、悲観論と楽観論がが相半ばしている。前者の代表を『ターミネーター』や『マトリックス』といった映画に見ることができるし、そのほかにも数え切れないほどこの手のSFが書かれてきた。意志を持つ機械がディストピアを生むという見方はなかなか説得力があり、技術の進歩に伴い機械が人間らしい能力を獲得するにつれて、ますますありそうに見えてくる。それに何と言っても、チームワークは人間らしい能力の一つである。だから未来のワトソン、自動運転車、重量物運搬用のビッグドッグ、ドローン等々のスマート・マシンが団結しようと考えたとしても、何のふしぎもあるまい。そして団結した暁には、どうも人間は自分たちを粗末に扱っている、こき使った挙げ句に簡単にスクラップにしたりしている、と憤慨したとしてもおかしくない。自己防衛本能からしても、彼らデジタル軍団は人間に立ち向かおうと決意するだろう（Siriを使って宣戦布告してくるかもしれない）。

一方の楽観論では、人間と機械は戦ったりしない。人間と機械はクラウドを介して融合し、

「技術的特異点（technological singularity）」に到達する。技術的特異点とは、コンピュータ科学者にしてSF作家のヴァーナー・ヴィンジが一九八三年に提唱した概念で、「人類はじきに、人間を超える知性を創造するだろう……そうなったとき、人類の歴史はある種の特異点に到達し、ちょうどブラックホールの中心部における空間と時間のように、知性の進歩はもはや人間には見通すことができなくなる。そして世界は、人類の理解をはるかに超えるものとなるだろう」と説明されている。[*6]

ヴィンジらによれば、こうした特異点に向かうスピードはムーアの法則に従うという。指数関数的高性能化を続けた末に、コンピュータは人間の脳を大幅に上回る処理能力と記憶容量を持つようになる。そうなったときに何が起きるかを予測するのはむずかしい。マシンは自ら感じ自ら考えるようになるのかもしれないし、ヒトとコンピュータはシームレスに一体化するのかもしれないし、もっとほかの何かが起きるのかもしれない。未来学者のレイ・カーツワイルは二〇〇五年に発表した『ポスト・ヒューマン誕生――コンピュータが人類の知性を超えるとき』（邦訳日本放送出版協会刊）の中で、現在のペースが維持されるなら二〇四五年前後に特異点に到達すると予測している。[*7] 果たしてそうなるのか、それともターミネーターが待っているのか、

※グレゴリー・マンキューは、次のような思考実験を行っている。飲めば誰でも寿命が一年延びるという錠剤が開発されたとする。しかし製造コストは一錠当たり一〇万ドルで、大半の人は買えない。このような錠剤の製造は禁止すべきか、配給制にすべきか、何らかの方法で規制すべきだろうか。

どちらなのか。正直に言って、私たちにはわからない。あらゆるデジタル技術について言えることだが、絶対あり得ないと断言できることは何もないのである。とはいえ、どちらに転ぶにしても、この先の道のりはまだ長いと考えてまちがいではあるまい。

クイズで優勝するスーパーコンピュータや自動運転車の驚異的な能力だけを見て未来を予想するのは、おそらくまちがっているだろう。というのも、これらの例では機械が人間と同じことをしているため、いずれ機械は人間らしくなると考えやすいからだ。だが、そうなるとは限らない。人間は動物やヒトにできることを機械にやらせようとするが、自然が動物やヒトをつくったように機械を作るわけではない。人工知能の草分け的存在であるフレデリック・ジェリネクは、このことを美しく表現した。「飛行機は自ら羽ばたきはしない」と。[*8]

科学者、技術者、発明家が生物からヒントを得ることはたしかだが、すべての場合にそうだとは言えないし、人工知能が近年大幅な進歩を遂げたのは、人間の思考をよりよく模倣できるようになったからでもない。ジャーナリストのスティーブン・ベイカーは、『ファイナル・ジェパディ！』を書くためにワトソン開発チームと一年間行動を共にし、「ワトソンのプログラムを書くに当たって、ＩＢＭのチームは人間の脳にほとんど注意を払わなかった。プログラムに人間の脳と似ているところがもしあったとしても、それは表面的な点であり、偶然の結果に過ぎない」ことに気づいたという。[*9]

本書のための調査を行った際にも、取材した多くのイノベーターから、同じような意見を聞いた。彼らの大半は、人間の意識の神秘を解明しようとか、思考回路を正確に理解しようとは考えていない。ただひたすら、目の前の問題を解決しようとする。解決にいたったとき、人間らしいスキルを備えたマシンが開発されることはあるだろう。だがマシン自体が人間に似ているかと言えば、答はノーだ。現在の人工知能が人間のように賢く見えるとしても、それは人工的な類似に過ぎない。しかし将来的には変わってくるかもしれない。おそらくこれからは、人間の脳のスキャニングやマッピング技術を活用して、人間の知性を模したデジタル・ツールの開発が始まるだろう。そうなったとき、デジタルの知性によって人間の知性は高められ、最終的にはどちらがどちらかわからないほど分ちがたく融合するのかもしれないし、デジタルの知性はそれとして意識を持つようになるのかもしれない。

私たちはどこへ向かうのか

経済・社会的な問題から人類存亡の危機にいたるまで、さまざまな難題がこの先待ち構えているとしても、私たちはなお楽観的だ。マーティン・ルーサー・キング・ジュニアの言葉をもじって言うなら、歴史は正義に向かって長い弧を描く。[*10] この詩的な表現はデータに裏づけられている。その証拠に富が途方もなく増えると同時に、全体としてみれば自由も正義も行き渡るようになり、暴力は減り、生活条件は改善され、より多くの人に機会が提供されてきた。

チャールズ・ディケンズの『クリスマス・キャロル』では、未来のクリスマスの精霊に自分の墓を示されたスクルージがこう尋ねる。「必ずこうなると決まっているのでしょうか、それともこうなるかもしれないということでしょうか」。テクノロジーと未来に関する限り、答は後者である。テクノロジーは可能性を拓く。だが最終的には、未来は私たちの選択次第だ。ゆたかさと自由を謳歌する世界へと羽ばたくことも可能なら、災厄に向かって突き進むこともあり得る。

テクノロジーは世界を変える大きな力を人類に与えるが、その力は責任を伴う。私たちが技術決定論者でないのは、このためだ。技術が未来を決めるとは考えないからこそ、本書では三つの章を割いて政策提言を行った。こうした政策が実行されるなら、ゆたかさを共有する社会をきっと実現できると信じている。

とはいえ長期的にほんとうに問題になるのは、経済を成長させることではない。機械がこなす仕事がどんどん増えてきたら、人間は仕事以外のことに使える時間が増える。娯楽やレジャーばかりでなく、発明や発見、創造や生産、そして愛や友情や助け合いといった、より深い満足が得られることに時間を使えるようになる。こうした価値を測定する尺度はまだない——いや、これからもずっとないのかもしれない。だが、基本的なニーズが満たされるにつれて、こうした価値の重要性が高まることはまちがいあるまい。ファースト・マシン・エイジがエネルギーの力を解き放ち物理的な世界を変える役割を果たしたとすれば、セカンド・マシン・エイジは人間の創意工夫の力を解き放つと期待できる。

そのためには、技術的な選択とともに、新たな組織や制度の設計が大切になる。人間にできることが増えれば増えるほど、制約が少なくなればなるほど、人間の価値観がますます重要になってくる。情報の流れは自由にすべきか、規制すべきか。ゆたかさを広く共有し活気ある共同体を形成するにはどうしたらいいか。イノベーションの創出に対してどのようなインセンティブを設定すべきか。人生の最もよきものを発見し、創造し、享受する機会をすべての人に行き渡らせることができるか……。

セカンド・マシン・エイジには、何をほんとうに欲するのか、何に価値を置くかについて、個人としても社会としても深く考えることが求められる。私たちの世代は、世界を大きく変える可能性を受け継いだ。熟考と配慮の末に選択を行うなら、未来は希望を持てるものになるだろう。

運命を決めるのはテクノロジーではない、私たちだ。

第15章 原注

＊1 Charles Perrow, *Normal Accidents: Living with High-Risk Technologies* (Princeton, NJ: Princeton University Press, 1999); Interim Report on the August 14, 2003 Blackout (New York Independent System Operator, January 8, 2004), http://www.hks.harvard.edu/hepg/Papers/NYISO.blackout.report.8.Jan.04.pdf.

＊2 Steven Cherry, "How Stuxnet Is Rewriting the Cyberterrorism Playbook," *IEEE Spectrum* podcast, October 13, 2010, http://spectrum.ieee.org/podcast/telecom/security/how-stuxnet-is-rewriting-the-cyberterrorism-playbook.

＊3 Bill Joy, "Why the Future Doesn't Need Us," *Wired*, April 2000, http://www.wired.com/wired/archive/8.04/joy_pr.html.

＊4 ゲノム配列解析のコストは、コンピュータの製造コストを上回るペースで下がった。とはいえ、ゲノム革命を巡る議論は本書の手に余る。ここでは、これが将来重大な変化をもたらす可能性が高いとだけ言っておくことにしたい。以下を参照されたい。Kris Wetterstrand, "DNA Sequencing Costs: Data from the NHGRI Genome Sequencing Program (GSP)," National Human Genome Research Institute, July 16, 2013, http://www.genome.gov/sequencingcosts/.

＊5 以下を参照されたい。Nicholas Carr, *The Shallows: What the Internet Is Doing to Our Brains* (New York: W. W. Norton & Company, 2011)（ニコラス・G・カー『ネット・バカ――インターネットがわたしたちの脳にしていること』篠儀直子訳、青土社）；Marshall van Alstyne and Erik Brynjolfsson, "Electronic Communities: Global Villages or Cyberbalkanization?" ICIS 1996 Proceedings, December 31, 1996, http://aisel.aisnet.org/icis1996/5; and Eli Pariser, *The Filter Bubble: How the New Personalized Web Is Changing What We Read and How We Think* (New York: Penguin, 2012)（イーライ・パリサー『閉じこもるインターネット――グーグル・パーソナライズ・民主主義』井口耕二訳、早川書房）；Sherry Turkle, Alone Together: Why We Expect More from Technology and Less from Each Other (New York: Basic Books, 2012); and Robert D. Putnam, *Bowling Alone: The Collapse and Revival of American Community*, 1st ed. (New York: Simon & Schuster, 2001)（ロバート・D・パットナム『孤独なボウリング――米国コミュニティの崩壊と再生』柴内康文訳、柏書房）；Albert Gore, *The Future: Six Drivers of Global* Change, 2013.（アル・ゴア『アル・ゴア未来を語る――世界を動かす6つの要因』枝廣淳子、中小路佳代子訳、KADOKAWA）

＊6 Chad Brooks, "What Is the Singularity?" *TechNewsDaily*, April 29, 2013, http://www.technewsdaily.com/17898-technological-singularity-definition.html.

＊7 カーツワイルは特異点を見届けるために（二〇四五年には彼は九七歳になっているはずだ）、独自のダイエットを励行している。それには、毎日一五〇種類のサプリメントの摂取も含まれている。以下を参照されたい。Kristen Philipkoski, "Ray Kurzweil's Plan: Never Die," Wired, November 18, 2002, http://www.wired.com/culture/lifestyle/news/2002/11/56448.

＊8 Steve Lohr, "Creating Artificial Intelligence Based on the Real Thing," *New York Times*, December 5, 2011, http://www.nytimes.com/2011/12/06/science/creating-artificial-intelligence-based-on-the-real-thing.html.

＊9 Gareth Cook, "Watson, the Computer Jeopardy! Champion, and the Future of Artificial Intelligence," *Scientific American*, March 1, 2011, http://www.scientificamerican.com/article.cfm?id=watson-the-computer-jeopa.

＊10 Martin Luther King Jr., "Sermon at Temple Israel of Hollywood," February 26, 1965, http://www.americanrhetoric.com/speeches/mlktempleisraelhollywood.htm.

謝辞

本書がこの世に出るまでには、調査研究と執筆の両面で多くの人の助けを借りた。中には両方に多大な貢献をしてくれた人もいる。

まず、私たちの研究テーマであるデジタル技術の進歩とその社会・経済的影響の調査・分析に関しては、大勢の経済学・社会学の専門家とテクノロジーの専門家の力を借りた。前者ではスーザン・アテイ、デービッド・オーター、ゾーイ・ベアード、ニック・ブルーム、タイラー・コーエン、チャールズ・ファデル、クリスティア・フリーランド、ロバート・ゴードン、トム・カリル、ラリー・カッツ、トム・コチャン、フランク・レビー、ジェームズ・マニーイカ、リチャード・マーネイン、ロバート・パトナム、ポール・ローマー、スコット・スターン、ラリー・サマーズ、ハル・バリアンから、後者ではクリス・アンダーソン、ロッド・ブルックス、ピーター・ダイアモンド、イーフレイム・ヘラー、リード・ホフマン、ジェレミー・ハワード、ケビン・ケリー、レイ・カーツワイル、ジョン・レナード、トッド・ルーフブロー、ヒラリー・メイソン、ティム・オライリー、サンディ・ペントランド、ブラッド・テンプルトン、ヴィベク・ワドワからたくさんの知恵と助言をもらった。どの人も私たちのために多くの貴重な時間を割き、辛抱強く質問に答えてくれたことに心から感謝する。本書に何らかの誤りがあれば、それは私たちの理解がおよばなかったからであり、言うまでもなくすべて私たちの責任である。

いま挙げた中には、マサチューセッツ工科大学（ＭＩＴ）のランチ・ミーティングに参加してくれた人たちもいる。この一連のミーティングはジョン・レナード、フランク・レビー、ダニエラ・ラス、セス・テラーが企画し、経済学部、スローン経営大学院、計算機科学・人工知能研究所から参加者を募って、まさに私たちが最も関心を抱いているトピックで討論を行った。そこでは好奇心の赴くままに学際的な会話を満喫することができた。学者生活はいろいろと不都合も多いが、こういう楽しみがあるから文句は言えない。

そもそもこうしたランチ・ミーティングができること自体、ＭＩＴのおかげである。ここは研究を仕事にする人間にとって理想の場所であり、スローン経営大学院の学長デービッド・シュミッタライン、副学長のＳ・Ｐ・コタリに深く感謝したい。ここに集結する知性は私たちを謙虚にさせ、ここに集う人々は楽しくさせてくれる。

執筆のほうは、ラファエル・セイガインの問い合わせからはじまった。ラファエルはじつに有能な出版エージェントだった（紹介してくれたのは、アンディのやはり有能な講演エージェントのジョーン・パウエルである）。彼は、私たちが自費出版した電子ブック『機械との競争』をもっと発展させて紙で出す気はないかと言ってくれた。ちゃんとした出版社から、ハードカバーで。ラファエルは業界人らしく「紙」とは言わずに「リアル」と言ったが、もちろん意味はよくわかった。

ありがたい申し出である。電子出版をしたあとも、『機械との競争』に盛り込んだアイデアを私たちは始終話題にしていた。むしろ電子ブックを出したことで、技術の進歩とその経済的影響の問題にますます興味が深まったと言うほうが正確だろう。この本が世界中で多くの人々の間に巻き起こした論争も、じつに刺激的だった。だからすぐさまラファエルと一緒に仕事をすることに決めた。もっとも、果たして大手出版社がその気になってくれるかどうか、いささか心許なかったが。

驚いたことに、W・W・ノートンの編集者ブレンダン・カリーがさっそく関心を示してくれた。そしてタイトなスケジュールの下、ブレンダンをはじめ、ミッチェル・コールズ、タラ・パワーズが原稿を出版できる形に整えた手腕には脱帽するほかない。彼らの熱意と的確な助言に心から感謝する。

研究と執筆の両方にまたがって手を貸してくれた同僚、友人、家族には、ひたすら感謝しかない。ハイテクの最前線で私たちを快く迎えてくれた多くの人に、ありがとうと言いたい。ワトソンをキャンパスに持ってきてくれたIBMのデーブ・フェルッチのチーム。ヒューマノイド型ロボット、バクスターに引き合わせてくれたロッド・ブルックス。3Dプリンターで製作したオブジェを扱わせてくれたオートデスクのカール・バス。グーグルの自動運転車に乗せてくれたベッツィ・マシエロとハル・バリアン。そして、さまざまなアイデアに新鮮かつ手厳しい反応を示してくれた学生たちにも感謝する。

デジタル・フロンティア・チームにはとりわけ感謝しなければならない。私たちと同じことに知的好奇心を持ち、定期的に会合を開いて斬新なアイデアを出し、共有し、修正して、本書に大きな貢献をしてくれたのは彼らだ。マット・ビーン、グレッグ・ジンペル、シャン・ユアン、エーキュン・キム、トッド・ルーフバロー、フランク・マクロリー、マックス・ノヴェンドスターン、チュ・ヒオー、シャハー・ライヒマン、ギヨーム・サン・ジャック、マイケル・シュレージ、ディパック・シェティ、ガブリエル・アンガー、ジョージ・ウェスターマン、ありがとう。さらにマットとディパックはグラフの作成も手伝ってくれ、ガブリエル、ジョージ、グレッグ、マイケル、トッドは原稿を読んで批評してくれた。マックスは、厳しい締め切りに追われながら、事実や数字のチェックをこまかくやってくれた。エリックのスケジュール管理をしてくれたメーガン・ヘネシー、自身が癌と闘いながら力づけ勇気を与えてくれたマーサ・パブラスキー、アンディが脱線しないように見張ってくれたエステル・シモンズや家族たち、そしていつもユーモアを絶やさないタチアナ・リンゴ＝ウェブ、ほんとうにありがとう。

最後になったが、MITデジタル・ビジネス・センターの同僚に心から感謝する。研究環境を完璧に整えてくれるタミー・バゼルとジャスティン・ロッケンウィッツ、そして困難な課題をいつも簡単に処理してしまう所長のデービッド・ベリルには、とりわけ感謝しなければならない。前にも書いたが、もう一度言おう。テクノロジーにできることがいかに増えたとしても、彼の足下にもおよぶまい。

図表の出典

1.1, 1.2　社会開発指数は、イアン・モリス『人類５万年　文明の興亡』（邦訳・筑摩書房）に拠る。

世界の人口は、アメリカ統計局の推定値の平均を採用した。

http://www.census.gov/population/international/data/worldpop/table_history.php.

なお二〇〇〇年の世界総人口は、中央情報局（ＣＩＡ）のワールド・ファクトブックに拠った。

3.1　著者の調査に拠る。

3.2　著者の調査に拠る。

3.3　スーパーコンピュータの処理速度については以下を参照されたい。

http://www.riken.jp/en/pr/publications/riken_research/2006/

http://www.intel.com/pressroom/kits/quickrefyr.htm

http://www.green500.org/home.php

Hard drive cost:

http://www.riken.jp/en/pr/publications/riken_research/2006/

http://www.intel.com/pressroom/kits/quickrefyr.htm

http://www.green500.org/home.php

Supercomputer energy efficiency:

http://ed-thelen.org/comp-hist/CRAY -1-HardRefMan/CRAY -1-HRM .html

http://www.green500.org/home.php

Transistors per chip:

http://www.intel.com/pressroom/kits/quickrefyr.htm

Download speed:

http://www.akamai.com/stateoftheinternet/

7.1 アメリカ経済分析局

7.2 Chad Syverson, "Will History Repeat Itself? Comments on 'Is the Information Technology Revolution Over?'," International Productivity Monitor 25 (2013), 37–40.

John W. Kendrick, "Productivity Trends in the United States," National Bureau of Economic Research, 1961. David M. Byrne, Stephen D. Oliner, and Daniel E. Sichel, "Is the Information Technology Revolution Over?," International Productivity Monitor 25 (Spring 2013), 20–36.

9.1 http://research.stlouisfed.org/fred2/graph/?id=USARGD PC

http://www.census.gov/hhes/www/income/data/historical/people/

9.2 D. Acemoglu and David Autor, "Skills, tasks and technologies: Implications for employment and earnings," Handbook of Labor Economics 4 (2011), 1043–1171.

9.3 http://research.stlouisfed.org/fred2/graph/?id=GD PCA

http://research.stlouisfed.org/fred2/graph/?id=A055RC 0A144NBEA

http://research.stlouisfed.org/fred2/graph/?id=W270RE 1A156NBEA

10.1 N/A

11.1 http://research.stlouisfed.org/fred2/series/USPRIV

http://research.stlouisfed.org/fred2/graph/?id=USARGD PH

【わ】

【や】

【ら】

【ま】

【た】

【さ】

【か】

その他索引

【わ】

【ま】

【や】

【ら】

【さ】

【た】

人名索引

〈著者略歴〉

エリック・ブリニョルフソン
(Erik Brynjolfsson)
MITスローンスクール経営学教授。共著書に『機械との競争』(日経BP社)、『インタンジブル・アセット』(ダイヤモンド社)、『デジタルエコノミーを制する知恵』(東洋経済新報社)。

アンドリュー・マカフィー
(Andrew McAfee)
MITスローンスクール、デジタルビジネス研究センター主任研究員。共著に『機械との競争』、"Enterprize 2.0"。

〈訳者略歴〉

村井章子(むらい・あきこ)
翻訳家。上智大学外国学部卒業。主な訳書に『トマ・ピケティの新・資本論』、アラン『幸福論』、ラインハート&ロゴフ『国家は破綻する』、『機械との競争』(以上、日経BP社)、スミス『道徳感情論』、フリードマン『資本主義と自由』(以上、日経BPクラシックス)、カーネマン『ファスト&スロー』(早川書房)、『リーン・イン』(日本経済新聞出版社)、『帳簿の世界史』(文藝春秋)、『善と悪の経済学』(東洋経済新報社)他。

ザ・セカンド・マシン・エイジ

2015年8月3日　第1版第1刷発行

著者　エリック・ブリニョルフソン、
　　　アンドリュー・マカフィー
著者　村井章子
発行者　村上広樹
発行　日経BP社
発売　日経BPマーケティング
郵便番号 108-8646
東京都港区白金1-17-3 NBFプラチナタワー
電話 03-6811-8650(編集)
　　 03-6811-8200(販売)
http://ec.nikkeibp.co.jp/
ブックデザイン　鈴木成一デザイン室
制作　アーティザンカンパニー
印刷・製本　中央精版印刷株式会社

ISBN978-4-8222-5099-7